Zähne putzen für die Seele

Über die Kunst, liebevoll mit sich selbst umzugehen

Zähne putzen für die Seele

Über die Kunst, liebevoll mit sich selbst umzugehen

Matthias Könning

Impressum

Jahr: 2020

ISBN: 9789463983693

Covergestaltung: Astrid Adloff

Verlagsportal:
Gedruckt in Deutschland

Die Deutsche Nationalbibliothek verzeichnet diese Publikation in der Deutschen Nationalbibliografie

1 Vorwort

Ich frage dich mal gleich zu Beginn: Gehst du selbstfreundlich mit dir um? Kannst du heiter und gelassen den neuen Tag begrüßen und ihn so annehmen wie er ist? Oder stehst du auf und denkst zuerst an deine Aufgaben und Pflichten. Wie reagierst du wenn jemand zu dir sagt: „Lass es dir gut gehen!" Empfindest du es als eine Floskel, die du zügig übergehst nach dem Motto: Erst die Arbeit und dann das Vergnügen. Wie kann ich es mir gut gehen lassen, wenn die Welt hungert.

Jeden Tag putzt du deine Zähne damit du dich wohl fühlst und dabei Karies und Mundgeruch vermeidest. Doch wie pflegst du deine Seele? Mit welchen Gedanken belastest du dein Herz? Was kannst du selber machen, damit es dir gut geht mit dir und deinen „Lieblingsmenschen?"

In meinen Beratungen begegnen mir oft Menschen, die sich mit den kleinen und großen Lebenskrisen plagen müssen. Da fallen dann Sätze wie: „Ich trage ja selber die Schuld an meiner Situation!" „Wer kann jemanden wie mich überhaupt mögen!" „Warum habe ich nicht besser aufgepasst!" „Das ist ja auch alles zu viel!" Sie können ihr Unglück kaum ertragen und möchten gerne ihre Zufriedenheit zurück. Das geht leider nicht immer so schnell und benötigt mitunter einen längeren Weg der Heilung.

Magst du dich, auch wenn du unglücklich bist? Magst du dich mit deiner ganzen Lebensgeschichte? Trägst du noch viele Glaubensüberzeugungen aus deiner Kindheit mit dir herum, die dich beeinträchtigen? Ich meine damit solche Sätze wie: „Ich bin nicht richtig." „Ich bin nicht gut genug." „Ich muss mich anstrengen." „Erst, wenn ich etwas geleistet habe kann ich mich bejahen." Jeder Mensch trägt sein ganz persönliches Leidenspaket mit durch das Leben. Vielleicht möchtest du ja dein Paket loswerden und auflösen. Ich wünsche dir, dass du bei mir den einen oder anderen hilfreichen Impuls findest.

Manchmal erlebst du aber auch so einen Moment der Befreiung. Du atmest auf und fühlst dich ganz leicht. Ein paar Tage später holt dich jedoch die unbarmherzige Realität wieder ein. Deine alten Glaubensüberzeugungen haben dich wieder eingeholt. Oft funktionieren Veränderungen nach dem Zwiebelprinzip. Schale um Schale streifst du ab. Manchmal bekommst du ein Geschenk und an manchen Schichten arbeitest du jahrelang herum mit wenig Erfolg. Dabei findest du Unterstützung in Büchern, in einer guten Psychotherapie oder einfach nur in verständnisvollen und freundschaftlichen Gesprächen.

In meinem Buch findest du keine spektakuläre neue Therapie. Du wirst nicht das Buch lesen und am Ende von all deinen Leiden und von deinem Unglück geheilt sein. Ich verkaufe dir kein großartiges Konzept. Ich glaube trotzdem, dass etwas für dich dabei sein wird. Ich vergleiche das einmal mit unserer Nahrungsaufnahme. Es gibt Sternerestaurants, die dich zum Staunen bringen. Das Essen verführt deinen Gaumen. Deine Augen leuchten. Der Duft betört dich. Der Service lässt dich glauben, dass du ein König oder eine Königin bist. Nach dem Bezahlen der fürstlichen Rechnung verlässt du das Restaurant wie im Rausch. Noch nie im Leben hast du so wunderbar gegessen.

Dann gehst nach Hause und legst dich schlafen. Am anderen Morgen wachst du auf erinnerst dich an den unvergesslichen Abend. Du wirst diese Erfahrung mit allen Freunden teilen. Und dann? Dann suchst du in deinem Schrank nach ganz einfachem Brot. So wie jeden Tag. Das Brot wird dir schmecken und dich vor allem satt machen. Du kannst es jeden Tag wieder neu essen. Das Brot begleitet dich wie eine Freundin Tag für Tag. Ist immer an deiner Seite. Du wirst dem Brot gegenüber selten Gefühle der Dankbarkeit entgegenbringen. Dem Brot ist das egal, es nährt dich ob frisch oder schon ein paar Tage alt.

Was ich dir schenken möchte kann ich auch vergleichen mit den Erfahrungen der Liebe. Du kannst dich verlieben und ich wünsche dir von ganzem Herzen, dass du wenigstens einmal im Leben dieses Geschenk erfährst. Zugleich wird sich das nicht jeden Tag wiederholen, auch wenn du dich noch so sehr danach sehnst. Die ganz große Liebe wird aller Wahrscheinlichkeit nicht jeden Tag im großen Stil stattfinden.

Mich interessiert nicht so sehr die große Liebe oder das Sternerestaurant. Mich interessiert die Frage, wie ich Tag für Tag meinem Herzen und meiner Seele gut sein kann. Ich stelle mir vor, dass Herz und Seele etwas Vergleichbares benötigen wie der Körper. Was wäre das tägliche Brot für die Seele? Natürlich könntest du dir viel Anerkennung und Liebe von deinen Mitmenschen wünschen. Wie schön für dich, wenn du das bekommst. Aber sie geben es dir nicht jeden Tag. Das ist einfach so! Außerdem würdest du in einer permanenten Abhängigkeit leben. „Bitte sei gut zu mir." „Schenke mir deine Zuwendung und Aufmerksamkeit!" Manchmal bekommst du was, und manchmal nicht. Da kannst du dich leicht wie ein Bettler fühlen.

Ich möchte dich einladen, deiner Seele täglich Brot zu schenken und sie damit zu nähren. Wie funktioniert das? Ganz einfach! Indem du selbstfreundlich mit dir umgehst. Habe dich selbst wohlwollend im Blick. Geh fürsorglich und verständnisvoll mit dir um. In der Bibel gibt es ja den Grundsatz von Jesus, dass du Gott lieben mögest und deinen Nächsten wie dich selbst. Viele Menschen denken da hierarchisch zunächst an Gott. Alle Energie für ihn! Wenn noch was übrig bleibt bekommt das der Nächste. Für mich bleibt da nicht mehr viel übrig. Ich interpretiere diesen Jesusgedanken anders und höre einen Gleichklang. Der Maßstab deiner Liebe ist deine eigene Liebesfähigkeit. In dem Maße, wie du dich selber liebst wirst du die Welt lieben, die anderen Menschen und auch Gott. Es geht also darum, die eigene Liebesfähigkeit zu stärken und zu verbessern.

Denkst du bei dem Wort Liebe auch an die „spektakuläre große Liebe"? Die exklusive Liebe zwischen zwei Menschen? Ich nicht. Ich wittere schnell eine romantische und übertriebene Sehnsuchtsideologie. Da wird der Mensch schnell verführbar. Die „große Liebe"! Es mag sein, dass es die gibt. Aber die interessiert mich nicht in diesem Buch. Mich interessiert eher die alltägliche Liebe. Darum wähle ich „lieber" Worte wie Wohlwollen, Verständnis und Selbstfreundlichkeit. Ich möchte dich dabei unterstützen wie du freundlicher zu dir selbst sein kannst.

Ich lade dich ein zum Nachdenken und Spüren. Ich möchte deine Aufmerksamkeit richten auf die kleinen Dinge, eben auf das tägliche Brot. Und ich gehe mit dir zugleich den Weg durch das Jahr. Im Frühjahr schmeckt das Seelenbrot leichter als im Herbst und deine Seele liebt die kleinen Aufmerksamkeiten an trüben Tagen.

Ja ich möchte dich einfach beschenken mit ein paar kleinen Aufmerksamkeiten. Ich mache mit dir einen Spaziergang im Geiste und ich sage zu dir: „Schau doch mal da! Hast du es schon bemerkt?" „Sieh doch mal da drüben! Ist dir das schon einmal aufgefallen?" Irgendwann im Buch werde ich dir das Geheimnis des Lebens anvertrauen. Wenn du das Kapitel liest könnte dir ein Wunder widerfahren. Einfach so! Aber nur dann, wenn du das Wunder umsetzt und in deinem Leben sich entfalten lässt. Stell dir jetzt in diesem Moment doch mal vor, dass du das Geheimnis des Lebens kennen würdest. Du würdest meine Gedanken dazu gar nicht lesen müssen. Du kennst also jetzt und in diesem Moment das Geheimnis des Lebens. Du findest es verborgen tief in deinem Herzen. Es entfaltet seine Wirkung mit unglaublicher Kraft und Energie. Lass es wirken. Bemerkst du schon eine Veränderung in dir? Regt sich da etwas? Verändert sich vielleicht deine Wahrnehmung? Was spürst du in der Umgebung deines Herzens? Im letzten Kapitel erzähle ich dir mehr davon.

Und jetzt überlasse ich dich meinen Gedanken und lade dich ein, mit mir einen Weg durch das Jahr zu gehen. Gehörst du zu den Menschen, die eine Tüte mit Süßigkeiten aufmachen und in wenigen Minuten alles ratzeputz wegessen? Oder machst du ab und zu deine Tüte auf und verwöhnst dich mit einem kleinen Leckerli und machst schnell die Tüte wieder zu damit du lange etwas davon hast? Du kannst dich so entscheiden, wie es sich für dich gut anfühlt. Du kannst also ruhig schon einen Weihnachtsimpuls im Frühjahr lesen oder Herbstimpressionen im

Sommer zulassen. Du wirst im Laufe des Jahres eh dahin kommen. Du wirst dich vielleicht im Dezember an meine Worte vom Frühjahr erinnern und dir sagen: „Gab es da nicht einen interessanten Gedanken? Ich könnte mal wieder nachlesen...“

Jetzt lasse ich dich ziehen und wünsche dir Freude und Vergnügen beim Mäandern durch meine Impulse.

2 Von der Reinheit und der Liebe zu den Flecken

Wie hältst du es mit der Reinheit? Bist du da entspannt, gibt es Zwänge? Thema angenehm oder unangenehm? Der Monatsname Februar inspiriert mich zu diesem Thema, denn das Wort kommt vom lateinischen *februare* und heißt übersetzt reinigen. Im römischen Kalender war das ursprünglich der letzte Monat im Jahr, wobei „Februa" auch der Beiname der Göttin Juno ist. In diesem Monat ging es den Römern um das Opfern und um die Widererlangung von kultischer Reinheit. Viele Kulturen kennen die Vorstellung, dass wir uns innerlich und/oder äußerlich beschmutzen. Um wieder versöhnt dem „reinen" Gott gegenüberzutreten bedarf es in dieser Vorstellung einer Erneuerung und Reinigung.

Dazu kommen mir mehrere Assoziationen. Vor längerer Zeit schaute ich mir den Kinofilm „Der Medicus" an. Im ärmlichen Heimatdorf des späteren Arztes sah man lauter schmutzige Gesichter. Alles starrte nur so vor Dreck! Das erinnerte mich an andere Filme aus dem Mittelalter, in denen die Menschen eher wie Tiere hausten als wie ordentlich gewaschen, gut angezogene und zivilisierte Menschen.

Machen wir einen Sprung in die Gegenwart. Da gab oder gibt es die berühmte Werbung von „Ariel" (hebräisch: der Feuerherd Gottes) mit Clementine, die da lautete: „Ariel wäscht nicht nur sauber sondern rein". Ich konnte nie verstehen, was bei der Wäsche den Unterschied ausmacht zwischen „sauber" und „rein". Ich erwarte von einem Waschmittel, dass es die Wäsche schlicht sauber macht. Dennoch suggeriert der Satz, dass es Steigerungen der Sauberkeit gibt: schmutzig, sauber, rein...

Was für Vorstellungen und Ideen verbergen sich da im Hintergrund? Mit welchen Bildern wird hier gespielt?

Eine erste Idee dazu kommt mir von unserem ganz natürlichen Empfinden her. Du siehst Schmutz oder vergammeltes Essen und ekelst dich. Der Ekel, den du empfindest, warnt dich davor, mit der verdorbenen Nahrung in Berührung zu kommen. Du besitzt ein ganz natürliches Frühwarnsystem. Wenn du Schimmel isst, könntest du sterben. Halte dich davon fern. Der Ekel bewirkt, dass wir uns fernhalten von schädlichen Fremdstoffen, die uns nicht gut tun. Schmutzige Menschen erwecken in uns den Zusammenhang mit Ungeziefer. Wir beginnen uns schon beim Anblick zu kratzen und rümpfen die Nase. In unseren Breiten kommt das ja nur noch selten vor. Höchstens, wenn wir Menschen begegnen, die auf der Straße leben.

Wir vermeiden Situationen, in denen Ekel entstehen könnte. Ariel wird auch noch die letzten verborgenen Schimmel- und Schmutzreste beseitigen. Dreck, den man nicht sieht. Da kommen dir dann Bakterien, Mikroben und sonstige kleine Giftviecher in den Sinn, die dir nach dem Leben trachten.

Du befindest dich im ständigen Kampf gegen den Schmutz in der Welt. Du reinigst im weiteren Umfeld die Wohnung, den Garten und die Straße und im näheren Umfeld deine Haut, deine Haare und deine Kleidung. Nie hört diese Arbeit auf.

Wenn der Februar als Reinigungsmonat ursprünglich der letzte Monat im römischen Jahreskalender war, macht das auch Sinn, aufzuräumen und sich zu säubern nach dem Motto: Geh frisch und rein in das neue Jahr.

Interessanterweise kennt auch die Kirche Zeiten der Reinigung. 40 Tage nach dem Weihnachtsfest am 2. Februar begeht sie das Fest mit den verschiedenen Namen: „Darstellung des Herrn“, „Lichtmess“ oder „Fest der Reinigung Mariens“. Maria erhält nach dem jüdischen Gesetz 40 Tage nach der Geburt ihres Sohnes wieder den Status der kultischen Reinheit. Dahinter verbergen sich sehr archaische Vorstellungen vom Leben. Wenn Tiere getötet werden, dann verlieren sie ihr Blut. Wenn eine Frau in der Menstruation blutet, verliert sie ihre

Lebenskraft und muss geschont werden. Wieder geht es um die tiefergehende Auseinandersetzung mit Leben und Tod. Halte dich vom Tod und von den Toten fern, wenn du selber leben möchtest. Darum schicke „Todeskandidaten“ wie Bakterien in die Quarantäne und reinige dich selbst ordentlich. Das macht ja durchaus auch Sinn. Mir geht es nicht um das sinnvolle Reinigen, sondern um die Angst vor den „lebensfeindlichen und bedrohlichen“ Elementen.

In der Regel beginnt im Februar die Fastenzeit, die Zeit der inneren Reinigung und Umkehr. Womit wir zu einem weiteren Aspekt kommen. Neben der äußeren Reinheit, die wir durch das Waschen erreichen können, gibt es auch die Vorstellung der inneren Reinheit. Wenn ich innerlich rein bin, kann ich vor Gottes Angesicht treten. So manche Bußlieder sprechen da vom “Abwaschen der Sünde, um rein zu werden.“

Der Waschzwang von manchen Menschen treibt auf die Spitze, was viele empfinden und denken. Ich möchte rein sein, innen und außen. Sünde, Schmutz und Ekel halte ich möglichst fern von mir. Das macht mir Angst, das will ich nicht haben, davon wende ich mich ab. Mein Motto lautet in solchen Situationen: Ach, jetzt wird es erst interessant! Suchen wir doch einmal nach dem positiven „Wert“ des Schmutzes.

Eine frühere Kollegin im Altenheim desinfizierte sich ständig ihre Hände, damit sie sich keine Keime einfing. Von allen Angestellten war sie am häufigsten krank.

Kinder, die nicht im Dreck wühlen, haben keine Möglichkeit, ihr Immunsystem sinnvoll zu stärken. Ein ordentliches Schlammbad kann durchaus gesundheitsfördernd sein.

Jesus ist es egal, ob seine Jünger mit unreinen Händen essen. Für ihn kommt die Unreinheit von innen und nicht von außen. Er kennt auch keine Berührungsängste gegenüber den sogenannten unreinen Aussätzigen.

Schmutzige Wäsche waschen im übertragenen Sinn ist deshalb so erfolgreich, weil wir unseren eigenen Schatten lieber verstecken, als ihn zu zeigen. Je mehr wir ihn jedoch verbergen, desto gewichtiger fühlt er sich an, wenn wir ihn entdecken. Beim genauen Hinsehen wird ausnahmslos jeder Politiker sein Päckchen an schmutziger Wäsche haben. Wenn jeder offen damit umgehen würde, wäre es nicht mehr bedeutsam für das öffentliche Interesse.

Die systemischen Familientherapeuten sagen: „Wo Scheiße ist, ist auch ein Kamel." Das heißt übertragen für mich: Die verachteten Dinge der einen Seite der Medaille weisen zugleich hin auf die wertvolle andere Seite der Medaille. Wenn „Geiz" z.B. dein abgelehnter „Scheißhaufen" ist bedeutet es immerhin, dass du Geld sehr hoch achtest und dir Mühe gibst, verantwortlich damit umzugehen.

Ekel ist zunächst einmal ein wertvolles und beschützendes Gefühl, das dich unterstützt gegen alle Krankheitskeime. Du musst ihm aber nicht immer nachgeben und davor weglaufen. Manchmal ist es gut, sich diesem Gefühl zu stellen.

Wenn du nur deine sonnigen Seiten liebst, liebst du dich nur halb. Wir sollen nach dem wichtigsten christlichen Gebot Gott lieben und den Nächsten wie uns selbst. Da steht nicht, dass wir nur einzelne Teile von uns lieben sollen. In dir wohnen Prinz und Frosch gemeinsam! Vielleicht ist es darum hilfreich, hin und wieder mit Absicht einen kleinen Flecken auf die „saubere" Tischdecke hinzuschmieren. Ein Freund von mir machte das regelmäßig mit dem Kommentar: „Dann muss ich nicht mehr so aufpassen!"

Das wiederum finde ich einen wichtigen Hinweis. Das ständige „Rein-Sein" ist auf die Dauer sehr anstrengend. Lehne dich zurück und entspann dich. Sei wortwörtlich mitten im Fluss und akzeptiere den Schlamm am Grund und die Klarheit im fließenden Wasser. In diesem Sinne einen gesegneten Februar!

3 Vom Verlieren und Gewinnen

Mein Leben kann ich beschreiben als eine Verkettung und Abfolge von Verlusten. Und das seit vorsprachlicher Zeit. Mir ging es doch so gut im Bauch meiner Mutter. Ich war geborgen und es fehlte mir an nichts. Es war warm und behaglich und die Herztöne der „ersten Göttin“ waren mein zuverlässiger Begleiter. Es hätte doch alles so bleiben können! Dann geschah dieses große vorgeburtliche Ereignis für das ich keine Worte habe. Ich wurde verstoßen! Ich wurde nicht gefragt! Ich musste! Mein erster großer Verlust und meine erste existentielle Krise. Dieses Ereignis ist eingebrannt in meinem Herzen und in allen Zellen meines Körpers.

Von allen diesen Körperzellen aus der Zeit der Babyphase sind keine mehr da. Auch die musste ich als Verlust abschreiben. Aber sie haben die Nachricht von der ersten großen Katastrophe weitertransportiert nach dem Motto: „Auch wenn wir Zellen sterben, die Botschaft geben wir weiter.“ Ich klammerte mich an meine Mutter mit Händen und Füßen so gut ich konnte und solange ich durfte. Aber ich durfte nur für eine gewisse Zeit. Dann wurde ich entlassen – ohne mein Einverständnis! Auch das war noch vorsprachlich. Irgendwann sagte meine Mutter: „Du kannst jetzt selber laufen. Du bist mir zu schwer!“ Sie verweigerte mir manchmal ihren sicheren Arm. Und dann immer öfter. Auch aus dieser Zeit existiert keine einzige Körperzelle mehr. Keine hat es überlebt. Dieser Weg des „Entzuges“ von meiner Mutter ist ebenfalls in meinem Körper eingespeichert, sprachlos aber spürbar.

Meine Mutter habe ich in vielen kleinen Schritten verloren. Der Verlust sitzt tief, tiefer als ich ahne. Bis heute bin ich traumatisiert! Ich rede nicht darüber, denn ich bin ja ein Erwachsener. Ich kann auf meinen Füßen stehen und habe mich aktiv und einverständlich von meiner Mutter getrennt. Ich habe den

Verlust überlebt. Dennoch glaube ich, dass der Verlust mehr war als ich verkraften konnte. Er hat mich überfordert.

Jetzt habe ich nur von den ersten bedeutenden Verlusten gesprochen. Es folgten viele weitere. Die ersten Freunde wollten nicht mehr mit mir spielen. Meine erste Kindergärtnerin hat mich einfach verlassen und den Kindergarten gewechselt. Meine einzige noch lebende Oma in Kindertagen wollte auch nicht bei mir bleiben. Sie verließ mich als ich drei Jahre alt war. Den Verlust des Kindergartens verkauften mir die Erwachsenen mit der Vorfreude auf die Schule um mir diese wieder nach vier Jahren zu nehmen. Und ständig musste ich zu meiner Gesundheit „Ade!“ sagen, wenn mich ein Asthmaanfall überfiel.

Merkwürdig! Immer dann, wenn ich es mir so richtig gemütlich gemacht hatte! Wenn ich so richtig angekommen war! Wenn ich ganz meinen Platz eingenommen hatte – wurde es mir genommen. Selten gab ich es freiwillig her! Manchmal mit meinem Einverständnis und nach einem längeren Weg der Einsicht.

Sämtliche Schulen habe ich verloren, meine zwei Universitäten und alle Professoren. Keine Arbeitsstelle konnte ich auf die Dauer halten. An manchen durfte ich länger bleiben, an der letzten sogar relativ lange. Am Ende habe ich jedoch alle Stellen verloren.

Als Fußballer bin ich kläglich gescheitert. Wenn es nur auf mich angekommen wäre, dann hätte ich nur verloren. Über die zerbrochenen Freundschaften möchte ich gar nicht sprechen, das würde zu stark schmerzen.

Na? Soll ich weitermachen oder reicht es! Was geht jetzt gerade in dir vor? Denkst du: „Der arme Kerl!“ oder „Nicht nur du, ich auch!“ „Ich noch viel mehr!“ „Ich hör auf zu lesen, das hält ja kein Mensch aus!“

Ich gebe dir Recht. Ich rede normalerweise nicht so. Das verbiete ich mir als Berufsoptimist. Wenn ich so denken würde, käme niemand mehr zu mir in die Beratung.

Und dennoch! Es stimmt! Du und ich, wir haben im Leben alles verloren. Das ist quasi der Preis des Lebens überhaupt! Du verlierst! Ständig! Unbemerkt sterben deine Zellen. Schon bahnt sich das Ende des Berufslebens an. Deine Kinder verlassen dich. Dein Haus verliert an Substanz und auf deinem Totenbett bleibt dir nichts mehr.

Ich könnte mich ja tapfer wie ein Held den Verlusten stellen! Kann ich nicht gut, es tut so weh! Es schmerzt immer noch! Ich denke, ich bin damit fertig, und dann geht es wieder los. Noch eine Schleife! Neue Freunde, neue Arbeit, neue Urlaube... und todsicher kommt der Verlust. Ich kann dem nicht entweichen. Ich möchte es verhindern. Darum habe ich ja ein Bankkonto, eine Arbeitslosenversicherung, eine Rente in Aussicht, mein Bankkonto und meinen Hausarzt. So kann ich die Dinge noch ein wenig zusammenhalten. Aber auf die Dauer?

Wenn dies jetzt der letzte Satz wäre würdest du vielleicht vermuten, dass ich dich mit mir in einen persönlichen Karfreitag gestürzt habe. Es sei denn, dass du dich erfolgreich wehrst und innerlich auf Abstand gehst zu meinen Zeilen. Ich verleite dich gerade zu einem intensiven Depressionsschub. Ich glaube aber, dass du gut auf dich aufpassen wirst.

Jetzt mache ich noch eine Biege! Ja, ich habe ständig verloren. Ich trage viele Wunden und Narben mit mir herum und manche lassen sich ganz schnell öffnen. Aber weißt du, da gibt es noch etwas anderes. Ich bin nicht gestorben. Weder körperlich noch emotional. Ich bin immer wieder aufgestanden! Ich bin mal etwas länger liegengeblieben. Es war auch nicht immer leicht. Aber ich bin aufgestanden. Jedes Mal! Manchmal sofort, manchmal nach etwas längerer Zeit, aber ich bin aufgestanden. Wie habe ich das bloß hinbekommen? Ich hatte Grund genug zum Liegenbleiben. Wie ist das bei dir? Bist du auch immer wieder aufgestanden? Irgendwann? Vielleicht nicht mit einer großen Hoffnung? Aber einfach so? Du bist aufgestanden!

Ich mache noch eine Biege! Ich bin nicht nur aufgestanden, sondern ich bin immer wieder mit etwas angefangen. Immer wieder! Ich musste von einem Ort wegziehen und fand einen neuen Platz. Da fing ich neu an. Wie oft habe ich das gemacht? Ich will es nicht zählen! Wie oft hast du das schon in deinem Leben gemacht? Ehrlich gesagt: Ich mache das so gut wie jeden Tag.

Jeden Tag fange ich einfach neu an. Ich drücke auf den Knopf am Wecker und sage mir: „Heute fange ich neu an!" „Heute entscheide ich mich für mein Hemd, mein Frühstück und meine Arbeit."

Irgendwann kam bei mir eine unglaubliche Erkenntnis! So zuverlässig wie die Zeiger einer Uhr folge ich einem bestimmten Lebensgesetz. Ich gewinne und verliere um wieder zu gewinnen und wieder zu verlieren. Ich schaffe Ordnung und Chaos und den Wechsel von Ordnung und Chaos.

Im Blick auf das Leben von Jesus entdecke ich das gleiche Gesetz. Ich lese, wie er Freunde fand und ihnen seine Botschaft erzählte. Ich höre von seinen Wundern und Taten. Ich staune über die Auswirkungen und das blühende Leben!

Zugleich höre ich von seinen großen Verlusten. Er verliert seine Freunde. Die ziehen sich zurück und verleugnen ihn am Ende des gemeinsamen Weges. Ich sehe ihn auf einem Esel sitzen und die Menschen jubeln: „Unser König!" Nur wenige Augenblicke später der Verlust der Würde, des Ansehens, der Liebe, des Lebens. Ein sehe ein unglaublich kraftvoll schwingendes Pendel mit den Extremen von Begeisterung und Leben auf der einen Seite und Enttäuschung und Tod auf der anderen Seite.

In mir gibt es eine Stimme die fragt: „Wer oder was hält das alles zusammen? Was befindet sich am jenseits des schwingenden Pendels? Was im Inneren? Welche Kraft treibt es an?" Ein Impuls kommt mir entgegen: Der Kitt, der alles zusammenhält, ist die Kraft der Liebe! Wir werden ständig hin- und hergerissen. Wir erleben unsere eigenen Verluste, das Aufstehen und die Neuanfänge immer und immer wieder. Wir leben dieses Drama so lange bis wir sagen: „Einverstanden!" „Jetzt ist es gut!" „Ich bin im Frieden!"

4 Faste mal anders!

Fastenzeiten werden oft zum Anlass genommen, eigene Einstellungen dem Leben gegenüber zu überdenken und sich neu zu sortieren. Defizite stehen dabei häufig im Vordergrund. Wir wollen für eine Zeit unsere Nahrungsaufnahme verändern, weil wir mit dem Körper unzufrieden sind. Wir verzichten auf Alkohol oder Fernsehen, weil wir uns davon abhängig glauben. Oder wir wollen vielleicht unsere moralischen Einstellungen verbessern. Im Hintergrund steht oftmals der Gedanke: „Ich bin nicht richtig, ich sollte anders sein!"

Dir fallen schnell viele Defizite ein, wo du dich verändern müsstest. Außerdem verstärkt das gut dein Mangelgefühl und dein schlechtes Gewissen bekommt reichlich Nahrung. Du gelangst zu der Erkenntnis: „Ich müsste so vieles in meinem Leben verändern! Es fällt mir schwer, so zu sein, wie ich bin!" Je nachdem, könnte da eine lange Liste der Unzulänglichkeiten zusammenkommen. „Ich bin zu dick, ich bin zu gierig, ich denke zu schlecht über andere, ich bin nörgelig und unzufrieden, ich bin zu perfektionistisch, ich bin zu überpünktlich, ich komme immer zu spät, ich kann dieses nicht richtig und jenes nicht richtig." Steigerungen sind immer möglich wie: „Der Andere kann es auch nicht richtig. Zugleich schäme ich mich dafür, dass ich den Anderen dafür kritisiere."

Da lebt jemand in uns, den wir alle gut kennen. Es ist ein Er oder eine Sie. Dieses Wesen ist immer auf dem Sprung. Es ist immer in Habachtstellung. Es ruht sich so gut wie nie aus und beobachtet uns mit Argusaugen. Es beobachtet, was wir sagen und was wir tun. Ja sogar, was wir denken und fühlen. Die erste Reaktion dieses Wesens ist unübersehbar: „Du bist nicht richtig!" Wenn dieser Gedanke auftaucht, war mit Sicherheit dieses Wesen am Werke. Ich möchte nicht länger drum herum reden und ihn oder sie an das Licht der Öffentlichkeit bringen. Das gefällt ihr oder ihm nicht, muss aber sein. Ich rede vom Kritiker, dem inneren Kritiker oder der Kritikerin. Dieses Wesen kann uns das Leben zur Hölle machen. Erinnerst du dich noch an die Dame aus der Werbung mit dem Weichspüler? Sie tauchte wie ein Double der „Hausfrau“ auf und gab moralische Tipps.

Bei einer Weiterbildung saß ich mittags an einem Tisch. Vor mir stand ein Teller mit Kartoffeln und Gemüse. Eine andere Teilnehmerin lud ihren Teller am Buffet voll und setzte sich zu mir. Ich sagte zu ihr: „Ah, du lässt es dir ja gut gehen!“ Daraufhin schaute sie mich entgeistert an: „Wieso? Ist das zu viel? Habe ich jemandem etwas weggenommen? Oder meinst du, ich bin eh schon zu dick?“ Ich sah die vielen zusätzlichen unausgesprochenen Sätze wie: „Du Idiot, schau dir doch deinen eigenen Teller an, der ist mindestens ebenso voll…“ Dabei wollte ich mit ihr nur in einen Kontakt kommen, mehr nicht. Ich hatte gar keine Wertung im Kopf. Ich freute mich einfach, dass es ihr so schmeckte.

Aber so ist das. Die Kritikerin oder der Kritiker springt unglaublich schnell in uns an. Wenn du ihn einmal loslässt, rotiert er in deinem Kopf bis er sich erschöpft hat. Ein Teller mit Gemüse reicht dafür völlig aus.

Auf der anderen Seite benötigen wir aber auch unseren inneren Kritiker. Er will uns helfen, dass wir uns weiterentwickeln und dass wir unseren Platz im Leben finden. Er macht uns sozialverträglich. Oftmals jedoch schränkt er unser Leben arg ein.

Kommen wir zur Fastenzeit. Der Kritiker liebt diese Zeit. Da kann er oder sie nach Herzenslust die Fehler und Schwächen gnadenlos anschauen. Es sei denn… du fastest. Verzichte doch mal auf deinen inneren Kritiker und schick ihn für ein paar Wochen in die Wüste. Auch der Kritiker muss sich mal erholen. Warum nicht gleich jetzt? Stell dir also vor, du sitzt vor einem großen Stück Kuchen und dein Kritiker meldet sich: „Na? Denkst du an die Pfunde? Verlierst du nicht an Attraktivität?“ und so weiter. Dieses Mal reagierst du anders. Rede mit ihm oder ihr etwa in folgender (männlicher oder weiblicher) Weise:

„Hallo, lieber Kritiker. Danke für deinen Besuch. Aber heute habe ich dich nicht eingeladen. Bis gerade war ich ganz im Frieden mit mir selbst und möchte es noch ein Weilchen bleiben. Tu mir den Gefallen und mache für eine kleine Zeit Urlaub. Jesus war übrigens vierzig Tage in der Wüste und das hat ihm gut getan. Du musst es nicht genauso machen wie er, aber such dir doch einen Ort aus, wo du mal ausspannen kannst. Ich gebe dir sofort und augenblicklich Urlaub. Jetzt genieße ich dieses Stückchen Kuchen und sage mir selbst diesen Satz: Auch wenn ich jetzt ein Stückchen Kuchen esse, liebe und akzeptiere ich mich so, wie ich bin. Und auch wenn das Stückchen Kuchen heute etwas größer ausgefallen ist als sonst, bin ich ganz in Ordnung, so wie ich bin. Und auch wenn ich dieses große Stück Kuchen mitten in der Fastenzeit esse, bin ich immer und ewig von Gott geliebt und nehme mich von ganzem Herzen an, so wie ich bin."

Meine Anregung für die Fastenzeit ist einfach und schwer zugleich. Verzichte auf deinen inneren Kritiker. Geh einfach in die Liebe zu dir selbst und sei mit dir gnädig und barmherzig. Schau nicht darauf, was du tust, sondern frage dich, wer du bist. Es kann ganz einfach werden, weil du nichts machen musst. Nur in der Aufmerksamkeit der Liebe sein. Schwer wird es, wenn der Kritiker so hartnäckig bleibt. Seit deiner Kindheit läufst du mit ihm herum und er kennt dich durch und durch. Es könnte eine schöne tägliche Fastenübung sein, dass du dich immer wieder neu annimmst und Ja zu dir sagst, ohne Vorbehalt und ohne Einschränkung.

5 Sei vollkommen, aber nicht perfekt!

Perfektion oder Vollkommenheit! Gibt es denn da einen Unterschied? Ist Perfektion nicht das Gleiche wie Vollkommenheit? Im Alltag gebrauchen wir beide Worte oft wie Synonyme. Für mich gibt es dennoch einen großen Unterschied zwischen diesen beiden Begriffen und es könnte hilfreich sein, da einmal genauer hinzuschauen.

Der Duden spricht bei „Perfektion" von der höchsten Vollendung oder der Meisterschaft bei der Verrichtung einer Tätigkeit. Das ist durchaus verständlich. Wir wünschen uns ja eine Waschmaschine, die wirklich funktioniert und nicht nur so ungefähr. Auch beim Hausbau macht es Sinn, dass die Mauern gerade und die Fugen dicht sind. Eine perfekte Handwerksarbeit ist schon erstrebenswert. Zugleich bedeutet „perfekt" jedoch auch, dass etwas „abgeschlossen" ist und damit zur Vergangenheit gehört. Was abgeschlossen ist, kann man dann auch getrost loslassen.

Was für eine Waschmaschine noch verständlich ist, kann für andere Lebensbereiche jedoch schnell zur Überforderung führen. Viele Menschen möchten in allem nach Perfektion streben. Neben den exakten Anforderungen an den Beruf, haben wir vielleicht auch noch den Anspruch an uns als perfekte Mutter, als perfekter Vater und meinen damit eine möglichst fehlerfreie Erziehung der Kinder. Oft geht es dabei um Vermeidung von Fehlern und um die Scham, die aufkommt, etwas nicht gut genug gemacht zu haben. Da klingen dann alte Sprüche von früher in unseren Ohren: „Kind, das musst du noch einmal machen, das ist nicht gut genug. Das ist noch nicht perfekt!"

Ich habe noch das Schreiben mit dem Griffel auf einer Schiefertafel gelernt. Jeden Schultag mussten wir eine ganze Tafel mit runden Bögen gestalten exakt von Linie zu Linie – nicht drüber und auch nicht drunter. Es sollten perfekte Bögen sein. Meine Bögen waren nur selten perfekt. Mutter nahm dann oft den

Lappen und wischte alles wieder weg. Ich musste von vorne beginnen und durfte so lange weiterschreiben, bis sie einigermaßen zufrieden mit meiner Arbeit war. Sicherlich kannst du auch eine ähnliche Geschichte erzählen von mehr oder weniger gelungenen Entwicklungsschritten. Am Ende entwickelt sich manchmal ein Perfektionszwang, der das Leben erschwert und förmlich vermiesen kann. Da reichen dann nicht die achtzig Prozent gelungene Arbeit. Es sollten wenigstens hundert und ein Prozent sein, besser noch mehr. Für die letzten Prozentpunkte strengen wir uns dann auch noch übermäßig an. Die Folge ist irgendwann der innere Zusammenbruch und die Kapitulation.

Mein Vorschlag: Verzichte auf die Perfektion und sei einfach vollkommen! Wie meine ich das? Ich muss dazu eine kleine Geschichte erzählen. Vor einiger Zeit war ich zu einem Empfang eingeladen und eine Gruppe von Grundschulkindern sorgte für das musikalische Rahmenprogramm. Ungefähr zehn Jungen und eine Lehrerin betraten mit ihren Käppis auf dem Kopf die Bühne, stellten sich auf, zogen das Käppi von der Stirn und legten es mehr oder weniger elegant auf den Bühnenboden. Dabei standen sie breitbeinig da wie echte Profis in völliger Selbstsicherheit. Das war schon beeindruckend. Die inszenierte „Käppi absetzen Aktion“ sorgte für ausgesprochene Heiterkeit bei den Zuschauern. Dann sangen sie ihr erstes Lied. Meine musikalisch feinfühligen Ohren horchten auf: Da sang doch ein Junge schief! Er sang zwar eine Melodie, aber so eine, die mit dem ursprünglichen Lied nichts mehr zu tun hatte. Ich konnte ihn sofort identifizieren. Alle anderen Kinder sangen super genau die Töne des Liedes. Aber der eine Junge sang schief. Ohne jeden Zweifel! Durch ihn wurde der Auftritt alles andere als perfekt. Zu meiner Kinderzeit wurden noch diejenigen, die „nicht singen“ konnten, vom Singen ausgeschlossen. Doch dieser Junge war dabei. Er sang jenseits aller Perfektion. Und wie lautete mein innerer Kommentar? Es war vollkommen! Da war pure Freude und Vergnügen beim Singen. Da gab es einen Zusammenhalt in der Gruppe und das Selbstverständnis, Teil eines großen Ganzen zu sein. Der Auftritt dieser Kinder sorgte bei allen Zuhörern für Freude und Wohlwollen. Es war vollkommen!

Was macht Vollkommenheit aus? Fehler in der Umsetzung von Aufgaben kann es durchaus geben, Qualitätsstandards werden vielleicht nicht erreicht. Aber dafür gibt es keinen Druck von Überforderung. Keiner bewertet dich, schimpft mit dir oder macht dich klein. In der Vollkommenheit bist du in deinem Tun völlig im Sein. Du bist die pure Lebensfreude.

In der Bibel sagt Jesus einmal: Seid also vollkommen, wie es auch euer himmlischer Vater ist. (Mt 5,48) In der Regel hören wir oft im Hintergrund den Anspruch von Perfektion heraus. Hier an dieser Stelle ein einem sehr moralischen Sinne. „Sei die beste Mutter, der ideale Vater, der tollste Ehemann und die perfekte Ehefrau!" Gemeint ist biblisch etwas völlig anderes als eine moralische Höchstleistung. Im Hebräischen lautet es ursprünglich und wortwörtlich: Sei „tamim", wie es auch Gott ist. „Tamim" heißt übersetzt „ganz", „vollständig", „ungeteilt." Damit ist also die Einladung ausgesprochen, mit seinem Herzen ungeteilt bei dem zu sein, was man gerade fühlt, denkt oder macht. Auf das Singen übertragen würde das heißen: Singe nicht perfekt, aber singe mit ganzem und ungeteiltem Herzen. Mache es vergnügt und spüre dabei die Leichtigkeit und die Freude.

So ist Gott! Gott ist tamim! Gott ist mit seiner ungeteilten Aufmerksamkeit ganz bei uns. Er erfreut sich an seiner Schöpfung, er freut sich über und mit uns. Er sieht unsere Entwicklungen und ist einfach nur da für uns. Es geht Gott nicht um Perfektion, sondern um das „Tamim – vollkommene Sein". Es gilt, sein Leben zu bejahen mit Haut und Haaren, mit der Vergangenheit, mit allen Gefühlen und mit allen erlebten Geschichten. Klammer nichts aus und heiße alles willkommen, was zu dir gehört. Neben dem Verzicht auf den inneren Kritiker kann es in Fastenzeiten eine wunderbare Ergänzung geben: Sei da mit deinem ungeteilten Herzen und mit ganzer Aufmerksamkeit!

6 Mach etwas stattdessen!

Ein weiterer Gedanke zu den Fastenzeiten. Mir gefallen Zeiten im Jahr, die zum Nachdenken einladen und anregen. Die Unterschiede lassen uns lebendig werden. Wenn du alles immer in gleicher Weise machst, wird das Leben langweilig und eintönig. Du hast das Gefühl, du trittst auf der Stelle und es entwickelt sich nichts weiter. Ich glaube, wir Menschen brauchen immer wieder eine neue kleine Herausforderung.

Ich möchte jetzt den Fokus meiner Aufmerksamkeit auf einen scheinbar unwichtigen Aspekt richten. Viele verbinden das Fasten mit der Vorstellung von Verzicht. Du entscheidest dich dazu, etwas für einige Wochen *nicht* zu tun. Du schaust *nicht* Fernsehen, du rauchst *nicht*, du trinkst keinen Alkohol, du streitest dich *nicht*. Vielleicht fallen dir selber auch noch eigene Beispiele ein. Die nicht so Radikalen sagen dann nicht „nicht“ sondern „weniger“. Sie trinken weniger Alkohol. Mir fällt auf, dass es dabei immer um das „nicht“ geht. Und genau darum geht es mir!

Du kennst sicher den Vorschlag: „Bitte denke jetzt *nicht* an einen weißen Elefanten.“ Was geschieht? Du denkst an einen weißen Elefanten. Das „nicht“ bewirkt nicht, dass du nicht daran denkst. Das „nicht“ ist in diesem Zusammenhang völlig kontraproduktiv. Vor deinem geistigen Auge erscheint der weiße Elefant.

Wenn du also denkst, dass du in der Fastenzeit dich *nicht* streiten möchtest oder *nicht* Recht haben willst um jeden Preis, denkst du immer noch an den Streit und das Recht haben. Alkohol, Zigaretten, Streit, übermäßiges Essen und Fernsehen bleiben als Thema in deinem Kopf verankert. So magst du zwar körperlich auf etwas verzichten, aber in deinem Kopf bleibt das Thema präsent und fest verankert.

Es kann geschehen, dass dadurch dein Fasten zu einer völlig verkrampften Angelegenheit wird. In deinem Kopf kreisen ständig die Gedanken von dem, was du jetzt *nicht* mehr tun möchtest. Zugleich freust du dich auf den Tag, wo du wieder darfst und vom *nicht* erlöst bist. Es könnte geschehen, dass du rein verbal weniger streitest, aber in deinem Kopf und in deinem Denken tobt der innere Kampf und Krieg. Du schaust weniger fern, aber im Kopf suchst du nach einem Ausgleich für diese Entbehrungen.

Dabei ist es durchaus sinnvoll, mal für einen Zeitraum etwas für dich Schädliches *nicht* zu tun. Wenn du feststellst, dass übermäßiges Essen dich unbeweglich macht oder ein starker Fernsehkonsum dich deiner knappen Freizeit beraubt, ändere was dran!

Ich möchte dir jetzt eine Idee mit auf den Weg geben, was hilfreicher sein könnte als die Vorstellung vom *„nicht Tun*". Du machst etwas „stattdessen". Das sieht dann in der Umsetzung so aus. „Ich schaue in der Fastenzeit *nicht* fern. Stattdessen gehe ich spazieren. In der Fastenzeit werde ich verstärkt spazieren gehen."

Spürst du den Unterschied, der den Unterschied macht? Du entscheidest dich für etwas Positives. Du machst etwas, das dein Herz und deinen Körper erfreut. Du bist nicht ständig damit beschäftigt, an deinen Verzicht zu denken und das damit verbundene *„nicht Tun*". Stattdessen suchst du dir neue und attraktive Ziele. Du veränderst zum Beispiel folgende Gedanken:

Statt „ich werde mich weniger streiten" sagst du: „Ich mache mehr Friedensangebote, wenn ich mich ärgere."

Statt „ich verzichte auf Alkohol" sagst du: „Ich trinke verstärkt lebendiges Wasser und beschäftige mich mit gesunder Ernährung."

Statt „ich meckere nicht mehr so herum" sagst du: „Ich richte meine Aufmerksamkeit auf die Dinge, die ich würdigen und anerkennen kann."

Beobachte dich einmal, wie häufig du im Rahmen deiner guten Vorsätze etwas „nicht mehr tun oder sagen willst". Dann suche danach, was du stattdessen machen könntest.

Der Blick auf Jesus zeigt eine interessante Entsprechung. In seiner berühmten Bergpredigt setzt er vorwiegend positive Ziele, die wir umsetzen sollen. Er vermeidet nahezu „Nicht“-Sätze. So lädt er ein, dass wir auch noch die linke Wange hinhalten, wenn uns einer auf die rechte schlägt. Wir verzichten damit nicht nur auf eine verständliche Gegengewalt, sondern unterbrechen diesen tödlichen Kreislauf. Jesus lädt ein: Wer dich zwingt, eine Meile mit ihm zu gehen, mit dem gehe zwei. Verwandle also das Aufgezwungene in einen eigenen Entschluss zur Freiwilligkeit. Jesus spricht nicht davon, die Feinde nicht zu hassen, sondern sie sogar zu lieben.

Warum ist es eigentlich so wichtig, nicht im „Nicht“ und damit in der Vermeidung steckenzubleiben? Letztlich geht es um ein verändertes Bewusstsein hin zu mehr Leben und Liebe. Du vergeudest dich, wenn du nur den Akzent auf das Vermeiden richtest. Du bist beispielsweise völlig damit beschäftigt, für eine Zeit nicht zu kritisieren. Dir bleibt keine Luft mehr zu überlegen, was du stattdessen dafür machen könntest.

Wenn du aufhörst zu kritisieren, hast du auf einmal viel Zeit übrig und in deinem Geist entsteht eine liebenswertere Wirklichkeit. Statt zu kritisieren fängst du an mit der Anerkennung. Wenn du viel kritisierst erzeugst du viel negative Stimmung. Wenn du viel Anerkennung aussprichst, erschaffst du viel konstruktives Wachstum. Wenn du das eine Zeitlang machst, wirst du eine intensive und wirklich bedeutende Veränderung deiner Lebenseinstellung wahrnehmen. Eine so gestaltetes Fasten verändert dich und deine Umwelt nachhaltig. Es wäre ein Fasten, das Gott gefällt.

7 Schwächen in der römischen Kurie und der Blick in den eigenen Spiegel

Die Impulse des Papstes für seine Kurie im Advent 2014 möchte ich zum Anlass nehmen, mit ihm in einen innerlichen Dialog zu treten. 15 Schwächen, Krankheiten und Fehler hat er in seiner Behörde entlarvt und offen benannt. Mir geht es dabei nicht in erster Linie um diese kirchlichen Angelegenheiten und darum, dem Klatsch und Tratsch zu folgen. Überall wo Menschen sind gibt es Konflikte und die Möglichkeiten zur persönlichen Weiterentwicklung. Ich möchte gerne den Papst hören und mich fragen, welche Anteile lebe ich selbst. Ich schaue also wie in einen Spiegel und erforsche mein eigenes Leben. Was sind meine Stärken und Schwächen und wie gehe ich damit um. 15 Aspekte bieten eine Menge Stoff zum Nachdenken.

Schwäche Nr. 1 – Sich unsterblich fühlen

Die erste Schwäche benennt er folgendermaßen: sich unsterblich, immun oder unersetzbar zu fühlen: "Eine Kurie, die sich nicht selbst kritisiert, die sich nicht selbst erneuert, die nicht versucht, sich selbst zu verbessern, ist ein kranker Körper".

Es gibt eine Ebene, da kann ich dem Papst nur beipflichten. An seinem Stuhl und Posten festkleben, Verantwortung nicht abgeben können, immer alles wissen wollen, veränderungsresistent sein, dem Glaubenssatz zu folgen, dass das noch nie oder immer schon so war. Eine solche Mentalität findet sich bestimmt nicht nur bei kirchlichen Beamten sondern überall auf der Welt in jedem Unternehmen. Dennoch möchte ich gerne einen Schritt weitergehen und einmal spielerisch das Gegenteil des Papstgedankens in den Raum stellen.

Meine Gegenaussage: "Es ist eine Stärke, sich unsterblich, immun und unersetzbar zu fühlen." Ich finde, dieser gegenteilige Satz stimmt auch. Wir sind als Menschen unsterblich, das sagt uns unser christlicher Glaube. Wir sind unendlich geliebt. Wir leben hier in der Welt und nach diesem irdischen Leben weiter in der ewigen Liebe Gottes. Wir sind einmalig und niemand wird unsere Existenz so ausfüllen, wie wir es selbst machen. Andere Menschen mögen die gleiche Aufgabe auch gut erfüllen, sie werden es aber anders machen.

Auch eine gewisse Form von Immunität ist sehr förderlich für die eigene Persönlichkeit. Kennst du Menschen, die bei der leisesten Kritik umfallen? Sie sind wie Fähnchen im Wind! Also, das Bewusstsein für die eigene Unsterblichkeit, Immunität und Unersetzbarkeit im Sinne der Einmaligkeit zeugt zunächst einmal nur von einem gesunden Selbstvertrauen, dass jedes "Kind Gottes" auf dieser Welt haben oder entwickeln sollte.

Papst Franziskus erwartet ja von seiner Kurie, dass sie sich selbst kritisiert. Da verlangt er doch eine ganze Menge. Kritisierst du dich selbst? Kannst du das in einer heilsamen und nicht selbstzerstörerischen Weise? Selbstkritik zu üben setzt ja voraus, dass ich genügend Selbststand habe. Wenn ich mich aber klein und minderwertig vorkomme, dann werde ich es zu verhindern wissen, mich selbst zu kritisieren. Sich selbst verbessern, was der Papst sich wünscht, geht davon aus, dass etwas "gut" ist. Das Gute kann ich noch besser machen. Oder anders ausgedrückt: Wo Güte ist, kann ich noch mehr Güte hinzufügen. Wo nichts ist, ist auch nichts zu verbessern!

Ich formuliere mal den Satz des Papstes für mich ein wenig um: "Ein Mensch mit einem guten Selbstwertgefühl voller Wärme und Anteilnahme wird wie selbstverständlich Sorge tragen, dass Körper, Geist und Seele bei sich und im ganzen Umfeld Gesundheit und Freude ausstrahlen. Er wird ein kritisches Wort mit Dankbarkeit entgegen nehmen, weil er dahinter nur wohlwollende Weiterentwicklung sieht."

Ob es denkbar ist, dass die Kurie sich auf eine solche Fährte begeben könnte wie die, die ich gerade beschrieben habe? Vielleicht leiden die Menschen in der Kurie ja an einem guten Selbstwertgefühl?! Im Zusammenleben machen wir häufig den anderen Vorwürfen, wenn wir unzufrieden sind. Das kann ich verstehen. Aber leider sind diese oft nicht hilfreich. Auch ein Vorwurf ist ein "Wurf", bei dem der andere nur in Deckung oder Abwehr geht.

Verwandle einmal deine Vorwürfe um in Wünsche oder Bitten. Und vertraue zugleich auf deine eigene Veränderungsbereitschaft und die der anderen.

Schwäche Nr. 2 – Zu hart arbeiten

Die zweite Schwäche in der Kurie, die Papst Franziskus diagnostiziert lautet folgendermaßen: zu hart arbeiten. "Eine Rast ist für diejenigen, die ihre Arbeit getan haben, notwendig, gut und sollte ernst genommen werden".

Das hätte ich jetzt nicht gedacht, dass in der Kurie hart gearbeitet wird. Da muss ich meine Vorurteile gründlich revidieren. Ich stelle mir in meiner Phantasie den kirchlichen Beamten in Rom vor mit einem kleinen Gehalt auf einer sonnigen Piazza. Er sucht Erholung bei einem Espresso und freut sich, dass er sich ein so kleines Tässchen einmal in der Woche leisten kann. Angesichts des geringen Gehaltes und der wenig attraktiven Arbeit in einem muffigen Büro wird er eher Akten schieben als bearbeiten. Danke Franziskus, dass du mich von diesem Bild befreist. In Rom wird also hart gearbeitet, zu hart gearbeitet.

Der Papst empfiehlt bei harter Arbeit eine Rast. Und diese Rast sollte man ernst nehmen. Franziskus spricht damit ein urchristliches Thema an. Es geht um „ora et labora“, um „Kampf und Kontemplation“, um „Arbeit und Freizeit“. Es geht um den Ausgleich und ein Leben in Balance. Angesichts von zunehmendem Burnout in unserer Gesellschaft haben wir Christen durchaus etwas anzubieten. Wenn du dich in einem ausgewogenen Wechsel von Arbeit und Freizeit bewegst, schaffst du dir eine entspannte Lebensgrundlage. Die Vorstellung gefällt mir und sie gefällt mir zugleich nicht.

Ich habe da eine Alternative im Sinn, die ich dir jetzt gerne vorstellen möchte. Es hängt von der Qualität der Arbeit und der Qualität der Freizeit ab, ob das System funktioniert. Stell dir doch einmal einen hart arbeitenden Menschen vor. Er quält sich ins Büro oder in die Fabrik und schaut schon nach zehn Minuten auf die Uhr. „Wie lange muss ich noch? Hilfe? So viel zu tun! Wie kann ich das nur schaffen! Ich brauche eine Pause! Wie kann ich meine Pause dehnen, ohne dass es jemand merkt!" Die Arbeit wird zur Qual und die freie Zeit wird benötigt, sich von dieser Qual einigermaßen körperlich und geistig zu erholen. Ein Leben mit der Grundlage von Zuckerbrot und Peitsche. Zuckerbrot für Freizeit, wenn sie denn erholsam ist und Peitsche für die Arbeit, es sei denn man ist gut darin, sich unsichtbar zu machen. In diesem Denkmodell benötigt der hart Arbeitende wirklich Erholung, sonst würde er das Rentenalter gar nicht erst erreichen.

Jetzt stell dir jetzt noch einmal einen wirklich hart arbeitenden Menschen vor. Dieser Mensch jedoch geht befreit und gelöst durch das Leben. Er kommt händereibend ins Büro oder in die Fabrik mit dem Bewusstsein: „Heute gestalte ich die Welt mit! Ich bin ein Schöpfer, eine Schöpferin!" Er gibt sich der Arbeit voller Leidenschaft und Aufmerksamkeit hin. Er versinkt darin förmlich und blickt erstaunt auf, wenn die Glocke zum Feierabend läutet. Er geht nach Hause und fühlt sich vielleicht ein wenig körperlich erschöpft, aber geistig frisch. Er kann seine Freizeit einfach genießen aber ohne den Anspruch, dass diese Zeit sein muss. Sie darf mal kürzer oder auch länger dauern. Ein solcher Mensch befindet sich im „Sein". Die Bibel bezeichnet diesen Zustand als Paradies. Wer sich in einem paradiesischen Seins-Zustand befindet, kann beginnen, die Kategorien von Arbeit und Freizeit aufzulösen. Er spielt damit, so wie die ersten Menschen im Paradies spielend gearbeitet und arbeitend gespielt haben.

Es wäre doch wunderbar, wenn jedes Kurienmitglied mit dieser spirituellen Grundhaltung zum Vorbild für die Welt werden könnte! Eine heilige Allianz von Arbeit und Freizeit!

Wenn ich den heutigen Satz von Papst Franziskus an die Kurie und an uns alle umformulieren möchte, würde er so heißen. „Gestalte dein Leben so, dass du im Bewusstsein der Einheit und Verbindung mit Gott lebst. Arbeite nicht „hart“ und mache auch keine „Zwangspausen“. Arbeite mit der Kraft der göttlichen Quelle und genieße deine freie Zeit mit der Zusage Gottes, du bist geliebt, du darfst das Sein genießen und musst nichts tun.“

Schwäche Nr. 3 – Spirituelles abstumpfen

Den folgenden Satz kann ich nur voll unterstreichen und mir kommen keine „Quergedanken“. Franziskus sieht die Gefahr, spirituell und geistig abzustumpfen. "Es ist gefährlich, diese menschliche Empfindsamkeit zu verlieren, die einen mit denen weinen lässt, die weinen, und mit denen feiern lässt, die fröhlich sind".

Franziskus spricht hier von dem Wert, dass wir mit den Menschen mitschwingen. Wenn ich traurig bin dann wünsche ich mir, dass jemand diese Trauer spürt und mich tröstet. Es geht zunächst einmal nur darum, darin gesehen und wahrgenommen zu werden. Da merkt das jemand tatsächlich, dass ich gerade traurig bin. Er sieht mich vielleicht kurz an und nickt mir zu. „Ich habe dich gesehen und fühle mit dir.“ Es gibt eine Fülle von Möglichkeiten in der Trauer und auch in der Freude mitzuschwingen. Ein Blick, eine Geste, ein Wort, ein Zeichen. Mal einen starken körperlichen Ausdruck der Solidarität und mal zurückhaltend. Das Wort „Empfindsamkeit“ gefällt mir in diesem Zusammenhang gut. Du bist offen und verletzlich. Du lässt Gefühle an dich herankommen. Du spürst deine eigene Bedürfnisse und die Wünsche der anderen. Du bist wach!

Wie bewahrst du dir die Empfindsamkeit? Wie entdeckst du sie überhaupt? Wo liegt die Quelle? Der Papst sieht da einen sehr bedeutsamen Zusammenhang: „Du darfst nicht spirituell oder geistig abstumpfen.“ Im Umkehrschluss würde es bedeuten, dass Menschen ohne „Geistigkeit“ oder „Spiritualität“ sich da in einer großen Gefahr befinden. Es geht wohlgemerkt nicht um „Gläubigkeit“, „Religion“ oder „Christlichkeit“, es geht eher um einen Zugang zum eigenen Innenleben. Auch wenn du keine Worte dafür hast: Kannst du deinen Blick nach innen richten? Weißt du wie das geht?

Wir haben die ganze Welt entdeckt und den Weltraum erforscht. Wir sind in der Regel sehr nach außen gerichtet und mir scheint, dass unser Innenleben einem unbekannten Land gleicht. Verbanne mal für einen Augenblick alle dir bekannten Wörter wie „Religion“, „Werte“, „Normen“, „Erziehung“. Das sind alles Begriffe! Schließe mal deine Augen und setze dich imaginativ an einen Platz in der Nähe deines Herzens. Werde still und beobachte, was geschieht. Kommen da Bilder? Gedanken? Körpersensationen? Spannungen? Ein Ziehen? Ein Grummeln? Fühlt es sich wohlig an oder eher unangenehm? Was erzählt dir dein Körper da? Was spricht deine Seele? Hast du sie schon kennengelernt? Ist sie dir vertraut?

Stell dir vor, dass du wie ein Pfadfinder bist und dich noch einmal ganz neu auf die Reise nach innen begibst. Nur du kannst diesen Weg gehen. Niemand sonst! Keine Kanzlerin, kein Papst, nicht deine Lehrer und auch nicht deine Eltern. Dein inneres Land ist nur für dich reserviert!

Wenn du keinen Zugang zu dieser inneren Landschaft hast dann kann es geschehen, dass du nicht so richtig mitbekommst wie zum Beispiel „traurig sein“ sich ganz umfassend anfühlen könnte und welche heilsame Form der Zuwendung es bräuchte. Du könntest nur schwer deine Freude teilen, weil du gar nicht so richtig aus eigener Erfahrung wüsstest, worum es geht. Die Gefahr besteht, dass du leicht abstumpfst.

Nun könnte man doch davon ausgehen, dass Mitarbeiter der Kurie Meister auf dem spirituellen Weg sind, oder? Von da kommen ja die Dogmen, die Glaubenssätze, die moralischen Leitplanken, der Umgang mit Geschiedenen, die Richtlinien zur

Sexualität. Alle diese Wegweisungen benötigen doch eine Quelle, einen göttlichen und wissenden Ursprung. Wenn der Papst die Kurie in Gefahr sieht, dann macht er da von hinten her ein Minenfeld auf. Sollte die Kurie wirklich abgestumpft sein, also abgeschnitten vom inneren Weg – wie könnten sie dann göttliche Weisungen für die Menschen herausgeben? Wir dürfen gespannt sein, was sich in Rom verändert, wenn auf einmal alle Kirchenbeamten aus dem Ursprung der Quelle leben. „Lieber Franziskus, du zettelst hier vielleicht eine heilsame Palastrevolution an!“

Schwäche Nr. 4 – Zu viel planen

Die vierte Schwäche, die der Papst in seiner Ansprache vor der Kurie im Advent 2014 offenlegte heißt - zu viel planen. "Es ist nötig, gute Pläne zu machen. Aber verfallt nicht der Versuchung, die Freiheit des Heiligen Geistes einzuschließen oder zu dirigieren, denn er ist größer und großzügiger als jeder menschliche Plan".

Das Papstwort erinnert mich an den Witz, dass Gott Vater, Sohn und Heiliger Geist einen Betriebsausflug planen und der Heilige Geist den Vorschlag macht: „Lasst uns nach Rom gehen, da sind wir noch nie gewesen.“ Immerhin existiert dieser Witz. Aus welchen Kreisen kommt er? Kirchenfernen? Kircheninternen? Ich kenne ihn aus kircheninternen Pfarrerskreisen.

Wer zu viel plant, so meint Franziskus, könnte das Wirken des Heiligen Geistes verpassen. Gilt das nur für die Kurie? Auf keinen Fall! Seit Jahren werden in der Kirche laufend Pastoralpläne entwickelt. Strukturfragen und Veränderungen stehen ganz oben auf der Agenda. Wenn wir die Fusionen abgeschlossen haben, können wir uns wieder den Menschen zuwenden? Sind die dann noch da? Wird das funktionieren? Ich erinnere mich an viele Konferenzen, diözesane Prozesse, Foren, Thesenpapiere, Visionsentwürfe, die sich wie ein roter Faden durch meine kirchliche Laufbahn gezogen haben. Ja, gute Pläne sind bestimmt hilfreich! Aus meiner Sicht sind Pläne aber absolut nachgeordnet!

Eine geplante Konferenz läuft ja in der Regel so ab: Es gibt eine klare Tagesordnung mit Begrüßung, Themenliste, Zeitvorgabe, Ergebnisabsprachen usw. Jetzt stell dir mal in deiner Phantasie eine Konferenz vor, die der Vorsitzende folgendermaßen beginnt:

„Da der Heilige Geist die wichtigste Kraft in unserer Konferenz ist, möchte ich euch jetzt einladen, in die Stille zu gehen. Spürt doch einmal nach, was er dir jetzt in diesem Augenblick sagen möchte. Und dann möchte ich dich bitten, das Bild, den Impuls oder was immer der Geist eingibt, mit uns allen zu teilen."

Dann würde sich eine tiefe Stille ausbreiten. Und wenn der Geist in seiner Freiheit käme, würde er etwas sagen und die Anwesenden würden es teilen, Oder es bestünde auch die Möglichkeit, dass nach ein oder zwei Stunden andächtiger, aber inhaltsfreier Stille alle wieder nach Hause gingen. Und das wäre völlig in Ordnung so. Mal spricht der Geist und manchmal eben auch nicht. Vielleicht wirkt er wortlos viel mächtiger!

Man stelle sich einmal vor, wenn der Heilige Geist wirklich wirken dürfte wie er wollte? Würde die Kirche so aussehen wie jetzt? Franziskus stellt fest: Die „Pläne" des Geistes wären größer und großzügiger als jeder menschliche Plan. An der Großzügigkeit würden wir das Ergebnis messen können. Der Papst entwickelt in einem versteckten Nebensatz eine unglaubliche Vision von „Großzügigkeit". Diese Theologie liebe ich! Gott ist verschwenderisch! Es ist alles da! Alles bekommt eine Erlaubnis, da zu sein!

Pläne zeigen sich oft kleinkariert, genormt und festgezurrt nach dem Motto: "Wir haben alles bedacht und für alle Eventualitäten ist gesorgt." Kann es sein, dass wir den Heiligen Geist dirigieren? Wie wäre es, wenn er uns dirigieren dürfte? Wenn er dirigiert dann kommt es zu einem Konzert. Wenn wir dirigieren kommt es zu Bevormundung und Rechthaberei.

Ein gewisses Maß an Plänen macht sicherlich Sinn. Ich plane auch meinen nächsten Urlaub und die Zutaten für das Mittagessen. Aber ich plane nicht die Liebe, ich plane nicht die Zeit meiner Rente. Ich plane auch nicht das nächste Jahr. Und die Pläne für morgen werde ich umschmeißen, wenn die Stimme in mir ruft: „Jetzt ist was andres dran!“

Meine Umformulierung heute: „Öffne dich der Kraft des Heiligen Geistes! Du wirst wie auf einer Welle surfen und jeden deiner eigenen Pläne hinter dich lassen.“

Schwäche Nr. 5 – Mangel an Koordination

Papst Franziskus bemängelt in der fünften Schwäche, dass die Kurie ohne Koordination arbeitet wie ein lärmendes Orchester. "Wenn der Fuß der Hand sagt: 'Ich brauche dich nicht' oder die Hand dem Kopf sagt: 'Ich habe das Sagen'".

Ich erkenne in diesem Papstgedanken sofort den ersten Korintherbrief wieder. Paulus spricht von dem einen Leib und den vielen Gliedern. Am Leib wird jeder Körperteil individuell benötigt und besitzt eine spezielle Fähigkeit. Die Hände können nicht denken und der Kopf kann nichts begreifen (im wortwörtlichen Sinne). Es zählen dabei nicht nur die Fähigkeiten der einzelnen Glieder sondern auch die Zusammenarbeit und die Koordination. Stell dir mal eine Hand vor, die nie stille hält und ständig greift. Dann müsste dein Kopf immer aufpassen, dass sie nichts Eigenmächtiges anstellt und könnte nicht mehr über den Sinn des Lebens nachdenken. Wie bekommen die Teile unseres Körpers inklusive der Gedanken und der Herzensenergie bloß diese unglaubliche Koordination hin?! Ich staune!

Na gut, da gibt es schon mal Ausrutscher! Wir fallen hin, wir kommen ins Straucheln, wir lassen was fallen, wir irren uns, wir trauen uns etwas nicht zu... Hin und wieder hapert es mit unseren inneren Absprachen. Aber grundsätzlich klappt es mit uns doch sehr gut, oder? Was mich an diesem Kooperationsgeschehen am meisten beeindruckt ist: Es läuft wie von selbst! Quasi automatisch! Ohne Anstrengung! Meine Finger tippen diese Zeilen während mir die Gedanken kommen. Zugleich sehen meine Augen diese Zeilen und geben Korrekturhinweise an das Gehirn. Im Hintergrund höre ich den Verkehr und die Haut fühlt die Wärme der Heizung. Das Herz freut sich über das Wachsen des Textumfanges und alles ist im Fluss. Etwas in mir ruft nach Pause und sofort schweigen die Finger. ... Ich habe jetzt meinen ganzen Körper gestreckt und ohne weitere Anstrengung knüpfe ich an dem an, was ich vor zwei Minuten gemacht habe.

Im Grunde läuft so mein ganzer Tag ab. 24 Stunden am Tag läuft diese wundervolle Koordination. Alle Zellen wirken mit! Alle Kreislaufsysteme! Alle Muskel, Nerven und Organe!

Damit will ich jetzt das Schwärmen für meine Körper-Geist-Seele Einheit vorläufig beenden. Im Blick auf die Kurie nun stellt der Papst fest: Die Koordination dort stimmt nicht! Da macht wohl jeder was er will oder was er nicht kann oder nicht darf – ein großes kakophonisches Orchester! Gut, dass ich das jetzt weiß! Dann darf ich also Briefe von Rom auf keinen Fall ernst nehmen.

Stell dir einmal ein geschiedenes und wiederverheiratetes Ehepaar vor, welches nach Rom schreibt und um die völlige Teilnahme an allen Sakramenten bittet. Wenn sich Rom in solchen Koordinationsschwierigkeiten befindet, woher wüsste dann das Ehepaar, ob das Antwortschreiben autorisiert wäre? Vielleicht stimmte nicht einmal der theologische Inhalt. Vielleicht kämen sogar völlig unterschiedlich lautende Anweisungen. Der Papst will den Gläubigen mit dieser Schwäche seiner Kurie also sagen: „Liebe Kirchenmitglieder, überprüft jedes Schreiben von Rom und glaubt nicht sofort was da drin steht“.

Eigentlich jedoch lädt der Papst zu einem weiterführenden Impuls ein. Was ein einzelner Mensch für sich scheinbar mühelos und automatisch hinbekommt, also eine fast fehlerfreie Koordination, scheint in Gruppen umso schwieriger zu sein. Die Kurie bildet da keine Ausnahme. Kirchenvorstände und Pfarreiräte, Firmenabteilungen und Vorstandsgremien, Familien und Nachbarschaftsgruppen sehen sich häufig in einer ähnlichen Lage. Immer wieder knirscht es im Getriebe.

Wie bekommen das eigentlich die Familien hin, wo das Zusammenleben fast reibungslos klappt? Wie schaffen das Firmenabteilungen, dass sie miteinander agieren, als befänden sie sich im Paradies? Wie machen die das? Gibt es da ein Geheimnis? Wurde das schon mal untersucht? Können wir davon lernen?

Ich habe festgestellt dass sich knirschendes Getriebe verschlimmert, wenn man ständig auf das Knirschen hinweist. Schnell prägt sich im Bewusstsein ein: „Wir sind eine Problemfamilie! Wir sind eine Problemabteilung! Wir waren das immer schon! Wir werden es auch bleiben!" Hatte die Kurie in Rom jemals in der Geschichte einen guten Ruf? Weiß das jemand? Könnte mir da ein Geschichtskundiger weiterhelfen?

Zwei vielleicht hilfreiche Gedanken kommen mir in den Sinn.

1. Die Kurie, jede Familie und jede Firmenabteilung hat auch ihre guten Seiten. Irgendetwas machen die auf jeden Fall richtig! Es gilt, diese Seiten zu entdecken und zu fördern. Mehr von diesen guten Seiten!

2. Die Kehrseite der Koordination ist das Chaos. Das Chaos ist die Basis für eine Neugestaltung. Eine zu ideale Koordination birgt zugleich die Gefahr von Erstarrung in sich. Das Chaos birgt den Keim zum neuen Leben und darf ruhig geduldet werden.

Dein Körper koordiniert ständig und befindet sich zugleich in einem ständigen Chaos. Du stehst z.B. fest mit beiden Füßen auf der Erde. Dann hebst du einen Fuß um weiterzulaufen. In diesem Augenblick befindet sich dein Körper im Chaos. Die Ruhehaltung löst sich auf und nach einer „chaotischen" Sekunde mit dem erhobenen Fuß in der Luft kommst du zurück in eine koordinierte Haltung.

Vielleicht braucht es also in Rom ein kakophonisches Orchester für die Weiterentwicklung in der Kirche. Je chaotischer, desto mehr Entwicklungspotential. Noch ist nicht raus wofür das gut ist!

Mein umgewandeltes Papstwort für den heutigen Tag: „Genieße das Geschenk der Koordination. Die Teile in dir sind ausgezeichnet verbunden! Bejahe zugleich die Kakophonie in dir. Mit ihr wagst du den Anfang zu neuen Ufern!“

Schwäche Nr. 6 – Spirituelles Alzheimer

In seiner Ansprache vor der Kurie benennt Papst Franziskus als sechste Schwäche das "spirituelle Alzheimer": "Wir sehen es in den Leuten, die ihr Zusammentreffen mit dem Herrn vergessen haben ... in jenen, die völlig auf ihr Hier und Jetzt, ihre Leidenschaften, Launen und Manien angewiesen sind; in jenen, die Mauern um sich bauen und sich von Götzen versklaven lassen, die sie mit ihren eigenen Händen erschaffen haben".

Der Papst als Worterfinder! „Spirituelles Alzheimer!“ Gehen wir doch diesem Phänomen einmal auf die Spur. Bei der Kurie und auch in uns selbst. In kirchlichen Kreisen spricht man ja davon, dass der Glaube in der Gesellschaft „verdunstet“. Er schleicht sich nach und nach aus. Sinkende Zahlen bei den Kirchenmitgliedern, sinkende Gottesdienstbesucher, immer weniger Menschen teilen die Glaubensinhalte. Es gibt kaum einen Bereich wo etwas steigt, alles verdunstet nach und nach, Menschen, Glaube, Kirchengebäude, Sakramente usw. Wie verdunsten denn diese Dinge? Menschen haben keine Lust mehr auf die Kirche. Sie können sich nicht mehr mit den Inhalten und Zielen identifizieren. Sie haben schlechte Erfahrungen gemacht. Sie mögen nicht die autoritären Strukturen. Sie stoßen sich an die großen kirchlichen Fehler und Schwächen. Der Dunst findet reichen Nährboden.

Jetzt könnte man ja meinen, dass es solche Phänomene auch bei der Kurie gibt. Aber der Papst spricht nicht vom Verdunsten, sondern vom Alzheimer, vom „spirituellen Alzheimer“. Die Menschen in der Welt treffen irgendwann eine Entscheidung gegen die Kirche. Die Kurie im Gegenzug entscheidet nicht sondern „vergisst“. Es geht nicht um Schuld sondern um eine ernsthafte Erkrankung.

Kann es sein, dass die vielen kirchlichen Beamten zwar gerne mit dem „Herrn“ zusammentreffen würden, wenn sie es gehirnmäßig denn könnten. Sie haben also Gott vergessen. Er existiert nicht mehr in ihrem Gedächtnis. Die Kurie entlarvt als „Krankheitsatheisten?“ Kann das sein? Worin zeigt sich diese Gottvergessenheit im Konkreten? Abhängigkeiten von Leidenschaften, Launen und Manien! Sich einschließen in Mauern! Versklavung von selbsterschaffenen Götzen!

Ich höre da keine Sünde sondern eine Fülle von Krankheitssymptomen die auf Diagnosen schließen lassen wie Manie, Kontrollverlust, Depression, Persönlichkeitsstörungen, Besessenheit, Verfolgungswahn, Schizophrenie. Auf dem ersten Blick erscheint die Kurie als ein Haufen spiritueller Sünder, die den Herrn vergessen haben. Auf den zweiten Blick geht es eher um eine Gruppe von Menschen, die dringend einen Therapieplatz benötigen.

Der Papst spricht ja gerne in Bildern. Was meint er da eigentlich konkret? Welche Leidenschaften werden denn da ausgelebt? Welche Götzen existieren da in Hülle und Fülle neben dem einzigen Christlichen? Benötigt nach dem Erkennen die Kurie eine spirituelle Umkehr oder eher eine System-therapie?

Ich sehe Papst Franziskus schon zustimmend nicken wenn er Martin Luthers Worten folgt: „Der Mensch ist ein stinkender Madensack!“

Genug Gedanken für Rom. Der nächste Impuls gilt dir und mir. Was ist, wenn wir alle auch so etwas entdecken würden in uns wie „spirituelles Alzheimer“? Wir wären abgeschnitten von der Quelle des Lebens. Wenn du innerlich nicht mit der göttlichen Quelle verbunden bist musst du eine Quelle im Außen suchen. Welche Leidenschaften lassen dich leiden? Welchen Manien gibst du dich hin und pflegst sie als Teil deiner Identität? Wo verkriechst du dich in deiner Angst hinter Mauern weil du dich schämst für das was du bist? Welche Wesen sitzen auf deinem Götterthron?

Wenn die vielen Götter, Manien und Leidenschaften von uns Besitz ergriffen haben ist auch niemand mehr da, der sie kontrolliert. Je weniger Manien und Leidenschaften, desto mehr die Chance für den Geist, wieder klar zu denken uns aus der Wüste ins Bewusstsein zurückzukehren. Mein päpstlicher Umkehrsatz für die sechste Schwäche: „Mit einem Halleluja in deiner Seele werden Manien und Launen ein Fremdwort bleiben."

Schwäche Nr. 7 - Rivalisierungen

Nach der Beschäftigung mit den ersten 6 Schwächen der Kurie geht mir langsam der Atem aus. Eigentlich bräuchte ich eine Pause. Einmal in Gedanken vor die Tore Roms treten und durchschnaufen. Wer sich der Hölle stellt braucht ein dickes Fell und den Wunsch, den Weg zur Erleuchtung zu finden. Der Weg ins Licht führt aber gerade über unsere inneren Dämonen. Schauen wir auf die siebte Schwäche, die Papst Franziskus bei der Kurie ausgemacht hat. Er sieht die Gefahr, sich in Rivalitäten zu verlieren und zu prahlen: "Wenn das eigene Aussehen, die Farbe der Gewänder oder Ehrentitel zu den wichtigsten Zielen im Leben werden".

Ich habe Verständnis dafür, dass man mit über 80 Jahren nicht mehr so sehr auf sein Aussehen achtet. Der Papst benötigt ja keine Kleiderwahl mehr. Jeden Tag in Weiß! Ich würde gerne einmal mit seiner Haushälterin sprechen. Wie viele weiße Gewänder besitzt er wohl? Wie oft werden die gereinigt? Neigt er im Alter zum schlabbern? Diese Frage stellt man keinem Papst, oder? Praktisch sind die weißen Gewänder auf jeden Fall nicht. Frère Roger von Taizé trug übrigens auch weiße Gewänder. Gibt es da einen Unterschied in Richtung lässig und gefällig fallend französisch und streng geschnitten und durchgeknöpft römisch katholisch? Mir würde Franziskus mit Jeans und Sweatshirt gut gefallen.

Also, der Papst sieht die Gefahr eines sich Verlierens in Rivalität durch Achten auf das eigene Aussehen, Farbe der Gewänder und Ehrentitel. Wie ist er selbst eigentlich Papst geworden? War er frei von Rivalität? Immer? Wie viele Ehrentitel versammeln sich auf seinem eigenen Thron? Der „Pontifex Maximus", „Seine Heiligkeit"...

Ich erinnere mich an meine Seminarzeit. Es gab keine Rivalität. Wir waren alle Brüder. Da gab es aber auch schon früh manche Brüder, die im ersten Semester den Kleiderschrank auf Kleriker umstellten. Da gab es die Brüder, die gerne neben dem Bischof saßen, wenn er denn mal zu Besuch kam. Da gab es die Brüder in späteren Zeiten, die es hinbekamen, auch als Kleriker eine Art „Priesterschick" zu entwickeln. Einen schwarzen Anzug bekommt man für unter hundert Euro im Kaufhaus oder von Armani im Wert eines gebrauchten Kleinwagens.

Ich habe als Seminarist stolz meine Jeans und meinen Parka getragen. Ich war überzeugter Antiklerikaler. Merkst du es, lieber Leser, liebe Leserin? Jesus spricht vom Balken im eigenen Auge. Die Gefahr von Rivalität und klerikaler Kleidung reicht tiefer. Jeans und Antiklerikalismus auf der einen und schwarzer Anzug auf der anderen Seite liegen näher beieinander als du denkst. Beide speisen sich aus der gleichen Quelle: „Wie sehe ich aus?" „Wie wirke ich?" „Bin ich wer?"

Man könnte ja denken, dass das klerikale Rom die Kleiderfrage ja praktisch gelöst hat: Einheitsfarbe schwarz, Thema erledigt. Aber dem ist wohl nicht so! Warum sollte es auch, wo doch die ganze Welt sich mit diesen Fragen beschäftigt. Jeder Jugendliche auf der Suche nach der Liebe, jedes Mädchen in der Boutique, jeder Mann auf der Karriereleiter und jede Frau, die sich zum Ausgehen schick macht verbindet ein wichtiges Anliegen: Alle möchten „gut angesehen sein". Die Welt der Schönen vergleicht sich und wird kräftig in den Medien verglichen. Warum sollte da die Kurie eine Ausnahme sein.

Ich glaube, man darf diese Frage nicht so ernst nehmen. Als Kinder haben wir mit Leidenschaft verkleiden gespielt. Wir schlüpften in die Identitäten von Mutter und Vater und stolzierten mit unseren Kleidern durchs Haus. „Hast du mich gesehen?" „Bin ich nicht schick?" Es steckt ein tiefes Bedürfnis dahinter. Wir Menschen wünschen uns alle, gesehen und beachtet zu werden. Wir wollen gemocht werden. Wir wünschen uns Sympathie und Zuwendung und leben von dem wohlwollenden Blick der Anderen. Aus dieser Überzeugung mein umwandelndes Wort des Papstes: „Du brauchst nicht zu rivalisieren. Du bist schön, so wie du bist! Gott sieht dich! Ich dich auch. Sieh du dich auch. So wie du bist. Du musst nichts mehr daran verbessern."

Schwäche Nr. 8 – Existentielle Schizophrenie

Papst Franziskus hat ein wachsames Auge auf seine Kurie gerichtet. 15 Schwächen macht er fest. Unter Punkt 8 erkennt er das Leiden an ‚existenzieller Schizophrenie'. Mit seinen Worten: "Es ist die Krankheit jener, die ein Doppelleben führen. Ein Resultat der Scheinheiligkeit, die typisch ist für mittelmäßige und fortgeschrittene spirituelle Leere, die auch akademische Titel nicht füllen können. Es ist eine Krankheit, an der oft die leiden, die den Priesterdienst aufgegeben haben und sich auf bürokratische Aufgaben beschränken und dadurch den Kontakt mit der Realität und echten Menschen verlieren".

Ich vermute einmal, dass Franziskus nicht von der psychiatrischen Diagnose der Schizophrenie spricht sondern als Kenner des Griechischen eine philosophische und theologische Sicht entwickelt. Vielleicht denkt er, dass bei einer „existentiellen Schizophrenie" „Geist, Seele und Gemüt" abgespalten sind vom Rest der Persönlichkeit, und das nicht vorübergehendend sondern dauerhaft und tiefgreifend. Wenn also Geist und Seele aus einem Menschen ausziehen dann bleibt nur noch eine leere Hülle übrig. Wenn ein Mensch seine Seele verliert, aber das nicht zeigen möchte, umgibt er sich mit einem Ersatz. Wenn schon nicht fromm, dann wenigstens einen akademischen Titel. Wenn schon keine pastorale Arbeit, dann wenigstens einen gewichtigen Schreibtisch.

Wenn also in der Kurie ein akademischer Schreibtischbeamter sitzt, der sein Herz nicht mehr bei den Sorgen der Menschen hat, führt das zwangsläufig zu einem scheinheiligen Doppelleben. Über kurz oder lang erstickt eine Behörde in Bürokratismus, Wichtigtuerei und Menschenverachtung. Den Kerngedanken und die Wurzel dieser Krankheit sieht Franziskus in der „spirituellen Leere".

Blicken wir doch einmal auf das eigene Leben. Im weltlichen

Leben übertragen geht es bei der „existentiellen Schizophrenie" um das Phänomen von „Burnout". Am Beginn steht ein übergroßes Engagement für eine Sache. Du setzt dich voll ein für deine Firma und vernachlässigst nach und nach andere wichtige Lebensbereiche wie Familie, Freunde und die eigene Erholung. Das Hamsterrad setzt sich in Bewegung und kommt nicht mehr zum Halten. Am Ende bist du ausgebrannt. Dabei handelt es sich um eine „gefühlte Leere".

Jeder, der sich mit großem Eifer und intensiver Leidenschaft engagiert ist potentiell gefährdet innerhalb und außerhalb der Kirche! Nach und nach zieht sich sozusagen die Freude, die seelische Mitte, der Sinn zurück.

Es kann also gut sein, dass es in der Kurie ganz viele sehr überzeugte und engagierte Mitarbeiter gibt, die aber im Laufe ihrer Dienstjahre den Sinn und die Freude verloren haben. Was ist zu tun? Wäre es möglich, alle Büros dort für ein paar Monate zu schließen und ein Praktikum zu machen irgendwo in einer Pfarrgemeinde, einer sozialen Einrichtung oder einem der weltweiten Slums nach dem Motto: „Wir suchen erneut den Sinn unseres Lebens!" Dann ginge es nicht um eine moralische Verurteilung von Scheinheiligkeit, sondern um das Angebot für einen therapeutischen Weg.

Meine Papstwortalternative für heute: „Wenn du immer gut mit deiner Mitte verbunden bist und auf ein Leben in Balance achtest verhinderst du Burnout und existentielle Schizophrenie."

Schwäche Nr. 9 - Geschwätzigkeit

Der Punkt 9 befasst sich mit dem ‚Terror des Geschwätzes'. "Das ist die Krankheit von Feiglingen, die nicht den Mut haben, direkt zu sprechen, sondern nur hinter dem Rücken von Leuten".

Kanonenfeuer von Gehässigkeit und übelster Rede. Gerüchte auf allen Fluren und in allen Räumen des Vatikans. Heimlich und unheimlich! Zerstörerisch und zersetzend! Es muss sich nach den Erlebnissen des Papstes nicht um die eine oder andere

Nickeligkeit handeln sondern um Abgründe, die sich auftun. Die Hölle befindet sich direkt unter dem Petersdom! Also machen wir uns mit Franziskus auf den Weg und kommen einmal dem Geschwätz auf die Schliche.

"Hast du schon gehört?" Wenn dich jemand mit diesem Satz anspricht, dann werde aufmerksam. Mit diesem Satz beginnt der Klatsch und Tratsch und Gerüchte werden in die Welt gesetzt. Klatsch und Tratsch sind der Name für zwei Personen, die fortlaufend miteinander im Gespräch sind.

Klatsch und Tratsch existieren unabhängig von dir. Sie gleichen Geistern, die sich ständig neue Opfer suchen. Sie haften sich Personen an, die empfänglich dafür sind. Klatsch und Tratsch können ihre Opfer riechen.

Bist du Klatsch und Tratsch gefährdet? Spürst du manchmal, wie sich diese Energien dir nähern und versuchen, von dir Besitz zu ergreifen? Hier findest du einige Hinweise für dein persönliches Gefährdungspotential. Der Einfachheit halber taufe ich dieses Phänomen "Klatra". Empfindest du dein Leben als langweilig und eintönig? Gibt es wenig Abwechslung und deine Bedürfnisse nach neuen Erfahrungen werden nicht erfüllt? "Klatra" liebt dein inneres Brachland und pflanzt sich mitten in deinem Herzen ein.

Fühlst du dich vernachlässigt oder so gar nicht beachtet von deiner Familie? Wirst du zu wenig angesprochen und mit einbezogen in wichtigen familiären Angelegenheiten? "Klatra" gibt dir die Bedeutung, die du dir wünschst. "Klatra" setzt dich an die erste Stelle und macht dich zu einem König und einer Königin!

Verdienst du zu wenig Geld? Hättest du gerne eine besser bezahlte Stellung? Vergleichst du dein Bankkonto mit dem anderer Menschen? Ist dir das Gefühl von Neid vertraut? "Klatra" liebt den Neid und kennt genau die Einfallstore für dieses Gefühl in deinem Herzen und in deiner Seele. "Klatra" macht sich bemerkbar mit Flüstersätzen genau mitten ins Ohr wie: "Du hast besseres verdient!" "Die oder der ist ein Betrüger!" "Der gehört ins Gefängnis!"

Bist du unzufrieden mit deinem Körper? Zu dick oder zu dünn und die zu vielen Kilo auch noch an der falschen Stelle? "Klatra" mag es besonders, wenn in einer Zeitschrift ein Promi abgeschmiert wird. Da säuselt wieder die Stimme in deinem Ohr: "Schau an, so geht es, wenn man die Nase so hoch hält! Ich habe das schon lange geahnt oder vorhergesehen..."

Kennst du das Gefühl von innerer Leere? Du befindest dich in einer seelischen Wüste? Zugleich möchtest du gerne ein Teil einer Gemeinschaft sein? Auch mit diesem Zustand ist "Klatra" sehr vertraut. Immer, wenn du folgenden Satz hörst, sei wachsam. "Das muss ich gleich ... erzählen!" Der Wunsch der Weitergabe ist die Energiequelle von "Klatra". Wenn du nichts weitergibst bedeutet das den der Tod von "Klatra".

Du bemerkst an dieser Stelle vielleicht eine gewisse Scheu und Zurückhaltung in meinen Gedanken. Ich habe "Klatra" bislang keinem Geschlecht zugeordnet. "Klatra" ist ja eigentlich die Zusammensetzung von "der Klatsch" und "der Tratsch". Du könntest eine geballte Verdoppelung von Männlichkeit darin vermuten. Ich denke, "Klatra" ist sowohl männlich als auch weiblich oder weder/noch und sowohl/als auch. "Klatra" tarnt sich. Das ist wieder so eine Spezialität. "Klatra" passt sich dem Geschlecht wie ein Chamäleon an.

Wie hältst du dir "Klatra" vom Leib? Entwickle ein gutes Verhältnis zu deiner Persönlichkeit. Pflege freundliche Kontakte zu dir selbst, zu deinen Freunden und zu allen Geschöpfen. Sei zufrieden mit deinem Leben und vertraue in einer Krise auf eine positive Wendung.

Hat "Klatra" einmal Besitz von dir ergriffen wirst du diese Energie nur schwer los. Wie bei einer Sucht braucht es da eine klare Haltung und Entscheidung. Meide jede Situation, in der Klatsch und Tratsch auftreten könnten. Und wenn du hörst, dass schlecht über jemanden gesprochen wird, dann lobe ihn in den höchsten Tönen. Du schaffst dadurch ein gutes Gegengewicht zu den negativen Energien im Raum. Vor allem sei wachsam wenn du hörst: Hast du schon gehört...

Schwäche Nr. 10 – Verehrung von Vorgesetzten

Bei der 10. Schwäche, die Papst Franziskus sieht, dreht es sich um die Verehrung der Vorgesetzten. "Das ist die Krankheit jener, die ihre Vorgesetzten hofieren und dafür auf deren Wohlwollen hoffen. Sie sind Opfer des Karrierismus und des Opportunismus. Sie verehren Menschen, die nicht Gott sind".

Früh übt es sich auf der Karriereleiter! Ich erinnere mich an meine Seminarzeit. Da gab es Studenten, die oft und gerne beim Mittagessen am Tisch des Direktors saßen. Die bekamen es auch mit, wann einmal der Bischof zu Besuch da war und wurden prompt zu seinem Tischnachbarn. Diese Studenten gingen in den bischöflichen Gottesdienst, wurden bischöfliche Messdiener und kannten nach und nach alle wichtigen Persönlichkeiten an der Bistumsspitze.

Wenn der Bischof dann später einen zuverlässigen und ihm bekannten Menschen suchte für eine verantwortungsvolle und karrierefördernde Aufgabe dann hatte er natürlich jemanden im Blick, der schon mal bei ihm Messdiener war oder mit dem er schon einmal an einem Tisch gesessen hatte.

Wann fängt die Verehrung von Vorgesetzten an? Sage ich Herr Bischof? Oder sage ich Hochwürdigster Herr? Darf ich womöglich Herr Papst sagen oder Herr Franziskus? Da gibt es viele Möglichkeiten mit dem Verehren anzufangen. Darfst du in der Kirche widersprechen oder ungehorsam sein? Wie viele Freiheiten erlaubst du dir?

Im sonstigen Wirtschaftsleben tauchen diese Fragen auch auf. Mir ist schon häufig aufgefallen, dass Menschen sich verändern sobald der Chef im Raum auftaucht. Wenn der Vorgesetzte erscheint wird der Angestellte zum Kind. „Hoffentlich habe ich nichts falsch gemacht!“ „Lass dich nicht erwischen!“ „Bloß nicht auffallen!“ Oder auch umgekehrt: „Jawohl Chef!“ „Sie haben recht Chef!“ „Das mache ich gerne für Sie Chef!“ „Kann ich sonst noch etwas für Sie tun?“

Vielleicht möchte ein Vorgesetzter gar nicht „verehrt“ werden aber es entsteht oft ein Automatismus. Den „Sklaven“ sitzt die Unterwürfigkeit in den Genen. Schon als Kinder haben wir von unseren Eltern gehört: „Solange du die Füße unter meinen Tisch stellst...“ Kinder, die eine solche Erziehung verinnerlicht haben sind geradezu prädestiniert für ein Leben in der Verehrung von Vorgesetzen. Sei lieb zum Chef, dann geht es dir gut.

Doch auch hier gibt es wieder die Möglichkeit einer völlig anderen Sichtweise. Eine Stufe unter der Verehrung liegt die Achtung! Einen Menschen zu ehren, nicht zu verehren, sondern zu achten ist doch ein sehr hohes menschliches Gut. Der Angestellte muss also nur von seiner Verehrung zu einer Achtung kommen und diese Achtung auf alle Menschen ausweiten.

So könnten wir den heutigen Satz von Papst Franziskus umschreiben: „Bringe jedem Menschen Ehre, Achtung und Respekt entgegen und schau nicht, auf welcher Stufe der Karriereleiter dieser Mensch steht. Ein Bettler sei für dich wie ein König und ein König wie ein Bettler. Im Kern ist jeder ein von Gott geliebter Mensch.“

11. Schwäche - Gleichgültigkeit

Papst Franziskus spricht in seiner elften Schwäche von der Gleichgültigkeit gegenüber anderen: "Wenn man aus Neid oder Heimtücke Freude daran findet, andere fallen zu sehen, statt ihnen aufzuhelfen und sie zu ermutigen".

Gleichgültigkeit hört sich ja irgendwie normal an. Viele Menschen sind heute gleichgültig. Es kümmert sie nicht, wenn es mit der Wirtschaft bergab geht, wenn die Arbeitslosenzahlen nicht sinken, wenn Nachbarn im Streit miteinander liegen. Ein echter Gleichgültiger kümmert sich einfach dann nur um sich und nicht um das Elend ringsum.

Beim genaueren Hinsehen spricht der Papst ja eigentlich nicht über die Gleichgültigkeit sondern mehr über Niedertracht.

Die vatikanischen Jünger finden Freude daran, wenn andere fallen. Er sieht in deren Herzen Neid und Heimtücke. Demnach wäre ein Besuch im Vatikan nahezu lebensgefährlich. Ich sollte meine älteste Hose anziehen, die teure Kamera in die Tiefen meines ärmlichen Rucksackes verstecken und höchstens mit einem trockenen Stück Brot das Gelände betreten. Wenn ich als Bettler erscheine erwecke ich keinen Neid.

Der Papst spricht hier aber eine sehr traurige Wirklichkeit aus. Der Umgang mit dem Neid. Nicht nur in Rom, überall vergleichen sich die Menschen. Ich wuchs mit vier Geschwistern auf. Alle die gleiche Portion Quark in der Schüssel! Und wehe, die Schwester bekam einen Löffel mehr!

Der „Neid“ lauert an allen Ecken und Enden. Wer hat mehr Geld, wer bekommt mehr Zuwendung, wer hat mehr Freiheiten, wer muss früher und wer darf später ins Bett. Der Neid bekommt jeden Tag seine Chance. Die Taufe allein verhindert keinen Neid. Auch Christen sind durchzogen von diesem zerstörerischen Lebensgefühl. Jesus musste das häufiger erlebt haben. So erzählte er von den Arbeiten im Weinberg, die am Abend alle den gleichen Lohn bekamen für unterschiedliche Leistungen.

Mit Kindern ins Ferienlager fahren könnte auch die Überschrift tragen: „Wie verhindere ich zwei Wochen Neid!“ Wir Menschen scheinen so gestrickt zu sein! Immer die Angst, zu kurz zu kommen. Immer die Befürchtung, übersehen zu werden. Immer aufpassen, dass die Zuwendungen auch bei mir Halt machen! Wenn die anderen fallen bleibt für mich mehr übrig. Als Christ und vatikanischer Jünger darf ich das aber nicht offen zeigen.

Was tun? Einübung in das radikale Vertrauen und einen veränderten Glaubenssatz. Nicht das Prinzip: „Jedem das Gleiche“ sondern „jedem nach seinem Bedürfnis“ und das auf der Grundlage: „Es ist genug für alle da!“

Mein Papstwort lautet darum ganz einfach: „Vertraue! Es ist mehr als genug für alle da! Gott ist Fülle!“

12. Schwäche – Die Trauermiene

In der langen Liste des Papstes taucht unter Punkt zwölf der Vorwurf auf, eine Trauermiene aufzusetzen: "Tatsächlich sind theatralischer Ernst und steriler Pessimismus oft Symptome von Angst und Unsicherheit. Der Jünger muss höflich enthusiastisch und glücklich sein und Freude weitergeben, wo auch immer er hingeht".

Jemand mit einer Trauermiene macht einen bekümmerten Gesichtsausdruck. Das wäre wirklich nicht schön für Besucher und Gäste aus der weiten Welt, wenn sie ständig Trauermienen in den vatikanischen Fluren begegnen müssten.

Es sei denn es gäbe viele Gründe zur Trauer! Man denke an all diejenigen, die aus der Kirche ausgetreten sind, die wiederverheiratet Geschiedenen, die vielen anderen Konfessionen, Sekten und Religionen, Sünden der Kirchenmitglieder und die vergangenen Sünden der Kirche von Hexenverbrennung, Verfolgungen und Machtmissbrauch. Vielleicht lesen die vatikanischen Jünger ja die ausufernden Kirchenkritikbücher und trauen sich nicht mehr, mit einem strahlenden Lächeln in die Öffentlichkeit zu gehen. Der Sünder glaubt, dass man ihm die Sünde ansieht. Das habe ich zumindest als Kind geglaubt, als ich Süßigkeiten aus der Schublade stibitzte. „Gott sieht dem Sünder ins Herz. Der Kopf läuft rot an und der Blick neigt sich zu Boden."

Der Papst entwickelt einen pastoralen Gedanken. Er erkennt Angst und Unsicherheit im theatralischen Ausdruck von Pessimismus. So fordert er Freude und Höflichkeit bis zum Enthusiasmus ein. Wenn das mal so einfach wäre! Einmal pusten und die Trauer verschwindet! Einmal tief Luft holen und die Freude einziehen lassen! Per Dekret und Verordnung!

Wenn ich einen solchen Satz in meinen Beratungen äußern würde hätte ich ein paar Tage später meine Entlassungspapiere in der Hand. Wenn die Trauer tief sitzt, dann braucht sie Raum und Zeit. Jesus mag das zwar gedacht haben, dass seine Jünger überall die Freude des Evangeliums hinbringen. Dazu muss der Jünger aber innerlich erlöst und befreit sein.

In der Regel ist ein Christ ja getauft, also befreit! Aber fühlt er sich auch so? Kann man die Gießkanne der Gnade einfach so über die Menschen ausschütten nach dem Motto: Der Liebe Gottes kannst du dich gar nicht widersetzen. Freude ist ansteckend! Sei mal locker! Du bist doch erlöst!

Wenn die Trauer tief sitzt, dann sitzt sie tief! Der Trauernde muss irgendwie aus seinem Loch. Wenn wir die vatikanischen Jünger einmal befragen dürften nach dem Grund ihrer Trauer - was würden sie wohl antworten?

Zugegeben: In meiner Zeit als Pfarrer hatte ich für sie kein Verständnis. Heute tut mir das Leid. Das sind auch Menschen! Ich habe mich nicht für sie interessiert! Ich hatte ja auch Angst, dass genau die mich im Visier hatten. Heute stelle ich fest: Ich habe sie dämonisiert. Ich! Niemand sonst! Es sind meine Bilder und meine Vorstellungen. Mein Papstwort für den heutigen Tag umgewandelt heißt: „Habe Verständnis für jeden Menschen in einer Trauersituation. Schenke ihm deine Aufmerksamkeit und Anteilnahme und begleite ihn aus seiner Grube so gut es geht.“

13. Schwäche – Immer mehr wollen

Bei den Schwächen, die Papst Franziskus der Kurie vorhält, spricht er im Punkt 13 von dem Aspekt immer mehr zu wollen: "Wenn ein Jünger versucht, eine existenzielle Leere in seinem Herz mit der Ansammlung materieller Güter zu füllen, nicht weil er sie braucht, sondern weil er sich dadurch sicherer fühlt".

Von welchen materiellen Gütern können Kleriker denn immer mehr wollen? Mir fallen da spontan ein: Bücher, Ikonen, Weinflaschen, technischer Schnickschnack.

Bücher an sich wären also nicht verwerflich nach der Meinung des Papstes. Wenn ich ein Buch benötige um mehr zu wissen, oder mich weiterzuentwickeln ist das in Ordnung. Wenn es darum geht, es lediglich zu besitzen wird das schon fraglich. Technischer Schnickschnack erfüllt durchaus wichtige Aufgaben. Handys zur Kontaktpflege und Terminvereinbarungen, PC zum arbeiten usw. Ich kenne aber auch das Leuchten in den Augen der Menschen, ein I-Phone zu besitzen, bzw. immer die neueste

Generation. Besitzen wird wichtiger als die Funktionen und wirklichen Aufgaben. Ikonen und Weinflaschen würde ich zu den Luxusgütern zählen. Kann man, muss man aber nicht haben. Wein und Ikonen führen uns aber vielleicht zum Kernthema in der Schwäche, „immer mehr zu wollen."

Es geht letztlich um die Erfahrung und den Umgang mit der „existentiellen Leere im Herzen". Der Hintergedanke könnte so aussehen: Ich habe keine Freude mehr an der Vorstellung, dass Gott mein Herz erfüllt. Er ist ausgezogen. Ich spüre ihn nicht mehr, ich denke nicht mehr an ihn, ich suche ihn auch nicht mehr. Ich bin enttäuscht, frustriert und kann dennoch nicht damit abschließen denn als „Jünger" ist „Gott" ja zugleich mein Broterwerb. Jeder sonstige Christ ist „Hobby-Gott-Sucher." Sein Brot verdient er mit anderen Dingen.

Der Kleriker oder „Jünger" muss also äußerlich die Fassade aufrechterhalten, „Gott" ist ja sein Broterwerb. Wie geht er aber mit sich selbst in dieser Phase des Lebens um? Wenn Gott nicht mehr da ist aber das Herz „Treibstoff" benötigt, dann muss ein Ersatz her. Die Ehefrau kann es nicht sein. (Das wäre übrigens Missbrauch! Eine Partnerin als Ersatz für Sinnleere. Gleichwohl kommt das durchaus bei Paaren häufiger vor.) Ein Idealer Ersatz für den kultivierten „Jünger" sind antike Bücher und kostbare Weine. Man verzichtet zwar auf „Gott" aber nicht auf etwas „Wertvolles". „Wertvolle Bücher" und „wertvoller Gott" zeigen doch eine gewisse Verwandtschaft auf.

Wertvolle Bücher im Herzen, Reisen zu antiken Stätten der Welt mit „Exklusivführung", Freundschaft mit Doktoren und Professoren, auf Gästelisten der Industriellen stehen und Eintrittskarten ergattern zu seltenen Opernaufführungen – der Möglichkeiten gibt es viele, zu „göttlichen" Erlebnissen zu kommen.

Das betrifft nicht nur die Mitglieder der Kurie, sondern jeden, der „existentielle Leere" im Herzen erlebt. Eine päpstliche Lösung sähe ja ganz einfach aus. Lade Gott wieder in dein Herz ein, dann brauchst du nicht mehr den ganzen Schnickschnack. Wenn das mal so einfach wäre. Ich höre so manchen Kleriker und Normalmenschen sagen: „Habe ich doch schon versucht! Immer wieder!“

Was muss ich mir eigentlich unter „existentielle Leere im Herzen“ vorstellen? Vielleicht kann ich mich dem Bild ja einmal ohne Wertung und Vorwurf nähern. Mein Wort dafür heißt „Einsamkeit“. Das klingt dann nicht mehr so philosophisch und abstrakt. Kennst du diesen Zustand? Kannst du dir diesen Satz einmal sagen: „Ich bin einsam!“ Lass diesen Satz tief in dich einwirken. Was geschieht jetzt? „Das will ich nicht?“ – „Hilfe, das fühlt sich aber erschreckend an?“ – „Ja ich fühle es und es macht mich traurig?“ Vielleicht entsteht auch ein Gefühl von Leere. Kannst du zu dem, was da jetzt kommt, Ja sagen? Ein Ja zur Einsamkeit? Wenn du das kannst hast du einen großen Schritt gemacht in deiner Weiterentwicklung.

Ich glaube, dass wir Menschen zwischen zwei Polen leben. Wir sind „Viele“ und wir sind „Einsame“! Beide Vorstellungen sind manchmal erträglich, manchmal schrecklich und oft auch heilsam und friedvoll.

Wandeln wir das päpstliche Wort wieder einmal um: „Geh mitten hinein in die existentielle Leere. Sie gehört zu dir wie auch die Fülle. Halte die Einsamkeit aus und heiße sie Willkommen. Vielleicht wartet an diesem Ort der fast unhörbare Hauch Gottes auf dich.“

14. Schwäche – Die Bildung von geschlossenen Kreisen

In seiner Ansprache vor der Kurie in Rom kritisiert Papst Franziskus unter Punkt 14 die Bildung von „geschlossenen Kreisen“, die stärker sein wollen als die Gemeinschaft:

"Diese Krankheit beginnt immer mit guten Absichten, aber mit der Zeit versklavt sie ihre Mitglieder, indem sie zu einem Krebsgeschwür wird, das die Harmonie des Körpers bedroht und so viel Schaden verursacht – Skandale – besonders gegenüber unseren jüngeren Brüdern".

Gehen wir doch einmal diesem Rätsel von „geschlossenen Kreisen“ auf den Grund. Man könnte ja meinen, dass die Kirche eine offene Gruppe wäre. Die Kirchentüren stehen offen, alle sind zu den Gottesdiensten eingeladen. Die Termine werden öffentlich bekanntgegeben. Jeder und jede darf sich im Ehrenamt engagieren und von Zeit zu Zeit geben die Pfarreien Briefe heraus und informieren über alle Aktivitäten. Die Zeitung berichtet über das Leben der Gemeindemitglieder, der Haushaltsplan liegt für alle zur Einsicht aus und der Pfarrer lädt manchmal ein zu öffentlichen Sprechstunden.

Von welchen „geschlossenen Kreisen“ spricht Papst Franziskus? Da kann ich nur Vermutungen anstellen. Während meines Studiums wohnte ich im Priesterseminar. Nach einigen Wochen stellte ich fest, dass es im Keller eine Bar gab, wo eine Gruppe von Studenten sich regelmäßig zum geselligen Beisammensein traf. Dort wurde ordentlich gebechert, Zigarren geraucht, zu fortgeschrittener Uhrzeit gegrölt, Skandale ausgetauscht und gelästert. Zum Frust abladen und für die zölibatäre Kompensation ging man also in den Keller. Ich war einmal dort für einen kurzen Moment und dann nie wieder. Ich wurde mit Blicken und Gesten hinauskomplimentiert. Ich fühlte mich nicht willkommen, ich gehörte nicht dazu. Und – ich wollte den Platz auch gar nicht!

Aber das ist ja klar, wo gelästert wird sind bestimmte Ohren nicht erwünscht. Im Laufe der Jahre entdeckte ich mehrere „verborgene“ und „geschlossene“ Kreise in einer Kirche, die den Anspruch auf „Offenheit“ hat. Das Phänomen, dass Kreise sich schließen gibt es nicht nur in der Kurie, in Seminaren und in Pfarrgemeinden sondern und überall dort, wo Menschen regelmäßig zusammenkommen. „Wir kennen uns doch so gut! Wir sind so vertraut miteinander! Wir mögen uns! Fremde gefährden unsere Gruppe! Die wollen doch was!“ Eine Gruppe tut gut daran sich immer wieder einmal von Zeit zu Zeit zu überprüfen. Wollen wir geschlossen sein oder uns öffnen? Darf jeder mitbekommen, was wir hier tun und worüber wir sprechen?

Es existieren leider auch Gruppen im Untergrund. „Kellergruppen“, die das Licht der Öffentlichkeit scheuen. Der Papst spricht hier vom Skandal und vom Schaden gegenüber den jüngeren Brüdern. Was meint er damit? Hier auch wieder nur eine Vermutung. Nach meinem Wissen existieren in vielen „ausschließlich männlichen“ Lebensfeldern homosexuelle Zirkel. Befürchtet Franziskus die Verführung der jungen Priester durch die älteren? Gerade ein zölibatär ausgerichtetes Umfeld lädt dazu ein, die Sexualität im Verborgenen zu leben. Wäre es nicht schön, wenn die Kirche ein „offenes“ Herz hätte für alle Menschen mit inneren Nöten? Mehr Freiheit, mehr Verständnis, mehr Möglichkeiten? Ein „Mehr“ an Barmherzigkeit mit sich selbst würde auch zu einem „Mehr“ an Barmherzigkeit im öffentlichen Leben führen. Letztlich geht es um die Integration des Schattens und nicht um die Verbannung in den Keller.

Mein Papstwort für heut: „Nimm deine inneren geschlossenen und verschlossenen Kreise wahr und wage es, sie zu öffnen, damit Liebe und Licht einziehen können.“

15. Schwäche – Streben nach weltlichen Profiten und die Prahlerei

Die letzte Schwäche der römischen Kurie nennt Papst Franziskus das Streben nach weltlichen Profiten und die Prahlerei: "Das ist die Krankheit jener, die unersättlich sind in ihren Versuchen, ihre Macht zu vervielfachen, und dabei des Rufmords, der Diffamierung und der Diskreditierung anderer fähig sind – auch in Zeitungen und Magazinen – , natürlich um sich selbst als kompetenter als andere darzustellen.

„In aller Bescheidenheit, nur so ganz nebenbei. Ich bin der Vorsitzende in meiner Selbsthilfegruppe. Ich glaube, dass ich das gut kann und die Vorstellung, der Franz würde diese Aufgabe übernehmen wäre für mich unerträglich. Der Franz ist schlicht und einfach unehrlich. Er kann nicht zuhören und er macht, was er will. Ich sorge dafür, dass alles in unserer Gruppe seinen geregelten Gang geht. Bezirkssprecher bin ich übrigens auch. Seitdem ich das mache läuft der Laden. Ich muss aber immer schauen ob dieser Posten noch mit meiner Führungsaufgabe bei meiner Firma vereinbar ist. Mein Leben ist nicht immer so ganz leicht. Ich bin Schriftführer im Tennisclub und soll demnächst den zweiten Vorsitzenden machen. Ich bin Elternsprecher in der Klasse meines Sohnes und Präsident des örtlichen Karnevalsvereins. Ich mache diese Dinge alle gerne. Es kommen halt im Laufe der Jahre so einige Dinge zusammen. Und auch Geschichten, die ich so höre. Wissen Sie, warum der Hermann nicht Karnevalspräsident wurde? Der war doch verheiratet und so ganz nebenbei hatte er was am Laufen mit der ... (Das flüstere ich dir nur ins Ohr!)"

Spricht der Papst von solchen Typen? Kennst du selber welche? Gibt es die wirklich in der Kirche auch? Unter den Kurienmitgliedern? Da soll es doch Menschen geben, die rufen heimlich bei der Zeitung an und stecken dem Redakteur so eine kleine Geschichte zu. Wenn die Öffentlichkeit mitbekommt, wie eine Person wirklich ist, dann... So mancher Bürgermeisterkandidat und Ministeranwärter ist auf diesem Weg gestolpert. Aber Kirchenleute? Die machen das doch nicht, oder?

Gehen wir einmal davon aus, dass in der Kirche jede menschliche Schwäche möglich ist. Was steckt wohl dahinter? Welche Not hat ein Mensch, dass er sich selber für so wichtig hält! Für so wichtig, dass er überall Konkurrenten und Neider sieht, die er ausmerzen muss?

Vielleicht gibt es ja wirklich die Vorstellung: „Nur ich kann die Welt retten!" „Ich habe wirklich die Kompetenz und der andere ist völlig unfähig!" „Das muss doch jeder sehen!" „Das erkennt man doch auf den ersten Blick!" Die Absicht ist durchaus edel! Ich möchte die Welt positiv verändern und gestalten und der Bruder ist dabei im Weg. Der hat je keine Ahnung! Der ist unfähig! So verbessere ich die Welt und gehe dabei über Leichen.

Jeder, der einen verantwortlichen Posten in einer Firma hat, in der Kirche, in einem Verein oder sonst wo – ist da durchaus gefährdet! Am Ende bleibt ein Trümmerhaufen und die Erkenntnis: „Ich habe es doch nur gut gemeint!"

Mein Papstwort am heutigen Tag: „Übernimm Verantwortung für dich und dein Leben. Sag Ja zu deinen Aufgaben und halte keine fest. Verabschiede dich jeden Abend von deinen Zuständigkeiten und sei dir bewusst: Du lebst mit einer Leihgabe."

Zum Schluss

Fünfzehn Schwächen hat Papst Franziskus bei der Kurie entdeckt. Vielleicht gibt es noch mehr davon! Genug Stoff zum Nachdenken. Genug Material für die innere Einkehr.

Ich stelle mir vor, wie der Papst vor seinen Mitarbeitern steht und alle diese Punkte öffentlich macht. Er spricht sie aus! Ich stelle mir all diese Mitarbeiter vor und schaue in deren Köpfe und Herzen. „Ich bin nicht gemeint! Von wem spricht er da! Oh je, voll erwischt! Wo kann ich mich jetzt verstecken! Die anderen sind viel schlimmer! Und du, Papst Franziskus? Welcher von diesen Punkten trifft auf dich zu?"

Wenn es nur darum geht, einen Menschen bloßzustellen, die Schwächen öffentlich zu machen, wem hilft es? Die 15 Schwächen zeigen auch die Schwächen der Gesellschaft. Die Medien freuen sich, wenn es der Kurie an den Kragen geht. Darüber kann man schreiben. Darüber kann man sich aufregen. Und mir gibt es Stoff zum Schreiben von fast 15 Schreibmaschinenseiten.

Jetzt ist es genug! In der Bibel spricht Jesus eine Einladung aus, die da heißt: „Seid barmherzig, wie es auch euer Vater im Himmel ist." (Lukas 6,36) So schaue ich die Kurie an und blicke wie in einen Spiegel. Ich schaue hinein und sage mir: „Das bin ich!" „Das bin ich auch!" „Das bin ich manchmal!" „Und da bin ich gefährdet!" Ich freue mich, dass mich jemand mit all dem so mag und mit mir barmherzig ist. So will ich es auch mit mir und meinem Spiegelbild sein. Liebe Kurie in Rom: Als Spiegel meiner Seele habt ihr einen guten Job gemacht. Danke! Und alles Gute für jeden von euch.

8 Befreiende Wege vom Müssen zum Dürfen

Beim ersten Nachdenken haben Zeiten des Fastens in der Regel einen strengen und ernsthaften Charakter. Du verlässt vielleicht gerade die noch nicht erfüllten Vorsätze vom Jahresbeginn und machst dich wieder fertig mit neuen Plänen. Stets beginnst du sehr gewissenhaft mit deinen Vorsätzen, bist zielstrebig, planvoll, angestrengt, strukturiert, moralisch hochwertig, sinnerneuernd und spirituell vertiefend. Du programmierst förmlich das Scheitern aufgrund deiner überzogenen Erwartungen und Vorstellungen. Verlockend finde ich das nicht gerade.

Ich las vor kurzem einen inspirierenden Satz von dem Schriftsteller Franz Hessel: „Hierzulande muss man müssen, sonst darf man nicht. Hier geht man nicht wo, sondern wohin. Es ist nicht leicht für unsereinen.“

Der Titel des dazugehörigen Buches lautet in epischer Breite: „Spazieren in Berlin: Ein Lehrbuch der Kunst in Berlin spazieren zu gehen ganz nah dem Zauber der Stadt von dem sie selbst kaum weiß.“

Die Idee des Flanierens hat Hessel dabei aus seinen Pariser Jahren (1906-1914) mitgebracht. Flanieren bedeutet, entspannt zu bummeln. Müßig umher-, oder auf- und ab zu schlendern ohne Ziel!

„Man muss müssen wenn man nicht dürfen darf“, hieß die Variation im Radio. Bei diesem Satz blieb ich gedanklich stehen. Mir ist das „Dürfen“ nicht so vertraut. Das „Müssen“ kenne ich sehr gut, auch wenn ich es eigentlich nicht will. Mein Leben fühlt sich so zielgerichtet an. Ich habe meinen Tag gut strukturiert. Ich gehe regelmäßig zur Arbeit und komme selten zu spät. Wenn ich zu spät komme bleibe ich zum Ausgleich auch länger. Ich habe Einkauf, Müllentsorgung und sonstigen Haushalt treu und zuverlässig im Blick. Die staubigen Ecken vielleicht nicht, dafür aber die Bügelwäsche. Ich schreibe regelmäßig für meinen Blog und bediene treu meine anerzogenen Anteile von Zuverlässigkeit und christlicher Tugend.

Da kommt mir auf einmal so ein ketzerischer Gedanke: „Brauche ich eigentlich noch die Fastenzeit vor Ostern? Noch bewusster ernähren? Noch liebevoller sein? Noch nicht genug? Noch mehr müssen?“ Immer scheint es nicht genug zu sein! Ich höre von der Idee, dass die Fastenzeit eine Zeit ist, in der du bewusst mit dir umgehst. Außerhalb nicht? Wenn du das ganze Jahr hindurch achtsam und liebevoll mit dir und mit den anderen umgehst, wann machst du mal eine Pause davon? Wann ruhst du dich aus?

„Man muss müssen wenn man nicht dürfen darf.“ Ich stelle mir vor, dass ich heiter und beschwingt durch die Fastenzeit flaniere. Ich spüre auf einmal eine Art Leichtigkeit und Entlastung im Körper, im Geist und in der Seele! Ich schaue mal hier und mal da hin. Ich verweile und gehe dann weiter. Ich nehme wahr, wie ich laufe. Dass ich laufe. Mal bedächtig und dann vielleicht noch bedächtiger. Aber vor allem ohne Müssen. Ich setze mich hin und beobachte das Treiben um mich herum. Ich sehe all die Menschen mit einem „Wohin“ in ihrer Zielgerichtetheit und bleibe beim „Wo“. Wo bin ich jetzt gerade?

Wer bin ich, wenn ich nichts tue? Wenn ich ganz aus der Anstrengung herausgehe. Wenn ich nur darf und überhaupt nicht mehr muss. Ich lasse es vollkommen zu, dass ich für einen Moment nur sterben muss, aber sonst nichts. Ich muss mich nicht um meine Familie kümmern, nicht um meine Arbeit, nicht um meine religiösen Ansprüche, nicht um Gebote oder Verbote. Ich kümmere mich nicht um die Glaubenssätze aus meiner Kindheit die da lauten: „Du kannst nichts richtig machen.“ – „Mit dir stimmt was nicht.“ – „Du bist nicht wichtig.“ – „Du bist schuldig.“ – „Du bist falsch.“ Ich kümmere mich auch nicht um Sätze wie: „Wenn du das nicht machst dann...“ – „Wenn ich nur nicht so einsam wäre...“ Ich lasse auch Verzweiflung, Isolation, Scham, Ohnmacht, Zurückweisung, Selbstverachtung gar nicht an mich herankommen. Wenn ich dieses Geschäft „ernsthaft“

betreibe komme ich mir gleich fremd vor. Die „Müssenkleider" passen mir so gut und sind mir so vertraut. Sie sitzen schlecht, passen nicht und sehen auch nicht gut aus. Aber sie sind vertraut!

Für einen Moment lasse ich das Andere zu. Ich bin ein Flaneur des Lebens! Ich mäandere hin und her und schaffe mir einen virtuellen Spazierstock an mit silbernem Knauf. Ich lasse mich durch die inneren Straßen meines Lebens treiben und verweile mal hier und verweile mal da. Ich vermeide jeden Hauch von Anstrengung und mache um jedes „Müssen" einen großen Bogen. Um Jedes! Um jedes Müssen doch wohl nicht, dann die Vermeidung von Müssen könnte ja auch wieder ein „Muss" werden. Also kein: „Ich muss das Müssen unbedingt verhindern."

Da lese ich im Matthäusevangelium: „Wenn ihr fastet, macht kein finsteres Gesicht wie die Heuchler. Sie geben sich ein trübseliges Aussehen, damit die Leute merken, dass sie fasten. Amen, das sage ich euch: Sie haben ihren Lohn bereits erhalten. Du aber salbe dein Haar, wenn du fastest, und wasche dein Gesicht, damit die Leute nicht merken, dass du fastest, sondern nur dein Vater, der auch das Verborgene sieht; und dein Vater, der das Verborgene sieht, wird es dir vergelten." (Mt 6,6-18)

In mir taucht der Verdacht auf, dass Jesus auch ein Flaneur war. „Wasch dein Gesicht und salbe dein Haar!" Mach dich also schön! Entspanne dich! Befreie dich vom Trübsinn.

Da hat er mich doch kalt erwischt. Zwar bin ich nicht trübsinnig aber manchmal nah dran. Wenn ich zu viel mache. Wenn ich zu sehr in die Anstrengung gehe. Wenn ich alles richtig machen will. Wenn ich immer ernst und gedankentief sein möchte. Ich gestehe da meine Armut ein, dass ich nicht wirklich flanieren kann. Also – durch die Fastenzeit zu flanieren ist für mich eine große Herausforderung.

Dabei werde ich nach diesem Leben in der Ewigkeit vermutlich nur noch flanieren. Ich werde heiter und beschwingt bummeln von Seele zu Seele und hier und da verweilen wo es mir gefällt.

Der Gedanke von Franz Wessel ist hundert Jahre alt und aktueller denn je. „Hierzulande muss man müssen, sonst darf man nicht." „Hierzulande" heißt bundesweit! Meine Nachbarn, meine Familie, die Politiker, die Händler und alle anderen auch. Es gibt keine „müssen-freie Räume!"

Mir kommt da eine Idee! Nimm doch mal ein Blatt Papier und einen Stift. Dann unterteilst du das Blatt in zwei Spalten. In die linke Spalte schreibst du: „Das muss ich machen..." In die linke Spalte schreibst du: „Das darf ich sein." Dann schreibst du auf, was dir dazu einfällt. Dabei beobachte dich aber zugleich, welche Gefühle während des Schreibens entstehen. Welche Spalte geht dir leichter von der Hand? Wo merkst du Widerstände? Welche verborgenen Instanzen verbergen hinter den „Müssen – Sätzen"? Welche Autoritäten aus Kinderzeiten sprechen da zu dir? Wie hast du dich weiter entwickelt? Magst du dir neue Erlaubnisse erteilen jenseits deiner Erziehung? Kannst du durch das Leben flanieren ohne dass da eine innere Stimme sich meldet, die da sagt: „Das geht aber nicht! Wenigstens ein kleines Ziel solltest du dir vornehmen!"

Flanieren durch das Leben würde für mich heißen: Ich gehe in die große Erlaubnis, einfach da zu sein. Und die erteile ich mir selbst. Ich beobachte mein geschäftiges Tun von außen und lächle mir wohlwollend zu. Ich halte einfach inne und bin zweckfrei da. Ich schaue aus dem Fenster und lehne mich zurück. Dabei halte ich mich an das, was Jesus im Evangelium sagt. Das alles mache ich völlig im Verborgenen! Ich spreche mit niemandem darüber. Das wird sich alles in meinem Herzen abspielen. In meinem Herzen werde ich verborgen durch die Fastenzeit flanieren und mich wie ein Engel fühlen. Engel können fliegen weil sie das Leben leicht nehmen.

9 Aufatmen und weitergehen

Manchmal wird dir das Leben schwer. Du hast das Gefühl, du schaust hinein wie in einen Abgrund. In deinen ganz persönlichen Abgrund. Du erkennst deine Fehler, dein Versagen und vor allem – dein Unglück. Da gibt es Momente des Erschreckens und zugleich des Aufwachens. Die Überraschung: Ach ja, das bin ja ich. Das ist mir passiert! Das habe ich bewirkt! Das ist geschehen mit meiner Schöpferkraft.

Wenn du in den Abgrund hineinschaust mag es sich wie ein heilsames Erschrecken anfühlen. Ich bin noch nicht da drin abgerutscht. Ich kann einen anderen Weg einschlagen. Aber wenn du im Abgrund deiner Verstrickungen einmal gelandet bist und dort hockst und keinen Ausweg siehst, braucht es vielleicht den einen oder anderen Impuls. Vielleicht ist der Abgrund gar nicht so tief, wie du dachtest. Vielleicht lösen sich von einem Rand ein paar Steine und es entsteht eine Rampe. Oder du besitzt verborgenes Werkzeug, welches dir beim Herausklettern helfen könnte. Nur du hast es noch nicht wahrgenommen oder kennst dich nicht aus mit der Anwendung. Bestenfalls entpuppt sich der Abgrund als kleines Loch, den du nur so „abgrundtief" wahrnimmst. Dann musst du nur aufstehen und weitergehen. Mehr ist nicht zu tun.

Ich möchte mit dir gerne durch drei „Abgrundsätze" gehen. Ich spreche von Sätzen aus der Tiefe der Scham und des Schmerzes? „Das habe ich nicht gewollt..." oder „Wie lange muss ich das noch aushalten..." sind für mich ganz typische Worte der Verzweiflung. Ich glaube, dass es heilsam und wichtig ist, etwas Licht in diese Erlebnisse und Erfahrungen zu bringen. Du kannst im Abgrund fest steckenbleiben oder daran wachsen und reifen. Wachsen und reifen gefällt mir besser. Wenn du im Schmerz Tröstendes findet, wird sich etwas lösen und Verwandlungsprozess kann beginnen. In diesem Sinne wünsche ich dir eine mutige Begegnung mit dir selbst. Kontakt mit deinem Licht und mit deinem Schatten.

Das habe ich nicht gewollt...

Stell dir vor, dass du ganz in Übereinstimmung bist mit deinen Zielen. Du hast aus voller Überzeugung und mit ganzem Herzen etwas in die Tat umgesetzt. Vielleicht hattest du bei deiner Entscheidung ein etwas mulmiges Gefühl, aber dennoch war es abgewogen und in Ordnung.

Nach dem Tun kommt dann jemand auf dich zu und beschwert sich über die Auswirkungen. Deine Entscheidung hat bewirkt, dass jemand anders gekränkt ist oder sich beschädigt fühlt. Es kann sogar sein, dass du sprachlos bist über die Auswirkungen deiner Entscheidungen. „Das habe ich nicht gewollt..." - magst du sagen und denken. Du hast etwas anderes gewollt. Du musstest eine Entscheidung treffen und bist jetzt erschrocken, dass du einem Menschen „Schaden" zugefügt hast. Das ist nicht nur unangenehm. Du fühlst dich im ersten Moment schuldig. Du machst dir Vorwürfe, dass du manche Aspekte gar nicht bedacht hast. Du hättest bei etwas längerem Nachdenken doch eine bessere Entscheidung treffen können.

Ich stelle mir da all die Politiker vor, die ständig Entscheidungen treffen und die Auswirkungen nicht wirklich bedenken. Oder du hast dein Kind erzogen nach bestimmten Grundsätzen. Vielleicht waren deine Eltern total sparsam und du wolltest jetzt deinen Kindern gegenüber großzügig sein. Du warst es und hast verschwenderische Kinder erzogen, die mit ihrem Geld nie auskommen und dich ständig anpumpen. „Das hast du nicht gewollt..." Du wolltest etwas Gutes! Du wolltest zu einer besseren Welt beitragen. Du wolltest vor allem ein gutes Gefühl haben für das, was du tust. Du wolltest „Ja" zu deinem Leben sagen. Und dann kommt alles anders. Es kann sogar sein, dass dein Weltbild dadurch zusammenbricht. Auch das „hast du nicht gewollt."

So oft geschehen Dinge, die wir eigentlich nicht wollen. Du stößt etwas an und das „Etwas" nimmt seinen von dir unabhängigen Verlauf. Nur begrenzt kannst du es noch beeinflussen. Jesus hat auch nicht „gewollt“, dass sein Weg am Kreuz endet. Das hätte auch gut eines seiner letzten Worte gewesen sein. „Das habe ich nicht gewollt...“ Vielleicht hätte er gewollte, dass auch seine „Gegner“ sich für einen Weg der Vergebung entschieden hätten. Haben manche aber nicht gemacht.

Wie gehe ich aber jetzt um mit dem „Das habe ich nicht gewollt...“?

Mir hilft die Vorstellung, dass das letzte Wort dazu noch nicht gesprochen ist. Du weißt nicht, ob es am Ende doch zu etwas Gutem führt. Du bist ein wichtiges Rädchen im Weltgetriebe weil das wirkt, was du tust. Gott sei Dank! Sonst wäre alles egal. Aber du bist nur ein relativ kleines Rädchen in der langen Menschheitsgeschichte. Da gibt es neben dir viele andere Räder, die auch etwas bewirken. Sie verstärken dein Tun oder arbeiten gegen dich.

Der andere Impuls der mir kommt heißt: Dann übernimm doch einfach die Verantwortung dafür. Steh zu deiner Entscheidung. Steh zu deinen Fehlern. Bezahl den Preis und geh den nächsten Schritt. „Das habe ich nicht gewollt...“ führt schnell in eine Ohnmacht. Wichtig ist es, aus dieser Ohnmacht herauszukommen. Einen nächsten Schritt machen. Fast egal, welchen! „Entschuldigung, kann ich jetzt nach meinem Fehler etwas für dich tun?“ „Was brauchst du jetzt, wo das passiert ist, was ich mit verursacht habe?“ „Kann ich noch etwas korrigieren?“ Zur Übernahme der Verantwortung gehört auch, die Augen aufzumachen und einzugestehen, dass alle meine Handlungen etwas bewirken. Wenn ich Gedanken an den Weltfrieden hege, trage ich etwas zum Frieden bei. Wenn ich meinen Arbeitskollegen gering schätze, dann trage ich etwas zum schlechten Betriebsklima bei. Es reicht, wenn ich es denke. Ich muss nicht einmal etwas tun.

Meine Einladung zu einem verändernden Impuls zu der Überzeugung „Das habe ich nicht gewollt...“ heißt für mich: Ich muss nicht stehen bleiben. Auch mit dem Murks kann ich etwas machen. Ich kann eingestehen, Verantwortung übernehmen,

Korrekturen einleiten und das Vertrauen auf einen möglichen positiven Ausweg weiter im Auge behalten.

Ich habe mich so bemüht...

Ich musste einmal einen Vortrag im Kindergarten halten über religiöse Erziehung im Kleinkindalter und habe dafür viele Bücher gelesen. Ich habe mich hineingewühlt in Religionspädagogik und kindgerechter Gebetspraxis. Ich habe Ideen gesammelt für einen spirituellen und zugleich modernen Weg, heute als Familie religiös zu leben. Gemalte Folien gehörten selbstverständlich dazu und ein Merkblatt für die Mütter und Väter.

Nach fünf Minuten schon wurde ich unterbrochen durch einen Vater, der endlich seine ganzen Enttäuschungen über die Kirche abladen konnte. Das war das Einfallstor für einen Abend voller Kirchenkritik.

Dabei hatte ich mich so bemüht, ein anderes Bild von Kirche abzugeben. Ich hatte so viel vorbereitet und so gute Ideen. Ich hatte mich auf alle Eltern gefreut und gehofft, ihnen hilfreiche Ideen an die Hand geben zu können. All meine Mühe war vergebens. So lautete die Quintessenz des Abends.

„Ich habe mich so bemüht..." Wie oft kommt es vor, dass du dir ganz viel Mühe gibst. Du suchst für das Essen ein Rezept aus und kaufst dementsprechend ein. Du stellst dich hin, bereitest liebevoll vor und kochst. Dann sitzt deine Familie beim Essen und du tischst auf. Dir selbst schmeckt es und du bist stolz auf deine Leistung. Dein wunderbares Gericht! Alle probieren und - verziehen die Gesichter zu Grimassen von Abwehr bis Ekel. Sie wollen deine Kochexperimente nicht! Lieber Pizza und Pommes. Du hast ihnen keinen Gefallen getan. Dabei hast du dir solche Mühe gegeben!

„Ich habe mich so bemüht..." Oft geht es darum, dass uns eine Arbeit Zeit und Energie kostet. Wir investieren Zeit und Liebe, so wie es ein gutes Unternehmen macht zur Verbesserung der Produktpalette. Und dann dieses Enttäuschung. Es gelingt mir nicht oder es wird nicht gewürdigt.

Erinnerst du dich an Kommentare deiner Lehrer aus Kindertagen? „Er hat sich sehr viel Mühe gegeben!" Du hast nicht gehört, wie fleißig du warst, sondern dass du es einfach nicht drauf hast. Du bist zu blöd! „Ich habe mich so bemüht..." das kratzt an dein Selbstwertgefühl. Da musst du echt stark sein und zu dir stehen können.

Wie könntest du hier einen heilsamen Gegensatz finden? Bei dem „Ich habe mich so bemüht..." folgt ja ein gedachtes „Aber". Das „Aber" bringt die Einschränkung und die Vernichtung der Bemühungen. Dieses „Aber" denkst du mit und machst dich damit klein. „Ich habe mich so bemüht, aber es hat nicht geklappt. Aber ich war nicht gut genug. Aber die anderen haben mich nicht gesehen." - Streiche diese „Aber-Gedanken" aus deinem Bewusstsein.

Vielleicht kannst du auch das Wort Mühe streichen. „Jawohl! Ich habe alles gegeben!" Das klingt doch kraftvoll. Du hast ganz viel Energie von dir hineingegeben. Auch wenn niemand anders das würdigt, so kannst du es selber würdigen. Du kannst dich selbst anerkennen für deine Leistung und Hingabe. Du tust es zunächst einmal für dich! Wenn die anderen das toll finden, auch gut! Die Umformulierung heißt für mich: „Ja, ich habe alles gegeben und freue mich über mein eigenes Werk!"

Wie lange muss ich das noch aushalten...

Du kannst wirklich in ausweglose Situationen geraten. Du leidest einfach! Du musst einen Menschen ertragen, der dich ablehnt und du kannst nicht weg von ihm. Du bist konfrontiert mit einer Erkrankung, die dich unglaublich schmerzt. Du musst eine Arbeit verrichten, die dir gar nicht liegt und mit der du dich überhaupt nicht identifizieren kannst. Du bist in eine Phase gekommen, wo du es eigentlich nicht mehr ertragen kannst, aber dennoch aushältst.

Es bleibt dir nichts anderes übrig. Du siehst keine Alternativen. Du steckst fest. Du hast keine Kraft und Energie mehr für einen Neubeginn. Du schleppst dich so gerade durch von Tag zu Tag.

„Wie lange muss ich das noch aushalten!" Dieser quälende Schrei scheint eingebrannt zu sein in deinem ganzen Körper und in deiner Seele. Wenn das so ist, dann gebe ich dir gerne die Bestätigung und das Feedback: „Ja, das ist einfach zu viel!"

Das Unerträgliche wird eben irgendwann „untragbar". Du kannst es nicht mehr tragen! Es ist zu viel geworden und du musstest es über einen zu langen Zeitraum schultern. Vielleicht hast du für eine Anfrage irgendwann einmal eine vorläufige Erlaubnis gegeben. Du hast deinen alten Eltern zum Beispiel zugesagt, dass du dich um sie kümmern willst. Aber du hattest nicht daran gedacht, dass das Jahre dauern könnte. Du hast mit ein paar Wochen gerechnet. Das wäre gegangen. Aber Monate oder sogar Jahre? Du übernimmst vielleicht eine schwere Aufgabe für den Augenblick aber nicht für einen unübersehbar langen Zeitraum. Dein Ja galt nur für eine kleine Strecke, für eine kurze Zeit.

„Ich muss das alles tragen! Wer soll das sonst machen? Es ist doch niemand da! Freiwillig mache ich das auch nicht!" Solche Sätze höre ich dann und das macht mich mit hilflos. Manchmal scheint es nur so etwas zu geben wie einen Trostsatz: „Ich wünsche dir, dass es bald aufhört. Vielleicht geschieht ja auch mal ein Wunder!"

Hinter dem „Wie lange noch..." steht ein „Eigentlich kann ich gar nicht mehr!". Du bist schon jenseits deiner verfügbaren Kräfte angekommen. Sogar so weit, dass du nicht einmal mehr die Lasten aus deinen Händen legen kannst. Sie kleben an dir fest!

Ich gehöre zu den unerschütterlichen Vertretern, die auch hier nach einer Lösung suchen jenseits des „Wie lange muss ich das noch ertragen!" Vielleicht magst du jemanden bitten: „Hilfst du mir beim Tragen?" Wenn da schon eine Last ist, die zur übermäßigen Belastung geworden ist dann gibt es doch auch oft die Bereitschaft anderer Menschen, etwas mitzutragen. Ein wenig Entlastung! Ein wenig Freiraum! Als belasteter Mensch musst du allerdings willens sein, jemanden zu fragen und das Angebot auch zu würdigen. Du wirst nicht alles loswerden. Was du ja eigentlich möchtest. Aber die Entlastung wäre der erste Schritt hin zu einer Veränderung. Ein erster kleiner, aber hilfreicher Schritt. Einen kleinen Teil der Lasten jemand anderes zu übergeben. Vielleicht trägst du ja auch Teile, die gehören dir gar nicht. Da hat jemand dir etwas aufgeladen und du hast es einfach behalten. Jetzt musst du es eben zurückgeben. Vielleicht kannst du auch hier und da eine kleine Pause einlegen und dir Ruhezeiten erlauben und Abladeplätze finden. Mein Veränderungssatz heißt: „Ich trage eine Last, die mir zu groß geworden ist. Kannst du mir helfen? Zugleich erlaube ich mir Zeiten und Orte der Entlastung!"

Wege aus dem Abgrund

Ich habe exemplarisch lediglich ein paar Sätze aus dem Abgrund ausgewählt. Ich vermute, dass jeder einen anderen „lebensbedrohlichen" Satz kennt. Deiner war möglicherweise gar nicht dabei. Es geht auch nicht so sehr um den Satz, sondern um das damit verbundene Gefühl der Ohnmacht, der Angst und der Hilflosigkeit.

Niemand hält sich gerne in diesen schrecklichen Feldern auf. Du fühlst dich abgeschnitten vom Leben und von der Liebe. Du hast den Eindruck, dass du da auch so schnell nicht wieder herauskommst. Die Abgrunderfahrungen erscheinen zugleich so absolut und bodenlos. Ein Abgrund kann zwei Meter oder schnell auch zwanzig Meter tief sein. Bei zwei Metern funktionieren noch die eingeübten Überlebensstrategien. Du denkst zuerst nach. Du suchst dann nach Lösungen. Du erinnerst dich an deine Fähigkeiten. Du findest Lösungsstrategien. Du bist noch nicht am Nullpunkt.

Wenn du jedoch tiefer rutschst, weil das Ohnmachtsgefühl stetig zunimmt, näherst du dich einem Zustand, in dem die Resignation überhand nimmt bis du dich ihr ergibst. Bis dahin leistest du Widerstand.

Jetzt stell dir einmal vor, dass du ab einem gewissen Zeitpunkt den Widerstand aufgibst. Du tauchst wirklich hinein bis in die tiefste Tiefe. Normalerweise wehrst du dich. Jetzt lass mal einfach die Frage zu, die da heißt: Was kommt nach dem Abrutschen? Was liegt unter dem Abgrund? Wer bin ich jetzt, wenn ich da so liege? Welche „Ich-Anteile“ liegen da in der Tiefe des Abgrundes? Alle? Wirklich alle? Vielleicht gibt es noch ein anderes „Ich“, das nicht da liegt? Nach diesem „Ich“ könnte ich jetzt fragen. Diesem Teil könnte ich mich jetzt zuwenden.

Und der Teil, der im Abgrund liegt, muss vielleicht dort liegen, weil dieser Teil nicht mehr gebraucht wird. Weil dieser Teil sterben muss. Weil dieser Teil begraben werden möchte. Totes stößt du in den Abgrund und überlässt es der Erde für den Kompostierungsprozess.

Vielleicht sind alle deine Notschreie am Rande des Abgrundes: „Wie lange muss ich das noch aushalten!“ „Warum immer ich!“ „Hätte ich doch was gesagt!“ lediglich das Material, das du zum Kompostieren abgeben möchtest. Es geht ja um deine Weiterentwicklung. Die Glaubenssätze, die dich hindern, kannst du der Erde übergeben. Du hast sie für ein paar Jahre deines Lebens gebraucht und ordentlich gefüttert! Mit allen dazugehörigen Erfahrungen, die dein Leben so ohnmächtig hat werden lassen. Weg mit dem ganzen Müll! Nur ein Teil von dir liegt im Abgrund. Ein anderer Teil ruft dich zum Aufstehen. Der göttliche Teil in dir möchte solche lebensfeindlichen Sätze abstreifen. Sie sind vergleichbar mit einem Computerprogramm aus längst vergangenen Tagen.

Somit musst du nicht nach Wegen aus dem Abgrund suchen. Dort landet das, was dort irgendwann landen muss. Aber du kannst nach den Anteilen schauen, die dich leben lassen und die eine andere Sprache sprechen. Eine Sprache der Liebe und eine Sprache des kraftvollen „Ja“. Der Teil im Abgrund darf ruhig ohnmächtig werden - genauer betrachtet heißt es ja „ohne Macht“. Du entziehst den tödlichen Sätzen die todbringende Macht. Keine Flucht mehr vor dem Abgrund. Keine Angst vor dem Tod. Eine Entscheidung für das Leben und für die Liebe.

10 In der Morgendämmerung

Sicherlich hörst du manchmal den wohlmeinenden Rat in einer Krise: „Schlaf mal eine Nacht drüber, dann sieht alles schon anders aus."

Wie beruhigend und wohltuend, wenn alles im Leben glatt läuft! Keine Probleme am Arbeitsplatz, Friede in den Beziehungen, genug Geld auf dem Konto zum Erfüllen von allen Bedürfnissen. Du wünschst dir, dass diese Zufriedenheit anhält bis zum Abschied auf deinem Totenbett. Du gibst sogar viel Geld für Versicherungen aus, damit dir diese Sicherheiten lange gewährt werden.

Leider gibt es neben Sicherheit und Zufriedenheit auch eine andere mitunter bittere Realität. Ich kenne viele Menschen, die wenigstens eine große Krise im Leben erfahren haben. Das fängt manchmal ganz harmlos an. Da gibt es ein scheinbar nebensächliches Problem in der Ehe, hier und da ein kleiner Streit. Die Unstimmigkeiten werden überspielt, abgetan und nehmen unerklärlicherweise zu. Die Schwierigkeiten häufen sich, schwelende Konflikte werden nicht angesprochen aus Angst vor Kränkung und Verletzungen. Irgendwann bricht entweder der Vulkan aus und die Konflikte liegen offen auf dem Tisch. Oder eine tiefe lähmende Leere der Sprachlosigkeit macht sich breit.

Und wenn es „zufällig" an einer Stelle brennt entsteht allzu leicht ein Flächenbrand. Die Probleme am Arbeitsplatz zeigen sich gleichzeitig mit den familiären Sorgen. Beängstigende Krankheitssymptome machen sich bemerkbar und du siehst ohnmächtig zu, wie sich zu dem dicken und unlösbaren Paket immer mehr dazugesellt. Zum Glück entwickelt sich ein solch geballtes Bündel mit Bedrohungen eher selten. Dennoch kenne ich von vielen Menschen solche oder ähnliche Gedanken und Sorgen als Befürchtung im Hinterkopf. „Möge Gott mich vor so viel Unglück verschonen!"

Mit diesen oder ähnlichen Erfahrungen sind wir zum Glück nicht allein. Es begrifft Familienmitglieder, Freunde und Arbeitskollegen. Sogar Jesus erlebte Konfliktgespräche im eigenen Freundeskreis während der Wandertätigkeit durch Galiläa. Die Differenzen über seine Person und sein öffentliches Wirken nahmen zu. Es kam zu verstärkten Auseinandersetzungen mit den verschiedenen religiösen Gruppierungen in Jerusalem, die Stimmung heizte sich auf vor einem großen Fest. Es gab die übergroßen Erwartungen an einen messianischen Heilsbringer. Irgendwann spitzte sich die Situation zu und es endete in einer tiefen Krise.

So kann es manchmal kommen, bei Jesus, bei dir, bei mir und bei jedem anderen Menschen. Das Fass läuft über, das System bricht zusammen. Der Ofen ist aus. Nichts geht mehr. Aus und vorbei.

Wenn du dich in der äußeren oder inneren Dunkelheit befindest, siehst du kaum noch etwas. Du verlierst die Orientierung. Auswege sind versperrt, die üblichen Lösungsstrategien greifen nicht mehr. Hinzu kommt manchmal eine namenlose Angst und eine drohende Panik, die dir den Boden unter den Füßen wegzieht. Vielleicht denkst du jetzt: „Muss der das Leben denn so schwarz malen? Krisen sind schlimm genug, die muss man nicht auch noch bewusst in sich wachrufen!“ Ja, genau so fühlt es sich an: Nicht zum Aushalten und zum Davonlaufen.

Und dann gibt es noch die Phase, die danach kommt. Nach den Häufungen der Krise, der Angst, der Panik, dem Davonlaufen, dem Kampf und dem Suchen nach Lösungen. Ich spreche von dem Moment des Loslassens, der Resignation, des Aufhörens mit all dem Kämpfen. Es taucht der Gedanke auf, das Scheitern einzugestehen und die Stille zu empfangen, die dann entsteht. Es gibt nichts mehr zu tun. Du legst die Hände in den Schoß und überlässt dich dem Augenblick und dem Hier und Jetzt.

Da lese ich im Matthäusevangelium die Auferstehungsgeschichte. Sie fängt völlig unspektakulär an: „Nach dem Sabbat kamen in der Morgendämmerung des ersten Tages der Woche Maria aus Magdala und die andere Maria, um nach dem Grab zu sehen." Ich stoppe gedanklich bei dem Bild der Morgendämmerung. Ja, so ist das! Die Nacht geht einfach irgendwann zu Ende, völlig ohne dein Mitwirken. Die Nacht geht vorbei und ein neuer Morgen bricht an. Zwischen der Nacht und dem Morgen liegt die Dämmerung. Sie verkündet ohne Worte und ohne Pathos: Die Nacht ist vorbei! Das Schlimmste ist überstanden. Und so sicher, wie jede Nacht vorübergeht und der Morgen anbricht, so wird es auch in deinem Leben sein. Die Nacht mag sich unendlich lange anfühlen, aber sie findet ein Ende, immer, ohne Ausnahme. Ohne Ausnahme bricht nach der Nacht der neue Tag an. Das Gesetz ist unumstößlich. Die Morgendämmerung weist dich darauf hin. Mitten in der Krise befindest du dich schon im Übergang, in der Phase der Veränderung, in die Bewegung hin zum Morgenlicht.

Ich glaube, ich muss gar nicht den Rest der Ostergeschichte lesen. Ich wüsste, die Frauen des Ostermorgens finden einen neuen Weg oder besser gesagt: Ihnen eröffnet sich eine neue Perspektive wie ein Geschenk. In vielen beratenden Gesprächen geht es für mich darum, mit den Fragenden die Morgendämmerung zu suchen. Die Schwierigkeiten liegen oftmals nicht darin, diese zu finden, sondern sie wahrzunehmen. Was nützt es, wenn das Licht schon scheint, aber dein inneres Auge auf Dunkelheit ausgerichtet ist?

Mein Wunsch für dich: Mögest du in den Nächten deiner inneren Dunkelheit das Vertrauen bewahren, dass die Morgendämmerung für dich spürbar und sichtbar wird und du aufatmest und tief durchatmen kannst, wenn die ersten Sonnenstrahlen des Ostermorgens dich aufwecken.

11 Die vierzehn heilsamen und österlichen Ermutigungen

1. Lebe!

Es kann vorkommen, dass du des Lebens müde wirst. Manchmal ist es einfach zu viel! Du rackerst dich ab. Du tust und machst! Du übernimmst eine Aufgabe und dann noch eine Aufgabe. Du läufst und läufst und irgendjemand sagt dir: "Du bist gar nicht mehr da! Du bist nur noch im Funktionsmodus!"

Irgendwann merkst du, dass du nicht mehr stoppen kannst. Dein Körper kommt nicht mehr zur Ruhe. Deine Gedanken kreisen. Du befindest dich im Hamsterrad. Während der Hamster sich dort scheinbar wohlfühlt geht es dir schlechter und schlechter in deinem Rad. Dein Energiepegel sinkt und sinkt und du hoffst, dass du diesen Tag irgendwie bewältigst.

Du begegnest letztlich deinem eigenen inneren Tod. Oft merkst du es leider viel zu spät. Letztlich schreit dann dein Körper auf und signalisiert: "Ich kann nicht mehr." Ständige Grippen, Rückenschmerzen, Migräne, Erschöpfungszustände und Schlaflosigkeit bestimmen deinen Alltag.

Wie kommst du aus dem Hamsterrad heraus? Dein Kopf sagt: „Immer weiter! Nicht nachdenken! Immer weiter! Ich finde schon einen Weg!" Unterbrich deine Kopfgedanken und sage: "Stopp!" Aus dem Hamsterrad kommst du erst, wenn du "STOPP" machst. Innerlich gehst du aus dich heraus und beobachtest dich von außen: Was ist aus dir geworden? Willst du das alles so? Was wäre, wenn du jetzt sterben müsstest? Dann müsstest du dich von deinem Hamsterrad radikal verabschieden. Es gibt keine einzige Umdrehung mehr. Nicht eine! Du müsstest also für einen Moment sterben, alle Aktivitäten sterben lassen. Du müsstest dich von deiner Identität verabschieden. Vielleicht sogar von allen Identitäten!

Und dann? Dann braucht dein Körper, dein Geist und deine Seele Zeit! Es geht sozusagen in die Erde, in die Dunkelheit, in den Tod. Dir wird bewusst, was alles in dir eigentlich schon tot ist. Du hast nur noch funktioniert. Aber der Sinn ist dir abhanden gekommen, die Freude - und - vor allem "DAS LEBEN".

Ostern würde an dieser Stelle dir sagen: "Lebe!" Höre auf zu funktionieren! Verabschiede dich von überflüssigen und falschen Identifikationen! Überprüfe deine Beziehungen und deine Aufgaben! Schau den Menschen in die Augen und vergewissere dich, dass sie da sind. Und dass du da bist. Spüre die Freude in deinem Herzen so, dass dein Herz pocht und schlägt und hüpft! Streife den Tod ab wie eine verbrauchte Haut und lebe!

2. Vertraue!

Du bist enttäuscht! Dein Kind hat gelogen. Dein Mann verschweigt, dass er beim Arzt war. Deine Arbeitskollegin spricht schlecht über dich wenn du nicht da bist. Die Politiker halten nicht ihr Versprechen. Deine Eltern besuchen dich nicht zum Geburtstag. Dein Arbeitgeber entlässt dich obwohl du gut arbeitest. Du nimmst Medikamente gegen deine Krankheit und sie helfen nicht. Du bist enttäuscht! Du hast dich getäuscht! Du hast dich täuschen lassen!

Ständig verspricht uns jemand etwas und wir glauben es. Wir freuen uns wenn sich das Versprechen erfüllt. Die Freunde von Jesus glaubten auch, dass sich mit diesem Menschen alles ändern wird. Jeder hatte da seine eigenen Wünsche, Ideen und Projektionen. Der eine Jünger hoffte, dass Jesus die Römer aus dem Land jagt. Der andere Jünger hoffte, dass die Armen endlich an die Macht kommen. Andere hofften auf Heilung von körperlichen Einschränkungen oder Befreiung von Sünden.

Wie die Freunde von Jesus hast auch du deine Wünsche, Vorstellungen und Erwartungen. Es sind *deine* Wünsche und Erwartungen. Du wünschst dir, dass dein Kind nicht lügt. Du erwartest, dass dein Mann erzählt, dass er beim Arzt war. Du denkst, dass deine Arbeitskollegin im Beisein von anderen nicht schlecht über dich sprechen darf. Es sind DEINE Wünsche und Erwartungen. Manchmal verspricht dein Gegenüber ja sogar etwas. "Ja, ich lüge nicht!" "Ja, ich war beim Arzt!" Dann bist du noch enttäuschter wenn du die Lüge entdeckst.

Immer geht es jedoch um eine Täuschung! Es geht um *deine* Täuschung! Du trägst insofern die Verantwortung, dass du diese Täuschung zugelassen hast. Weil du dir manchmal etwas so sehr wünschst, lässt du dich gerne täuschen und hältst diese Täuschung lange aufrecht.

Wenn dann die Enttäuschung kommt könntest du eigentlich froh sein. Du bist von einer Täuschung befreit worden. Du kannst jetzt die Wahrheit erkennen. Die Wahrheit, dass du dich getäuscht hast oder dich hast täuschen lassen.

Manche Menschen sagen: „Ich bin so oft enttäuscht worden. Ich kann nicht mehr vertrauen." Wenn du so denkst, dann schiebst du die Verantwortung von dir fort. Dreh doch einmal diesen Gedanken um und sage: "Ich passe auf, dass ich mich nicht mehr so oft täuschen lasse." Oder: „Täuschungen gehören zum menschlichen Leben dazu. Es ist in Ordnung! Ich gehe einfach in die Enttäuschung hinein und bin anschließend wieder klar!" Du kannst dankbar sein für jede Enttäuschung, weil sie dein Inneres klärt. Dein Vertrauen kannst du bewahren und weiterentwickeln jenseits von Enttäuschungen. Vertrau deinem Kind und deinem Mann und deinen Arbeitskollegen, den Politikern und vertrau jedem Menschen. Tue es einfach! Du wirst überrascht sein, was geschieht. Wenn du vertraust wird sich der Blickwinkel deiner Wirklichkeit verändern. Du wirst freundlicher, gelassener und wohlwollender. Du gibst deinem Mann und deinem Kind die Erlaubnis dich enttäuschen zu dürfen. Sie dürfen dich enttäuschen, dich von der "Täuschung" befreien.

Das bedeutet einen völlig anderen Umgang mit Enttäuschungen als bislang. Bislang hast du eine Enttäuschung negativ gedeutet. Enttäuschungen sind heilsam. Sie sind durchaus schmerzhaft, ärgerlich und unangenehm. Wenn du jedoch bereit bist, die Schmerzen anzunehmen dann bleibt dein Vertrauen von dieser Erfahrung unberührt. Du erlebst eher das Gegenteil. Eine "willkommene" Enttäuschung stärkt dein Vertrauen. Aber überprüfe das einmal! Glaube mir nicht! Es ist zunächst einmal nur meine Idee.

Vertraue! Vertrauen ist völlig unabhängig von deinen Vorerfahrungen und Enttäuschungen. Vertrauen ist eine Grundsatzentscheidung, die du einmal triffst und in jeder Situation deines Lebens wieder erneuerst. Eine wahrhaft österliche Erfahrung! Enttäuschungen "töten" deinen irrigen Blick und Vertrauen stellt den Anfang wieder her.

3. Du kannst!

Entweder haben unsere Eltern es uns eingetrichtert oder wir haben es von uns selber gedacht: "Du kannst das nicht! Du bist noch zu klein! Komm, lass mich mal machen!"

Ob du ein kleines Kind bist oder schon lange erwachsen. Wenn du etwas machen musst, was du noch nie zuvor getan hast, kannst du das möglicherweise noch nicht. Du bist ja schließlich unerfahren. Vielleicht musst du es erst noch lernen. Als Kind kannst du nicht laufen und lernst es im Laufe der Zeit. Du musst viele Dinge koordinieren. Auf deinen zwei Füßen stehen, das Gleichgewicht halten, gleichzeitig einen Fuß bewegen und mit dem anderen den Stand wahren. Das braucht seine Zeit. Zu Beginn kannst du fast nichts und am Ende läufst du ausgezeichnet. Wenn du verstanden hast, wie das Lernen geht dann überträgst du diese positive Erfahrung auf andere Situationen. Du siehst einen PC und hast keine Ahnung. Dann wagst du dich daran mit deinen Vorkenntnissen, mit Begleitung von außen, mit schriftlichen Anweisungen und du startest bis du es kannst. Es ist also ganz normal, etwas Neues nicht zu können, und nach einer gewissen Zeit seine Kenntnisse zu erweitern.

Hast du noch das Wort deiner Eltern im Ohr? "Das kannst du nicht! Kind, hör mir doch zu! Das kannst du nicht!" Klingt doch sehr absolut und endgültig. Wenn dieser Satz bei dir als Kind ankommt, was hörst du? Du hörst: "Das kannst du nie!" Wenn deine Eltern dir gesagt hätten: "Das kannst du jetzt noch nicht aber ich helfe dir und dann wirst du es können. Vielleicht nicht heute, aber morgen oder übermorgen!" Wie kämen diese Worte dann bei dir an? Die Absolutheit des "Nichtkönnens" wäre weg und du würdest die "Möglichkeiten" hören. "Noch" kannst du es nicht, aber bald...

Auf seinem Weg nach Jerusalem ist Jesus vielen Menschen begegnet, die nicht konnten. Sie konnten nicht sehen, nicht aufrecht gehen, nicht zupacken, nicht menschenfreundlich sein. Jesus sagte ihnen einfach auf seine Art: "Du kannst!" Er veränderte ihre negativen Glaubenssätze und sie konnten.

Wenn du in deinem Herzen und im Kopf ständig den Satz verinnerlichst "Ich kann nicht!" Wie fühlst du dich dann. Klein? Ohnmächtig? Hilflos?

In der Beratung erlebe ich oft und gerne den wichtigen Schritt, wenn der Mensch sagt: "Ich kann!" Er hat vielleicht noch nicht einmal eine Lösung für sein Problem. Es geht aber ein Ruck durch den ganzen Körper. Es kommt eine Energie die sich so ausdrückt wie: "Ich weiß noch keine Lösung aber ich will es anpacken!"

Barack Obama wird vielleicht nicht in die Geschichte eingehen aufgrund seiner Taten. Bestimmt aber mit den Worten: "Yes we can!" Das österliche Wort heute heißt: "Der Tod in seiner vielfältigen Form kann mich nicht aufhalten. Ich kann!"

4. Du darfst!

"Mama, darf ich noch ein Eis?" - "Nein Kind, gleich gibt es Abendessen!"

"Mama, darf ich Fernsehen schauen?" - "Nein Kind, du hast heute schon deine halbe Stunde gehabt!"

"Darf ich heute früher gehen? Meine Frau ist krank." - "Muss das wirklich sein?"

"Darf ich heute aus dem Krankenhaus entlassen werden?" - "Ich weiß nicht, wenn dann auf eigene Verantwortung!"

Schon als Kinder haben wir gelernt zu fragen. Wir bitten um Erlaubnis. Dann dürfen wir oder wir dürfen nicht. Die Eltern haben die Macht. Die Kinder beugen sich der Macht. Denn die Eltern haben es ja zu sagen. Sie bestimmen. Dann spielen Kinder miteinander und ein Kind macht einen Vorschlag. Ein anderes Kind sagt: "Immer willst du der ‚Bestimmer' sein!" Kinder lernen schon früh, wie die Dinge laufen. In der Regel sind Erwachsene die Bestimmer. Sie bestimmen über das Leben der Kinder. Du darfst oder du darfst nicht. Wenn ein Kind Glück hat bekommt es immerhin mal eine vernünftige Erklärung warum es darf oder nicht. Aber es muss auf das gültige "Ja" der Eltern warten. Wir werden älter und fragen noch immer ob wir dürfen oder nicht. Vor einiger Zeit hielt ich ein Tagesseminar und eine Teilnehmerin fragte mich, ob sie auf die Toilette dürfte. Was hätte ich sagen sollen? "Ja klar, wenn Sie müssen!" "Nein, warten Sie doch noch eine halbe Stunde, dann machen wir sowieso Pause!" Ich habe ihr gesagt: "Wenn ich Sie wäre, täte ich das einfach selbst entscheiden."

"Dürfen" und "nicht dürfen". Natürlich ist es wichtig, dass Kinder noch nicht die volle Verantwortung für ihr Leben übernehmen können, weil sie nicht alle Folgen überblicken. Sie brauchen die Begleitung des Erwachsenen. Das "Dürfen" gibt die Möglichkeit für Eltern im positiven Sinne für die Sicherheit und das Wohlbefinden des Kindes zu sorgen.

Doch nach und nach können wir aufhören mit der Frage: "Darf ich?" Die Bibel erzählt viele Geschichten von Menschen, die etwas nicht oder nicht mehr durften. Sie durften nicht mehr ins Dorf wenn sie aussätzig waren. Sie durften nicht in den Tempel. Sie durften bestimmte Dinge nicht essen. Dazu kommt dann die große Unsicherheit! Darf ich vielleicht doch? Oder manchmal? Oder unter bestimmten Voraussetzungen?

Darf ich wieder heiraten obwohl ich geschieden bin? Darf ich zur Kommunion gehen auch wenn ich aus der Kirche ausgetreten bin? Manchmal bis oft kommt die Antwort wie bei einem Kind: "Du darfst!" oder "Du darfst nicht!" Solange ich um Erlaubnis bitten muss, denke und handle ich wie ein Kind. Ich übernehme keine Verantwortung sondern schiebe sie dem Erwachsenen zu.

Das österliche "Du darfst" muss sich darum unterscheiden von den Kind- Erwachsenenspielen. Das österliche "Du darfst" ist ein "Göttliches Du Darfst". Das möchte ich so übersetzen:

„Du musst nicht mehr fragen! Grundsätzlich darfst du! Du bekommst eine endgültige Erwachsenenerlaubnis! Du darfst das Spiel befehlen-gehorchen verlassen! Du bist aufgenommen in die Gemeinschaft all derer, die Lebenserlaubnis wie selbstverständlich in sich tragen.“ Es ist ein Wort mit einem Folgesatz: "Du darfst! Geh in die Selbstermächtigung!"

5. Sei!

Sei lauter, sei leiser, sei stiller, sei gesprächiger, sei sparsamer, sei großzügiger, sei liebevoller, sei härter, sei moderner, sei traditionsbewusster, sei pünktlicher, sei genauer, sei kinderfreundlicher, sei geselliger, sei friedlicher, sei strukturierter, sei nicht so genau, sei genauer, sei sauberer, sei nicht so pingelig, ...

Wie lange wirst du brauchen bis du alle "sei" erfüllt hast? Wer richtet solche Wünsche an dich? Deine Familienangehörigen, KollegInnen oder du selbst? Der Hintergrund ist immer der Gleiche. Du bist nicht richtig so wie du bist! Du solltest anders sein! Und wenn du an einem Punkt richtiger bist, dann bist du gewiss an einem anderen Punkt auf jeden Fall noch falsch. Du arbeitest dein ganzes Leben daran immer richtiger zu sein. Das kann dich ganz schön wuschig machen. Du erfüllst vielleicht den Wunsch von manchen Menschen aber du bist nicht mehr du. Du wirst zum Wunsch eines anderen.

Irgendwann hast du deine Mitte verloren. Du wirst es nämlich nie jemanden so wirklich recht machen. Es bleibt ein kleiner Rest. Du wirst immer und ständig an deinen Themen arbeiten. Ich höre die Resignation: "Das schaffe ich nie! Das ist so anstrengend! Ich werde nie fertig!"

Das österliche Wort heute heißt: "Sei!" Ohne ein Wort dabei! Du bist auf diese Welt gekommen als ein kleines Baby. Damals hat niemand etwas von dir erwartet. Alle haben sich nur gefreut dass du da warst! Nur aufgrund deiner Existenz! Du musstest nichts dafür tun! Du könntest einfach mal wieder dieses kleine Baby in dir besuchen. Bade in dem Gefühl des puren Daseins!

Wenn du im Urlaub am Strand sitzt und aufs Meer schaust, deine Seele in die Sonne hältst und es dir einfach nur gut gehen lässt dann bist du im Sein! Wenn du jetzt für einen Augenblick deine Augen schließt und alle deine tausend Gedanken auf ein schönes Samtkissen ablegst kann es auch geschehen, dass du einfach nur bist! Ohne Beiwort, ohne Bewertung, weder richtig noch falsch. Sei!

6. Werde!

Sei und Werde! Du darfst zugleich im Sein sein und "Werden". Du bist in einer Entwicklung. Die hört nie auf! Du bist nie fertig! Nicht im Sinne eines Mangels. Du bist wie ein Baum. Auch der wächst. Er nimmt an Größe und Umfang zu. Er sammelt Erfahrungen und Erlebnisse. Jedes Erlebnis macht ihn reifer und vollständiger.

Bist du innerlich damit einverstanden? Das ist eine wichtige Frage! Bei meinem achtzehnten Geburtstag erzählten mir die Erwachsenen: "Jetzt gehörst du zu uns! Jetzt bist du erwachsen!" Ich konnte das noch nicht so ganz glauben weil ich mich noch so unfertig fühlte. Aber ich dachte, so in zwei oder drei Jahren mag das stimmen. Dann bin ich wirklich fertig. Vor allem, wenn ich mein Studium abgeschlossen habe.

Ich kenne viele Menschen die schon lange fertig sind. Haus bauen, heiraten, Kinder bekommen. Fertig! Nicht so ganz! Viele Jahre warten auf die Rente! Dann sterben und wirklich fertig!

Wenn du einverstanden bist mit dem "Werden" dann wird dein Leben zu einem Prozess. Es wird sich ständig wandeln und verändern. Du kannst nichts festhalten. Du gleichst mal einem Bach, mal einem Fluss und mal einem Rinnsal. Aber es verändert sich kontinuierlich. Wenn ich dir das österliche Wort "Werde!" zurufe dann bitte ich dich um das Einverständnis, dass du diesem Fließen deine innere Zustimmung und dein Einverständnis schenkst.

Stell dir vor, dass du das Wasser bist. Du findest auf dem Weg des Fließens einen Baum toll und möchtest ihn umarmen und festhalten. Weil du ständig fließt glaubst du, dass du diesen Baum tatsächlich festhalten kannst. Aber das ist ein Irrtum. Der Baumstamm verändert seine Struktur und du bist nicht mehr das gleiche Wasser. Wasser Ja! Aber nicht mehr das gleiche. Hast du ein Bewusstsein davon?

Wenn du dich dem Prozess des Werdens überlässt "gehorchst" du dem Gesetz des Wachstums. Jesus kannte dieses Gesetz. Er sprach davon, dass das Reich Gottes einem Senfkorn gleicht. Am Anfang ist es unscheinbar und klein und am Ende wird es zu einem großen Strauch.

Du kannst dich gegen das "Werden" stemmen aber erfüllter wird dein Leben wenn du dein Einverständnis gibst. "Werde!"

7. Willkommen!

Wenn ich ein Seminar besuche freue ich mich immer auf den Beginn. Ich schaue auf ein Flipchart Papier mit der Überschrift: Herzlich willkommen! Noch mehr freue ich mich, wenn das "W" groß geschrieben wird.

Übersetzt heißt es ja: Es ist mein Wille, dass du kommen darfst! Ich fühle mich eingeladen! Ich muss nicht fragen ob ich darf. Für mich gibt es einen Platz. Um diesen Platz muss ich nicht kämpfen. Er wird mir eingeräumt. Da sagt jemand zunächst einmal "Ja" zu mir.

Du bist willkommen! In deiner Familie, an deiner Arbeitsstelle, bei deinen Freunden, im Supermarkt, auf der Straße, am Bahnhof, im Kino und an vielen anderen tausenden Orten in dieser Welt. Kennst du Menschen, die den Raum betreten mit der nonverbalen Botschaft: "Entschuldigung, dass ich da bin!" Sie senken den Kopf und schauen dich nicht an. Sie entschuldigen sich ständig und stoßen dann tatsächlich irgendwo an, weil sie mit Scheuklappen herumlaufen.

Wie empfindest du dein eigenes Dasein in dieser Welt. Fühlst du innerlich dieses große und riesengroße "Willkommen"? Spürst du diese Einladung, die dich zehn Zentimeter größer macht? Die deine Körperzellen in die Ausdehnung bringt? Die dich tief durchatmen lässt? Die zu hundert Prozent gilt?

Übrigens gibt es da eine Einladung auf Gegenseitigkeit. Wenn du dich nicht willkommen fühlst dann kann es daran liegen, dass du selber das Leben nicht eingeladen hast. Schlag doch einfach mal morgen früh deine Bettdecke zurück und rufe laut: "Willkommen schöner Tag!" Begrüße die einzelnen Teile deines Körpers, deine Dusche und deine Kleidung. Lade deine Kaffeemaschine ein zum fröhlichen Kaffeeproduzieren und rufe der Welt ein Willkommen entgegen. Es ist dein Wille, dass etwas oder jemand zu dir kommen darf. Du lässt jemanden oder etwas an deiner Seite sitzen. Sag willkommen zu deinen Gefühlen; seien sie angenehm oder unangenehm. Das österliche Wort des Willkommens weitet deinen Raum!

8. Immer wieder!

Immer wieder stehst du auf, wenn du gefallen bist. Immer wieder wachst du auf und beginnst deinen Tag. Immer wieder greifst du zur Zahnbürste und pflegst deine Zähne. Immer wieder richtest du deine Aufmerksamkeit auf die Menschen, die du liebst.

Immer wieder sagst du JA zu deinem Leben und triffst die Entscheidung für den heutigen Tag. Immer wieder! Woher nimmst du die Kraft dazu? Ist dir dein unglaublich starker innerer Motor schon einmal aufgefallen? Was lässt dich immer wieder hoffen?

Ich kenne viele Menschen, die in einer verzweifelten Situation sagen: "Ich kann nicht mehr!" Dieses Gefühl kann ich sehr gut teilen. Innerlich weiß ich aber, dass der Augenblick kommt wo dieser Mensch wieder aufsteht. "Immer wieder!" Immer wieder geht die Sonne auf heißt es doch in einem Schlager. Wir Menschen geben irgendwann doch einmal auf. Irgendwann kommt der Zeitpunkt wo wir resignieren und loslassen müssen. Wenn du den Menschen, den du liebst, nicht erreichst. Wenn deine Liebe nicht erwidert wird. Dein menschliches "immer wieder" geht wirklich zu Ende. Das Aufgehen der Sonne übrigens auch. Irgendwann!

Zugleich gibt es ein österliches "immer wieder". Das ist ewig! Immer wieder sucht Gott den Kontakt zu uns Menschen. Er sucht die Verbindung mit dir. Immer wieder! Er wird nicht müde! Er wird angetrieben von der Liebe. Die Liebe sagt das: Immer wieder!

9. Jetzt!

Kennst du die Erfahrung vertröstet zu werden? Als Kind hast du deiner Mutter zugerufen: "Mama, komm mal!" Und deine Mutter hat geantwortet: "Ja, gleich!" Und dann? Sie war so beschäftigt und kam nicht.

"Gleich!" Diese Antwort habe ich schon so oft gehört beim Dialog zwischen Eltern und Kindern. In der Alltagswelt gibt es auch Vertröstungen. "Mal sehen!" "Später!" "Das müssen wir uns noch genauer anschauen!" "Da kann ich Ihnen im Augenblick gar nichts zu sagen!" "Es ist noch zu früh!" "Es ist leider schon zu spät!"

Du wirst hingehalten! Du drehst noch eine Schleife und hoffst auf eine baldige Antwort. Die Antwort kommt aber nicht. Du wartest! Warten ist ein schrecklicher Zustand. Denn in der Zeit des Wartens bist du emotional blockiert. Du kannst dich nicht auf andere Dinge konzentrieren. Du unterbrichst dein Leben und kommst dir vor wie im Nebel. Deine Lebenszeit verrinnt und du nimmst am Leben selbst nicht mehr teil. "Gleich!" ist im Grunde genommen schon sehr bald. Gleich ist sehr nah dran an der Gegenwart, aber wie nah? Eine Minute? Eine Stunde? Zwei Stunden? Auf jeden Fall kürzer als "Später". Bei "Später" richte ich mich auf das Warten ein und kann in der Zwischenzeit etwas anderes machen. Aber was meint "Gleich"? Das ist ein Moment, ein Augenblick, Zeit für ein Glas Wasser und den Gang zur Toilette. Aber dann? Dann muss "Gleich!" sich erfüllen.

Manchmal wird aus dem "Gleich!" aber auch ein "Jetzt!". "Jetzt mein Kind, bin ich für dich da! Dein Warten hat ein Ende. Es war nicht vergeblich! Jetzt schenke ich dir meine Aufmerksamkeit, mein Ohr und mein Herz!"

"Jetzt!" - Ein wirklich österliches Wort. Der Tote wartet auf das erlösende Wort vom Leben. Der Kranke wartet auf die befreiende Botschaft vom Heilwerden. Der sehnsuchtsvoll Liebende wartet auf die erfüllende Antwort seiner Geliebten. In das "Jetzt!" kannst du alle Anspannungen fallen lassen. Du kannst dich zurücklehnen. Du wirst etwas los, das du nicht mehr behalten musst. Du möchtest etwas sagen, teilen, loswerden, bekommen. Das "Jetzt!" erfüllt ein ganz wichtiges Bedürfnis wie Sicherheit oder Freude.

Das österliche "Jetzt!" fordert dich geradezu heraus nicht in das Gestern, in den Tod zu gehen und auch nicht in die Warteschleife des Morgen. Jetzt darfst du leben!

10. Du!

"Ich brauche jemanden der mir hilft. Komm doch mal her! Du stehst doch gerade da. Hast du Zeit? Hast du gerade nichts zu tun? Dann pack doch mal an!"

Da sucht jemand eine starke Hand. Aber ich werde das Gefühl nicht los, dass ich gar nicht gemeint bin. Ich als Person bin völlig unwichtig. Meine Hände werden gebraucht und meine Kraft. Aber ich selbst? Ich bin nicht gemeint!

"Ich muss dir unbedingt erzählen von meiner Begegnung gestern im Supermarkt. Da stand ich doch an der Kasse und diese Frau drängte sich einfach vor. Sie hätte nur ein Paket Nudeln und das würde auch ganz schnell gehen. Das musste ich dir unbedingt erzählen weil ich noch so sauer bin!"

Da ärgert sich jemand. Aber ich werde das Gefühl nicht los, dass ich gar nicht gemeint bin. Wieder bin ich völlig unwichtig. Dieser Mensch will eine Geschichte loswerden. Es geht um seinen Ärger. Aber es geht nicht um mich. Ich werde nicht einmal gefragt, ob ich die Geschichte hören mag. Ich bin nicht gemeint.

Durchforste doch einmal deinen Alltag. Wenn die Kinder zu dir kommen, dein Mann, deine Frau, deine Freunde, Familie oder Nachbarn. Überprüfe einmal ob du gemeint bist. Dir werden Geschichten erzählt. Du sollst zuhören. Aber bist du gemeint? Du selbst? Was wäre der Unterschied? Woran würdest du merken, dass diese Person dich selber meint?

Manchmal überprüfe ich das. Ich schaue die Person an und frage: "Bist du da?" Dann warte ich, ob eine Reaktion kommt. Ein Blick, ein Wort, eine Geste. "Darf ich dir etwas erzählen? Leihst du mir dein Ohr und deine Aufmerksamkeit? Danke, dass du das für mich machst. Ich mag es so gerne mit dir teilen."

Leider reden wir Menschen selten so miteinander. Wir überfallen uns mit Geschichten ohne zu überprüfen, ob das Gegenüber wirklich da ist und da sein möchte. Stell dir einen Menschen vor, der dich mag. Dieser Mensch wartet geduldig bis du ihn anschaust. Nachdem eure Augen sich getroffen haben sagst du: "Du!" Du wirst in deinem Herzen spüren ob es zu einer Verbindung kommt. Dann bist du gemeint! Wirklich "DU"!

So ist das österliche "Du!" Nicht irgendjemand ist gemeint, nicht deine Hände oder deine helfende Art. Auch nicht der Mensch vor dir oder hinter dir und auch nicht ein allgemeines "Man" oder ein vereinnahmendes "Wir". "Du" in deiner Einmaligkeit und Unverwechselbarkeit. Ich meine "Dich!".

11. Auf!

Du kannst nicht mehr! Du bist müde! Du bist erschöpft! Du hast dich verausgabt! Du bist am Ende!

Manchmal stellt sich im Leben so ein Gefühl einfach ein. Es ist zu viel auf dich eingestürmt. Du bist überfordert. Du kannst das alles nicht mehr bewältigen. Eigentlich bist du ja kein Weichei und du hast dich immer wieder auf den Weg gemacht. Komm, etwas geht schon noch!

Dann gibt es einen Zeitpunkt, da geht es eben nicht mehr! Dann musst du dich hinsetzen und eine Pause machen. Ohne Energie im Akku läuft halt nichts mehr. Es ist so aussichtslos! Was willst du gegen den Tod machen? Was machst du gegen den Hass? Die Hoffnungslosigkeit? Du resignierst. Du hörst auf zu kämpfen und bist nur froh, dass die Anstrengung endlich aufhört. Dann gibst du dich einfach der Erschöpfung hin.

Und dann... dann kommt erst einmal lange nichts! Und dann... dann kommt noch immer nichts! Die Erschöpfung kann lange und lange dauern!

Und dann? Dann kann es geschehen, dass dann, wenn du es selber von dir aus gar nicht mehr willst und mit allem abgeschlossen hast, der Hauch einer Stimme zu dir dringt. Dieser Hauch nutzt den winzig kleinen Spalt in deinem Ohr aus und flüstert: "Auf!" Und von dir? Da kommt mit tiefen Seufzer ein: "Ach nein!" Und die Stimme? Sie macht eine Pause und flüstert irgendwann wieder: "Auf!" Sie macht nichts weiter als hin und wieder ein "Auf!" zu flüstern. Und je nach der Kraft, die sich in dir entfaltet kann das "Auf!" sich steigern. Es schwingt mit dir mit! Es hört nicht auf, bis du wirklich "auf-stehst!" und gehst.

Die österliche Einladung des "Auf!" lädt dich ein mit Flüstern, Schmeicheln, Provozieren, Hauchen bis hin zum Rufen. Du kannst die Todeszone verlassen. Die Energie ist da!

12. Nur zu!

"Soll ich das wirklich machen?" - "Meinen Sie ich könnte das?" - "Ist das nicht zu viel?" - "Ist das nicht zu wenig?" - "Ich bin mir so unsicher!"

So ist es! Wir sind uns oft nicht sicher. Wir wissen nicht wie die Geschichte ausgeht. Vielleicht treffe ich ja eine falsche Entscheidung. Und dann? Wir alle könnten viel erzählen von unseren Hürden und Hindernissen. Wenn wir die nicht hätten dann würden wir einfach durchs Leben stürmen. Aber da ist diese Unsicherheit. Was sind die Folgen? Kann ich das? Soll ich das? Kennst du die vielen Namen für deine Unsicherheiten? Das Wort deutet es ja schon an. Dir fehlt die Sicherheit. Du hast ein Bedürfnis nach Sicherheit. Erst mit dem Schwimmreifen springst du ins Wasser! Wirklich? Wie dick muss der Reifen sein, dass du dich traust? Wie stark muss dein Bedürfnis nach Sicherheit erfüllt werden, dass du dich überwindest?

Das andere Wort, das sich hinter der "harmlosen" Unsicherheit versteckt ist "Angst". Manchmal schreiben sich alle Buchstaben groß bis übergroß. "ANGST". Ja, wir haben Angst! Angst vor dem Ertrinken, Angst davor, heruntergemacht zu werden. Angst, zu verhungern. Angst, zu kurz zu kommen. Schreibe einmal eine Liste deiner persönlichen Ängste. Und wenn du wieder vor einem Hindernis stehst, dann schau dir diese Liste an und frage dich, welche Angst gerade dahinter steckt.

Ich konnte als Kind kein Bockspringen beim Turnen. Ich hatte tierische Angst. Ich kam da nicht drüber. Ich blieb davor stehen! Immer! Wie ein störrisches Pferd. Meine Angst behinderte den Sprung. Ich schämte mich dafür! Ich spürte den bohrenden Blick der anderen Kinder. Ich hörte ihr Lachen. Ich sah den ratlosen Blick des Lehrers. Die Hürde blieb erbarmungslos vor mir stehen. Irgendwann mit über vierzig Jahren bin ich noch einmal gesprungen. Und das Wunder? Ich konnte es! Einfach so und der Bock war kein Hindernis mehr.

Was hatte damals gefehlt in der Schule? Ein angstfreier Raum! Ein guter Umgang mit den Hürden und Hindernissen? Verständnis? Ermutigung? Geduld? Die richtige Methode? Ein leichter Ansporn? Vielleicht von allem etwas! Heute kommen die Menschen zu mir, die vor ihren Böcken stehen und nicht herüberkommen.

Innerlich sage ich mir selbst in vergleichbaren Situationen ganz sanft: "Nur zu!" Da gibt es den Moment wo ich loslaufe. Dann zögere ich so ganz eben. Der Impuls zur Bewegung ist schon gesetzt. Ich hebe die Ferse leicht an. Bevor die Angst kommt und gewinnt. Also nach dem ersten Impuls und vor der stoppenden Angst braucht es einen kleinen Impuls. Eine winzige Aufforderung! Eine kleine Einladung! Ein letzter Kick! "Nur zu!"

Die Frauen gingen am Ostermorgen zum Grab, um Jesus zu salben. Vielleicht gab es da auch so einen Impuls von "Ja, das tut uns gut!" bis hin zu "Wozu das alles? Das ist doch sinnlos!" Dann gab es den Impuls: "Nur zu!" Ob es sinnvoll ist oder nicht wirst du erst herausfinden wenn du es machst. Und? Vor welcher Aufgabe stehst du gerade? Ich sage dir von hier aus: "Nur zu!"

13. Hier!

Wo schaust du hin? Wo findet das Leben statt? Lässt du dich ablenken? Wohin geht deine Aufmerksamkeit? Wo bist du gerade?

Ich höre bei einer Seminarveranstaltung einem Vortrag zu und bin in Gedanken schon beim Mittagessen. Dann bin ich bei meinem Handy. Soll ich mal neugierig nachschauen? Dann greife ich zu meiner Wasserflasche und dann sortiere ich meine Beine neu. Ich kann nicht mehr sitzen und ich überlege mir ständig neue Sitzpositionen. Der Vortrag geht weiter.

In mir entstehen jetzt die Bilder vom Hotelzimmer, das ich noch belegen muss. Vom Weg dahin und von der Straßenbahn. Vom Feierabendverkehr, von einer möglichen Sauna, vom vor mir liegenden Wochenende. Ich wandere hin zu meinem nächsten Urlaubsort und zum Supermarkt und den Produkten, die ich einkaufen möchte. Ich bin überall. Überall woanders. Nur? Ich bin nicht hier!

Der Vortrag geht weiter. Ohne mich. Ich bin nämlich nicht mehr da. Ich bin weit weg. In einer anderen Welt. Ich bin nicht mehr hier!

Da taucht dieses Wort auf. „Hier! Sei hier! Hier an diesem Ort! Hier bei den Menschen in der Runde und hier bei der Frau, die den Vortrag hält.“ Dann gehen die Gedanken wieder spazieren und die innere Stimme sagt erneut: „Hier!“ Dann fällt mir ein: Hier will ich ja gar nicht sein! Ich wäre lieber am Gemüsestand im Supermarkt als bei dem Vortrag. Mein "Hier!" ist bei dem frischen Feldsalat, der vor meinem geistigen Auge auftaucht. Ich sehe den Feldsalat realer als die Frau, die den Vortrag hält. Das kann ich mit meiner Phantasie.

Aber die Stimme sagt wieder: "Hier!" Für einen Moment bleibe ich tatsächlich hier. Denn die Frau mit dem Vortrag schaut mich gerade an. Ich schaue freundlich zurück und bin jetzt hier. Ich bin hier mit meinem Körper, mit meinem Herzen und mit meinen Gedanken. Ich bin hier!

Die Jünger suchten ihren Jesus als sie das leere Grab an Ostern sahen. Die Engel gaben ihnen die Botschaft mit auf dem Weg: "Er ist nicht hier." Wie erlösend muss es gewesen sein bei der Begegnung mit dem Auferstandenen: "Ich bin hier!"

Ich gehe fort mit dem Körper oder mit meinen Gedanken und wenig später bin ich wieder da. Ich bin hier! Genau darin besteht die Kunst des Lebens. Ich übe mich darin ein, kontinuierlich im Hier zu sein.

Ich höre dem Vortrag zu und höre auf, zuzuhören. Die Worte tragen mich fort. Ich sehe die Frau an und nehme meinen Körper wahr, meinen Atem, meine Gedanken und meinen Herzschlag. Jetzt bin ich hier!

14. Ja!

Ich sage Ja zum Leben
Ich sage Ja zu meinen Gefühlen
Ich sage Ja zu meiner Arbeit
Ich sage Ja zu meinen Wegen
Ich sage Ja zu den Menschen, mit denen ich zusammenlebe.

Ich sage Ja zu meinen Schwächen
Ich sage Ja zu meinen Schrullen
Ich sage Ja zu meinem Suchen
Ich sage Ja zu meiner Ungeduld
Ich sage Ja zu meinen Schmerzen

Ich sage Ja zu meinem Nein
Ich sage Ja zu meiner Vergangenheit
Ich sage Ja zu meinem Zögern
Ich sage Ja zu meiner Angst
Ich sage Ja zu meiner Zukunft

Ich sage Ja zu dem, wozu ich nicht Ja sagen kann
Ich sage Ja zu dem, was noch offen ist
Ich sage Ja zu dem, was ich nie lösen werde
Ich sage Ja zu dem, was in mir gestorben ist
Ich sage Ja zu dem, was ich nicht lieben kann

Ich lasse mich anstecken von einem österlichen Ja
Ich stimme ein in dieses österliche Ja
Ich lasse mich mitnehmen hin zu dem österlichen Ja
Ich schwinge mich ein auf das österliche Ja
Ich öffne mein Herz für dieses österliche Ja

Ich sage Ja zu dir
Ich sage jetzt Ja zu dir
Ich sage dir ein willkommenes Ja
Ich sage dir ein herzliches Ja
Ich sage dir ein österliches Ja

12 Die zweitbeste Lösung

Benötigst du auch jeden Tag viel Zeit für das Finden von Lösungen? Was kaufe ich ein und wo finde ich die Produkte, die ich benötige? Fahre ich mit dem Auto, mit dem Rad oder gehe ich zu Fuß? Wann habe ich Lust, wann kann ich überhaupt und zu welcher Zeit ist es im Geschäft nicht zu voll? Finde ich alles in einem Laden oder muss ich mir eine Tour überlegen? Vielleicht fallen dir selbst noch viel mehr Fragen ein, die du vor einem Einkauf für dich klären musst, um zu einer guten Lösung zu kommen.

Wenn es nur dieses eine Thema des Einkaufens gäbe, wären deine Aufgaben ja gut lösbar. In der Regel jedoch beschäftigst du pausenlos deinen Geist damit, für viele Aufgaben eine Lösung zu finden. Was muss ich heute unbedingt noch erledigen? Mit wem muss ich etwas besprechen? Fragen für kurz-, mittel- und langfristig. Wer hat Erwartungen an mich und an wen habe ich Erwartungen? Erst, wenn du eine Lösung gefunden hast, kannst du eine Frage abhaken und dein Geist hört auf, dich zu plagen. Manche Fragen werden zum Problem, wenn du keine Lösung finden kannst. Dann kreisen deine Gedanken pausenlos weiter. Das kann sich sogar so weit ausdehnen, dass du dich völlig blockierst, weil du unbedingt für eine bestimmte Aufgabe eine Lösung finden möchtest.

Wenn dir dein Leben egal wäre, dann würdest du einfach irgendetwas irgendwie machen. Du könntest z.B. in den nächsten Laden gehen, deine Hände ausstrecken, ein Produkt in den Korb legen und an der Kasse bezahlen. Etwas wird schon dabei sein, dass deinen Hunger stillt.

Du könntest zusätzlich versuchen, dein Leben insgesamt möglichst plan- und gedankenlos zu verbringen. Von außen würde es wahrscheinlich wie Demenz wirken, aber innerlich wärest du befreit von der ständigen Anspannung, etwas entscheiden zu müssen. Du könntest dich dafür entscheiden, nichts mehr zu entscheiden und ließest auf dich zukommen, was immer auch kommen würde. Du würdest einfach völlig entspannt mitschwingen. Hilfreich wäre dabei allerdings die Fähigkeit, das Denkvermögen auszuschalten.

Stell dir doch einfach mal vor deinem geistigen Auge ein Pendel vor. Dieses Pendel schwingt von links nach rechts. Wenn es nach rechts außen ausschlägt, so findest du dort die völlige Planlosigkeit. Das Chaos. Das Unentschiedene. Die Gedankenlosigkeit.

Dann betrachtest du das Pendel auf der linken Seite wiederum ganz außen. Dort findest du immer und beständig den superperfekten Plan und die idealen Lösungen für dein Leben. Dort gelingt dir einfach alles, weil du von A bis Z durchstrukturiert bist. Du kannst deinen Geist ständig in höchsten Tönen loben, weil du mit deinen Leistungen sehr zufrieden bist. Alle werden dich bewundern und du wirst nominiert für irgendeinen Nobelpreis.

Unser Pendel schwingt also zwischen Perfektion und Chaos. Wenn du dich einmal selber einschätzen müsstest: Wo würde sich dein vertrauter Bereich befinden? Bist du eher der Chaos-Typ oder der Perfektions-Typ? Wohin schlägt dein Pendel mehr aus? Und mit welchem Anteil bekommst du in der Regel innerlich Konflikte? Und welche Menschen im Außen bedrohen deinen Standpunkt?

Ich möchte mit dir jetzt noch einmal einen Ausflug machen zur linken und geordneten Seite des Pendels. Wahrscheinlich, weil ich mich eher dorthin einsortiere. In der Regel versuche ich immer, für jede Aufgabe und jedes Problem die beste Lösung zu finden. Ich beobachte mich dabei, wie ich ein gutes Ergebnis meines Nachdenkens gefunden habe. Aber dann fällt mir noch etwas ein und noch etwas und noch etwas. Ich finde also ständig Lösungen. Warum? Ich werde angetrieben von dem Wunsch, die beste Lösung zu finden!

Geht es dir ähnlich? Du suchst unbedingt die beste Lösung. Nicht irgendeine. Sondern die beste! Wenn du einen Kunden bedienst, dann möchtest du nicht nur, dass er zufrieden ist mit deiner Leistung. Du möchtest doch, dass er das Gefühl bekommt, wirklich ein König zu sein. Ob du dich als Krankenschwester um deine Patienten kümmerst, als Rechtsanwalt um deine Klienten, als Berater um deine Kunden oder als Mutter und Vater um deine Kinder. Immer geht es darum, dass du das Beste möchtest. Der glückliche Patient macht dich selber glücklich. Je besser dein Service, desto glücklicher dein Gegenüber und auch du.

Wenn du hingegen nur irgendeine x-beliebige Lösung anstrebst: Was werden die anderen von dir denken? Was du von dir selbst? Du wirst auf jeden Fall immer die beste Lösung anstreben, nicht wahr? Oder hältst du es aus, wenn dich jemand anspricht und sagt: „Das hättest du mit deinem Wissen aber wirklich besser machen können. Du bleibst hinter deinen Möglichkeiten zurück." Vielleicht bist du ja ein völlig abgebrühter und gelassener Typ und lehnst dich zurück nach dem Motto: „Mit diesem Thema habe ich Gott sei Dank nichts zu tun! Kritik hat bei mir kaum eine Chance!" Wetten, dass es irgendwo ein Thema gibt, wo auch du nach der besten Lösung suchst! Es gibt einfach Themen, für die wir gehen. Wo wir uns engagieren. Wo das Herz sozusagen blutet. Für die Kinder, für den Partner, den Geliebten, für Menschen in Not...

Ich befinde mich in Gedanken immer noch auf der linken Seite des Pendels. Ich bin auf der Suche nach der besten Lösung. Ich bin es mir wert! Mein Gegenüber ist es mir wert! Ich möchte auch keine Kritik einstecken, wenn es sich vermeiden lässt. Wenn es nur nicht das große „LEIDER" gäbe.

Was meine ich damit? Die beste Lösung, die ich mir ausgedacht habe, lässt sich „leider" nicht immer umsetzen. Das Geschäft führt ein bestimmtes Produkt nicht mehr. Mein Fahrrad ist platt. Mein Kunde kommt auf einmal mit ganz anderen Wünschen. Der Patient ist trotz meiner tollen Pflege gestorben. Ich selber bin schlecht drauf oder nur für einen Augenblick unachtsam. Es kommt sowieso etwas dazwischen in meiner Zeitplanung. Während du also voller Engagement am linken

Ende des Pendels die beste Lösung suchst, schleichen sich dort einfach Chaoselemente ein.

Diese „Chaoselemente“ warten nicht, bis du mit deinem Pendel nach rechts ausschlägst. Sie üben ihre Macht heimlich aus und behindern deine Anstrengungen. „Du wirst es nicht schaffen, die beste Lösung umzusetzen!“ flüstern sie dir ein.

Und das macht dein Lebensgeschäft so unglaublich anstrengend. Die beste Lösung lässt sich nur mit einem sehr hohen Preis umsetzen. Im Untergrund wabern die chaotischen Elemente, die du nicht berechnen kannst. Und wenn du zu den „ordentlichen“ Menschen gehörst, wirst du diese Elemente vielleicht sogar ausblenden und unterdrücken. Es wird dir nichts nützen. Je weniger du damit rechnest, desto mehr werden sie ihr Werk verrichten.

Irgendwo hörte ich in einer Ansprache folgenden Satz: „Leider konnten wir die beste Lösung nicht umsetzen und müssen nun mit der zweitbesten vorlieb nehmen.“ Im Vortrag klang es wie ein Bedauern. Schade! Wir hätten die beste Lösung verdient. Jetzt wird es nur die zweitbeste.

Beim Fußball ist Erstklassigkeit auch besser als die Zweitklassigkeit. Der Zweite im Sport bekommt nur Silber. Lieber wäre ihm bestimmt Gold. Vor allem, wenn der Abstand zum Sieger nur gering ist. Der Zweitklassige will erstklassig werden und der Erstklassige zur Spitze in der Liga von da aus in die Superliga und dort an die Superposition. Von da oben aus gesehen ist die zweitbeste Lösung ein echter Verlust.

Aber wie gesagt: Die beste Lösung fordert in der Regel einen hohen Preis. Bin ich bereit, immer diesen hohen Preis zu zahlen? Ständig diese Überforderung, dieser Anspruch, diese Absolutheit!

„Wir haben die zweitbeste Lösung gefunden.“ In meinen Ohren klingt es nicht wie Mangel sondern wie Erlösung! Ich gebe mich tatsächlich mit dem Zweitbesten zufrieden. Warum nicht? Ich kann doch diesen Gedanken mal einfach zulassen. Ich betrachte mir einmal ganz genau diese zweitbeste Lösung. Die ist gar nicht schlecht! Da tauchen auf einmal Überraschungen auf. So könnte mir die zweitbeste Lösung bei der Suche nach dem richtigen Geschäft die Nähe zum Altglascontainer bescheren.

So weit hatte ich bisher gar nicht gedacht. Die zweitbeste Lösung für den Kunden lässt einen finanziellen Spielraum für andere Wünsche. Ich verkaufe zwar nicht das beste Gerät aber dafür ein zusätzliches hinterher.

Wenn ich mich im „zweitbesten Lösungsraum" bewege verschwindet die Obergrenze. Das „Müssen". Der Absolutheitsanspruch! Es tritt ein wenig Gelassenheit ein. Ich kann mich entspannen. Ich entdecke, dass sich in diesem Lösungsraum auch noch Möglichkeiten zeigen, an die ich bisher gar nicht dachte. Wenn das Pendel also ein wenig zur Seite ausschwingen darf, kann ich die „Chaoselemente" für mich nutzen. Chaos bedeutet ja nicht einfach nur ein schreckliches Durcheinander, sondern zugleich das Meer der tausend Möglichkeiten. Die zweitbeste Lösung heißt: Ich entscheide mich für eine insgesamt gute Lösung und habe noch zusätzliche Optionen!

Es wäre also hilfreich, sich von dem Streben nach der besten Lösung zu verabschieden. Wenn sie eintritt, auch gut. Das muss aber nicht sein. Ich könnte von vornherein die zweitbeste Lösung anstreben. Was würde das verändern, wenn ich das täte? Ich persönlich würde mit dem Suchen nach Lösungen eher aufhören. Wenn ich drei Ideen hätte, würde ich einfach Schluss machen. Genug Lösungen gefunden! Die zweitbeste wird auch dabei sein und das genügt mir.

Wo ich mich schon von der besten Lösung verabschiedet habe könnte ich doch jetzt auch mal zur dritt- oder viertbesten Lösung hinschauen. Was würde ich in diesen „Lösungsräumen" finden? Eine Idee dazu kommt mir, dass die „Euroshops" nach diesem Prinzip funktionieren. Ich finde dort etwas, das mir im Augenblick weiterhilft. Ein Markenprodukt wäre toll! Aber jetzt gerade würde das Preiswertprodukt für mich ausreichen.

Wenn ich jedoch das Prinzip der besten Lösung verlasse, öffne ich einen Weg mit einem neuen Glaubenssatz, den ich vielleicht gar nicht betreten möchte. Ich müsste mich verabschieden von meinen hohen Zielen. Ich müsste vor allem meinen Absolutheitsanspruch verlassen. Da höre ich schon: „Wehret den Anfängen!“ - „Wer A sagt muss auch B sagen!“ „Ich möchte mir treu bleiben!“

Da kann ich dich nur daran erinnern, dass wir uns immer noch im Pendel des Lebens befinden. Der Anspruch nach der besten Lösung hat seine Berechtigung. Die Einflüsse und Einwirkungen des Chaos auf der anderen Seite aber auch. Du magst es nicht mögen. Aber es ist Realität. Das Chaos auf der anderen Seite des Pendels sagt dir: „Ich bin da! Ich gehe nicht! Du kannst nur mit mir arbeiten oder gegen mich. Aber mich nicht verdrängen! Was willst du tun?“

Welche spirituelle Haltung steckt hinter der Idee von einer zweitbesten Lösung? Ich muss mich nicht fixieren auf nur eine einzige umsetzbare Möglichkeit. Im Universum existieren Tausende von Möglichkeiten mit wiederum Tausenden von Auswirkungen und Folgen. Die Schöpfung ist vielfältig. Wenn das Samenkorn an dieser Stelle nicht aus dem Boden kriechen kann, dann aus einer anderen. Das Pflänzchen bleibt nicht vor der Betondecke stecken sondern sucht die zweitbeste Lösung. Es kriecht und kriecht, bis die Erde wärmer wird und die Sonne lockt. Es findet den Spalt, wo es hindurchkriechen kann. Das Lebensmotto dazu heißt: „Wenn nicht das, dann das andere. Und wenn nicht das andere, dann vielleicht wieder etwas anderes.“ Das Chaos zeigt sich als das Feld aller Möglichkeiten. Die „beste“ Lösung zeigt sich am Ende lediglich als eine der unendlich vielen Umsetzungen aus dem Feld aller Möglichkeiten.

Wenn du dein Einverständnis gibst zu diesen Prozessen musst du nicht mehr deine „beste“ Lösung finden. Du schwimmst ja schließlich im Meer der Unendlichkeit. Öffne mal jetzt im Frühling deine Augen in der Natur. Was meinst du, wie oft es eine Entscheidung gibt für die zweitbeste Lösung?

Zu welcher spirituellen Gruppe gehörst du? Bist du christlich, muslimisch, atheistisch, freikirchlich, oder...? Welche bietet die beste „Gottes“-Losung? Und welche die zweitbeste? Macht es einen Sinn, so zu fragen? Wenn du an der besten Lösung klebst gibt es nur diese eine! Doch jenseits davon erkennst du das große Mehr der vielen Möglichkeiten. Dort beginnt die Freiheit!

13 Armer schwarzer Kater!

Ein Spiel aus Kindertagen. Alle sitzen im Kreis. Ein Kind in der Mitte spielt den schwarzen Kater und kriecht miauend zu einem Mitspieler. Dabei versucht es, diesen durch Grimassen zum Lachen zu bringen. Das angesprochene Kind im Kreis muss dann sagen: „Armer schwarzer Kater!“ und darf dabei keine Miene verziehen. Wenn es aber lacht, wird der Kater erlöst und die Rollen werden getauscht.

Ich glaube, dass manche Kinderspiele einen bestimmten auf den ersten Blick verborgenen Zweck erfüllen. Es geht natürlich zunächst um den Spaß beim Spielen. Daneben geht es aber zugleich um die Bewältigung von Erlebnissen und Erfahrungen. Ich werde ausgegrenzt und bin traurig. Dann werde ich gerettet und gehöre wieder dazu. Ausgrenzung ist zwar blöd, aber ich muss lernen, mit dieser frustrierenden Erfahrung klarzukommen.

Mit dieser kleinen Erinnerung an die Kindheit möchte ich dich jetzt gerne einladen, einen neuen Blick auf den schwarzen Kater zu werfen. Der Aberglaube weiß ja schon, dass es Unglück bedeutet, wenn eine schwarze Katze deinen Weg kreuzt. Was mag wohl eine solche Katze selber über diesen Glaubenssatz denken. „Ich will keine Quelle von Unglück sein. Das habe ich nicht verdient!“ Der schwarze Kater befindet sich ähnlich wie das schwarze Schaf in einer „schwarzen“ Rolle, die nicht sehr beliebt ist. Wer möchte schon gerne ausgegrenzt sein und nicht dazu gehören. Im Spiel stellt sich der schwarze Kater ja zusätzlich noch ziemlich dumm an. Statt sein Schicksal zu beklagen spielt er die Rolle des Clowns. Man sieht ihm nicht an, dass er traurig nach einem freien Stuhl im Kreis sucht und dazugehören möchte. Das erinnert mich an die Kinder, die es nur durch negatives Auffallen schaffen, Zuwendung zu bekommen. Der schwarze Kater miaut und zieht Grimassen in der Hoffnung, dass ein Kind reagiert. „Armer schwarzer Kater!“ Endlich wird er gesehen, der arme schwarze Kater. Endlich begreift jemand, dass hinter dem Feixen und Verstellen eine große Not steckt.

An dieser Stelle verlasse ich das Kinderspiel und betrete die Erwachsenenwelt. Ich möchte nicht in erster Linie dieses Kinderspiel analysieren sondern für das Leben jetzt fruchtbar machen.

So lade ich dich ein zu deinem ganz persönlichen „Armer-schwarzer-Kater-Spiel". Stell dir doch einmal vor, dass du dich gerade mit einem Arbeitskollegen oder dem Chef gestritten hast. Da hat jemand deine Arbeit kritisiert und sich abfällig geäußert über deine mangelnden Qualitäten. „Das hättest du wirklich besser machen können! So kannst du diese Arbeit nicht abliefern! Das geht ja gar nicht!"

Jetzt bist du geknickt! Du fühlst dich traurig, bist wütend und enttäuscht. Du fängst an dich zu rechtfertigen. „Das stimmt ja gar nicht!" – „Ich war gar nicht zuständig! Das war ja auch viel zu viel für mich!" – „Immer hacken alle auf mir herum! Das ist ungerecht!" Du sitzt in deinem seelischen Abgrund und möchtest dich verstecken mit einem Gefühlsgemisch von Schuld, Verzweiflung, Angst und Scham. Da hast du nun dein dickes Paket von schlechten Gefühlen. Du möchtest es loswerden, aber deine Gedanken lassen das nicht zu. Dann fangen die Grübeleien an. „Hätte dein Kollege nicht..." – „Hättest du nicht..." Du gehst die Szene der Auseinandersetzung immer wieder durch. „Und täglich grüßt das Murmeltier!" Du kannst nicht damit aufhören, dich wieder und wieder in diese Szene hineinzubegeben. Nie wieder kommst du zur Arbeit. Nie wieder wirst du mit deinem Kollegen sprechen. Du möchtest kündigen aber dann plagen dich die Existenzängste. Du bist nichts, du kannst nichts. Du wirst entlassen und du landest auf der Straße.

Wie gefällt es dir in diesem Abgrund der schlechten Gefühle? Bist du noch bei mir oder schüttelst du jetzt den Kopf! Oder denkst du: „Gott sei Dank habe ich gerade kein solch abgründiges Gefühlskonglomerat!" Einverstanden! Schüttle mal alle deine eigenen Erinnerungen an solche Zustände ab.

Aber du gibst zu. Das kann manchmal vorkommen. Dein Leben ist gespickt mit kleineren und größeren Krisen und Katastrophen, die dich emotional in den Abgrund stürzen.

Weil du noch nicht erlöst oder erleuchtet bist, musst du klarkommen mit deinen dunklen Flecken, deinen Schattenseiten und deinen traumatischen Erinnerungen an deine Kindheit. „Armer schwarzer Kater!"

Jetzt stell dir noch einmal vor, dass du gerade sehr leidest. Du bist geknickt und du befindest dich im Abgrund. Jetzt gehst du zu einer Freundin, einem Freund, deinem Mann, deiner Frau und erzählst von diesem unglücklichen Ereignis. Vielleicht beginnst du so: „Kannst du mir helfen? Ich habe da ein Problem! Ich bin heute mit meinem Arbeitskollegen aneinandergeraten. Der hat mich so gekränkt und verletzt. Der hat doch glatt behauptet, dass meine Arbeit nicht qualifiziert ist!"

Was macht dein Gegenüber? Oft? Er fühlt natürlich mit dir mit! Und genau an dieser Stelle möchte ich den „armen schwarzen Kater" einführen. Wenn ich das Wort „Problem" höre, dann schwingt bei mir sofort ein anderes Wort mit und das heißt „Lösung". Du erzählst mir von deinem Problem und ich höre: „Gib mir eine Lösung!" Wenn du ein Problem hast dann glaube ich, dass ich dir Erleichterung verschaffe, wenn ich dir eine Lösung für dein Problem präsentiere. Ich gehe ja davon aus, dass dein Problem nicht mehr existiert, wenn ich eine gute Lösung gefunden habe. Das ist doch logisch, nicht wahr? Logisch schon! Aber nicht hilfreich! Zumindest nicht für den Augenblick.

Bei Paaren erlebe ich es oft, dass die Männer eher Lösungen präsentieren, wenn die Ehefrauen von einem Problem erzählen. Sie sind es gewohnt, in Autos oder Computer zu denken. Das muss ja nur repariert werden, dann funktioniert es doch wieder. Erledigt und gut. Das stimmt auch! Ein Problem sucht nach einer Lösung. Und wenn diese da ist, dann verschwindet automatisch das Problem. Leider funktioniert diese Logik nicht immer. Sie erweist sich sogar oft als völlig kontraproduktiv. Ich sehe da manchmal die Ehemänner stehen, die ratlos die Welt nicht mehr verstehen. „Da habe ich eine so gute Lösung und meine Frau weist mich ab. Was habe ich nur falsch gemacht!“ Was machen dann die Ehemänner? Sie suchen noch eine bessere Lösung! Und noch eine Lösung! Und noch eine! Das ist das, was sie können. (Wenn ich von Männern spreche, dann meine ich eher den männlich - rationalen Anteil in uns Menschen.)

Warum funktionieren Lösungen nicht? Es gibt doch so wunderbar viele davon! Eine besser als die andere! In uns Menschen sitzt leider nicht nur der rational denkende Verstand, sondern auch das überaus reiche Gefühlsleben. Wenn die Gefühle nichts bekommen, dann setzen sie sich vor jedem Lösungsansatz.

Und genau da möchte ich den „armen schwarzen Kater“ platzieren. Wenn du im emotionalen Abgrund steckst, dann brauchst du keine Lösung, sondern jemanden, der dich tröstet. So einfach ist das! „Armer schwarzer Kater!“ Es braucht ganz viel Raum zum Erzählen, zum Mitfühlen, zum Verständnis haben. Platz für den Ärger, Zeit für die Tränen, Raum für den Frust. Das will alles erst einmal da sein! Die aufkommenden Gefühle wünschen sich ein Gegenüber und ein Gehalten Sein, damit sie sich auflösen können. Wenn also jemand zu dir kommt um von seinem Problem zu erzählen kommt es zunächst darauf an, ganz viel Zuwendung und Raum zu schenken. Das ist die Lösung auf der ersten Ebene: „Armer schwarzer Kater!“ Nicht ins Lächerliche ziehen! Kein Spiel daraus machen! Den armen schwarzen Kater würdest du doch auch erst einmal streicheln, ihn trösten oder auf den Schoß nehmen. Wenn die Angst, die Trauer oder die Wut eine Erlaubnis bekommt wird sie satt und dann ist es irgendwann genug.

Unsere Gedanken rotieren immer und ständig. Ununterbrochen setzen wir sie Minute für Minute fort. Die Gefühle verhalten sich anders. Du fühlst die Angst, wie sie kommt. Du lässt sie zu und in dir wirken. Die Angst schwillt an, erreicht ihren Höhepunkt und löst sich wieder auf. Die Gefühle kommen in Wellen. Aber wehe, wenn der „arme schwarze Kater“ keinen Raum bekommt!

Er bleibt sitzen. Er kommt wieder, dann aber heftiger oder er wirkt im Untergrund weiter.

Für die rationalen und lösungsorientierten Menschen erfolgt hier ein wichtiger Hinweis. Deine Lösungen sind sehr gefragt. Die erste Lösung jedoch lautet: Fühle mit dem armen schwarzen Kater so lange, bis er satt ist. Vielleicht ist dann schon gar nichts mehr zu tun. Der „Kater“ war nie an einer pragmatischen Lösung interessiert. Der „Kater“ brauchte nur deinen Trost. Mehr nicht!

Jetzt möchte ich mit dir noch kurz die Wirklichkeit vom schwarzen Kater her betrachten. Wie schafft es der Kater, dass er beim Gegenüber praktische Lösungen bekommt und keinen Trost, obwohl er ihn gerne hätte?

Der Kater geht zum Tröster und sagt: „Ich habe da ein Problem. Weißt du eine Lösung?“ Der Kater inszeniert selber, dass er nicht getröstet wird. Er könnte ja auch sagen: „Ich bin traurig! Ich bin wütend! Ich bin frustriert! Kannst du mich trösten? Hältst du mich für einen Moment! Darf ich mich bei dir ausjammern?“ Wenn der „arme schwarze Kater“ das täte, wäre es für das Gegenüber viel leichter. Das Gegenüber wüsste sofort, dass Lösungen auf der rationalen Ebene nicht gefragt sind.

In den Evangelien wird erzählt, dass Jesus die Menschen heilte. Wie hat er das gemacht? Manchmal wird beschrieben, wie er sich vor der Heilung innerlich emotional erregte. Jesus fühlte also zuerst einmal mit. Wir verstehen seine Handauflegungen heute eher wie ein Ritual. Dahinter steckt aber die Grunderfahrung einer körperlichen Zuwendung. Er hätte auch sagen können: „Komm in meine Arme!“ oder „Komm auf meinen Schoß!“ Wenn im Evangelium steht: ‚Er legte ihm die Hände auf.’ dann klingt es halt ein wenig erwachsener und wir können es leichter akzeptieren.

Und jetzt zu dir, du „armer schwarzer Kater!“ Wie geht es deinem Seelchen? Ist bei dir alles gut? Bist du zufrieden? Oder fühlt es sich gerade bei dir leicht an? Wenn ja, ach wie schön! Und wenn nicht? Zu wem könntest du jetzt gehen? Wem magst du dich anvertrauen? Wer kann etwas dafür tun, dass es wieder ein wenig leichter wird? Nur zu!

Der arme schwarze Kater ist übrigens nicht nur „arm“. Im Grunde seines Herzens ist er ein stolzes Tier! Voller Anmut, Schönheit, Kraft und Stärke. Im Kater steckt ein König, der sich nur manchmal wie ein Bettler fühlt. So wechselt das bei uns Menschen ständig. Vom „armen schwarzen Kater“ zur „stolzen schönen Katze“ und zurück.

14 Geh in die Selbstermächtigung

Wenn du das Wort „Pfingsten“ hörst, welche Bilder oder Gedanken kommen dir da in den Sinn? Magst du dieses Fest?

Das Weihnachtsfest scheint noch von der Mehrheit der Bevölkerung gemeinsam getragen zu werden. Vielleicht feiern nicht mehr alle Menschen die Geburt von Jesus, aber das Fest scheint noch tief im Bewusstsein verankert zu sein. An Ostern lichten sich schon deutlich die Bänke bei den Gottesdiensten. Die Bedeutung der christlichen Feste verschwindet nach und nach aus unserem Leben und hier und da bleibt ein Rest von Ritualen und Bräuchen übrig.

Wie war das noch mal mit Pfingsten? Ein zusätzlicher Feiertag, ein verlängertes Wochenende? Die erste kurze Urlaubsreise an hoffentlich warmen Tagen? Manche Christen haben noch in Erinnerung, dass es etwas mit der Gründung der Kirche und der Aussendung des Heiligen Geistes zu tun hat. Die Gottesdienste an dem Festtag sind eher schwach besucht, die Freude nicht übermäßig und der Charakter des Ganzen nicht unbedingt einladend.

Ich möchte mal an dieser Stelle ein kleines Pfingstrevival starten.

In der Woche vor der Feier meines ersten Gottesdienstes in den Räumen der Freikirchlichen Gemeinde fragte mich eine Frau im Bäckerladen: „Sie sind doch nicht mehr in der Kirche! Dürfen Sie denn dann noch Gottesdienste halten?“

Als wir in meiner Kirchengemeinde die neuen Glocken einweihten bekam ich einige Wochen später vom Weihbischof einen deutlichen Rüffel: „Das durften Sie gar nicht! Glockenweihen sind dem Bischof vorbehalten!“ Immer wieder tauchen im kirchlichen Leben Fragen danach auf, ob wir etwas dürfen oder nicht. Dürfen die wiederverheiratet Geschiedenen zur Kommunion oder nicht? Müssen unsere Kinder beichten? Muss man sonntags zur Kirche? Woher kommt eigentlich diese Idee, um Erlaubnis zu bitten?

Kinder fragen ja in der Regel ihre Eltern: „Mama, darf ich noch ein Eis?“ „Mama, darf ich draußen spielen?“ „Ja Kind“, lautet dann die Antwort, „du darfst!“ Kinder bitten um Erlaubnis und Eltern gewähren sie oder auch nicht. Das gehört zur Elternaufgabe, zu wissen, was für das Kind gut ist und was nicht. Ein Kind kann die Folgen einer Handlung noch nicht überblicken. Zu viel Eis könnte Bauchschmerzen verursachen und bei zu langem Draußen spielen könnte das Kind einen wichtigen Termin verpassen. Eltern bringen ihren Kindern ja auch bestimmte Grundlagen bei wie: „Bevor du das oder das machst, musst du fragen!“ Zwischen Kindern und Erwachsenen macht das durchaus Sinn.

Doch wenn du erwachsen geworden bist, bittest du dann auch um Erlaubnis? „Klar!“, wirst du sagen. In bestimmten Situationen schon. „Darf ich Ihr Grundstück betreten?“ „Darf ich hereinkommen in Ihr Haus?“ Ich bitte um Erlaubnis und frage, wenn es sich nicht in meinem Besitz befindet oder zu meinem Kompetenzbereich gehört.

In vielen Situationen bitte ich aber nicht mehr um Erlaubnis. „Darf ich diesen Pullover anziehen?“ „Darf ich heute ein Eis essen?“ „Darf ich heute länger aufbleiben?“ Wen sollte ich fragen, wem gebe ich die Kompetenz des Erlaubens oder Verbietens? In der Regel weiß ich für viele Lebensbereiche: Ich bin erwachsen und ich muss es entscheiden. Ich darf es auch entscheiden und ich kann es auch entscheiden, weil ich als Erwachsener kompetent bin oder weil ich schlicht und einfach die Verantwortung für mein eigenes Leben trage.

Gott sei Dank fällt es uns oft relativ leicht, bei vielen Aufgaben in die Erwachsenenidentität zu gehen. Und jetzt kommt mein Aber! In so manchen Lebensbereichen sind wir innerlich unmündig und Kind geblieben. Beim Arzt geben wir unsere Gesundheitskompetenz ab, beim Lehrer unsere Wissenskompetenz, beim Priester unsere spirituelle Kompetenz. An diesen

Orten erwacht das unmündige Kind in uns und fragt wie früher: „Darf ich?“

Und jetzt komme ich zu Pfingsten. Da geht es aus meiner Sicht vor allem um die spirituelle Kompetenz. Pfingsten heißt unter anderem für mich: „Hör auf zu fragen, ob du darfst! Wer kann dir etwas erlauben oder verbieten? Geh in die Selbstermächtigung! Dein Herz ist weiser als du ahnst und deine Seele ist wissender als du glaubst.“

Mit diesem Gedanken lese ich noch einmal die Geschichte vom Pfingstereignis. Die Jünger hatten nach dem Verrat vom Karfreitag und den merkwürdigen Jesuserscheinungen die Hosen voll. Sie hatten sich vor Angst verkrochen. Früher konnten sie Jesus fragen, diesen kompetenten und allwissenden Weisen. Sie konnten sich an ihn dranhängen und Jesus nahm sie wie Kinder an die Hand. Im Johannesevangelium sagt Jesus auch noch: „Meine Kinder...“ Und dann ist Jesus gestorben, sie hören seinen O-Ton nicht mehr und berühren ist unmöglich. Von den „wundervollen“ gemeinsamen Tagen bleiben „nur“ noch die vergangenen Erlebnisse und die erinnerten Worte. Hilfe! „Was sollen wir sagen, wenn man uns fragt? Wer steht uns bei, wenn Probleme auftauchen? Was sollen wir nur tun?“ Im geschlossenen Pfingstsaal sitzen tatsächlich verängstigte Kinder, die von der Bildfläche verschwunden sind. Auf einmal braust und windet es durchs Haus. Feuerfunken setzen sich auf sie und alle springen auf. Die Angst ist wie weggeblasen und sie fangen an zu predigen. Sie warten nicht mehr auf die Erteilung einer Erlaubnis! Da geht ein Ruck durch sie hindurch. Sie haben das Gefühl, als ob in ihnen ein Schalter umgelegt wurde. „Halt Stopp! Worauf warten wir noch? Wir sind doch lebendig! Wir haben doch in den vergangenen Monaten neue Erkenntnisse gewonnen! Das war doch nicht umsonst! Wir sind kompetente Prediger!“ Aus spirituellen Kindern werden selbstbewusste Erwachsene, die sich nichts einreden oder vorsprechen lassen.

Als ich damals die Glocken weihte kam mir gar nicht in den Sinn, den Bischof dafür zu fragen. Schließlich hatte er mit der Beschaffung doch nichts zu tun. Die Leute in der Stadt haben gespendet und ich habe koordiniert. Logische Folge: Wir alle feiern zusammen ein Fest und danken für das gute Gelingen. Warum sollte ich jemanden fragen, ob ich das darf?

Sicherlich ist es in bestimmten Situationen wichtig, immer wieder die Frage zu stellen: „Muss ich hier jemanden fragen? Braucht es eine Erlaubnis?“ Ich wehre mich gegen den Automatismus von „Darf ich...“

Ich wünsche mir, dass die Energien des Windes und die Kraft des Feuers von damals uns auch noch heute erfassen und in Bewegung setzen. Wir sind erwachsen geworden im Glauben. Jeder von uns ist voll des Geistes, voller Bewusstheit und Liebe. Ich glaube, wir brauchen mehr denn je etwas von diesem Pfingsten der Eigenständigkeit in uns. Irgendwann schubsen wir ja auch unsere Kinder, wenn sie alt genug geworden sind und sagen ihnen: „Jetzt mach, du bist erwachsen! Ich kann auch nicht sagen was du machen musst!“

In diesem Sinne gilt der Satz auch und besonders für das religiöse und spirituelle Leben: „Geh in die Selbstermächtigung!“ Übernimm die Verantwortung für dein Innenleben, für deine Seele und spüre die „Macht des Selbstes“.

15 Wenn das Leben einfach wird

Die Urlaubszeit steht vor der Tür! Du hast deine Reisepläne abgeschlossen und beginnst schon damit, in Gedanken deine Koffer zu packen. Was nimmst du mit? Wie komfortabel wird dein Ferienort sein? Gehörst du zu den Menschen, die eher irgendwo ihr Zelt aufschlagen? Oder rundum verwöhnt werden im Hotelzimmer mit Vollpension? Oder liebst du den Komfort und die Freiheit einer Ferienwohnung? Egal für welche Unterbringungsart du dich entscheidest, du musst deine Koffer packen und – dich beschränken. Du wirst nicht deinen kompletten Kleiderschrank und alle Küchenutensilien ausräumen. Das ist schlicht und einfach nicht möglich, wenn du auf Reisen gehst. Du musst auswählen! In diesem Moment wird der Urlaub schnell zur Tortur. Benötigst du eher Sachen für kalte oder für warme Tage? Wählst nach dem Zwiebelprinzip oder nach dem „Wir gehen abends gerne aus“ Modus? Planst du eine Waschmaschine vor Ort ein oder lieber eine waschfreie Zeit? Was ist mit Lebensmitteln und Dingen, die es im Urlaub nicht gibt, die du aber ganz unbedingt brauchst! Packst du deinen Föhn und das Bügeleisen auch ein?

Du nimmst Dinge in die Hand und packst sie in den Koffer. Du nimmst manches wieder heraus und packst es zurück in den Schrank. So geht es hin und her. Irgendwann bist du froh, den Koffer schließen zu können. Der Tag deiner Abreise beginnt. Es kommt der Augenblick, wo du im Auto sitzt. Die Angst kriecht hoch und treibt dir noch einmal die Schweißperlen ins Gesicht. Hast du auch nichts vergessen? Ausweis, Geld, Versicherungskarte und Autopapiere? Dir fällt nichts mehr ein und dein Urlaub beginnt. Egal, ob du alles dabei hast, jetzt kannst du nichts mehr ändern! Du musst mit dem auskommen, was du eingepackt hast.

Am Urlaubsort angekommen richtest du dich ein. Das meiste hast du eingesteckt, aber irgendetwas fehlt in der Regel. Dem Fehlenden trauerst du dann eine Zeitlang nach. Doch irgendwann nach ein paar Tagen stellt sich das Gefühl von Gleichmütigkeit und Gelassenheit ein. Die Hemden reichen aus, alles ist halb so schlimm und du besitzt immer noch die Fähigkeit zur Improvisation. Die einengenden Gefühle vor der Abreise werden zur Erinnerung, die mehr und mehr verblasst. Auf einmal wird das Leben einfach! Du musst keine Kleidung vorführen und dein Hemd trägst du auch noch einen Tag länger. Ein bunter Salat macht dich glücklich. Du genießt die Sonne mit einem spannenden Buch am Strand oder eine Wanderung mit einem entspannten Gespräch und – alles ist gut. Das Leben kann so einfach sein! Du brauchst nur wenig zum Leben.

Im Lukasevangelium schickt Jesus einmal seine Jünger auf den Weg. Sie sollen unabhängig von ihm Kranke heilen und das Reich Gottes verkünden. Und das ohne einen Geldbeutel, ohne Vorräte und ohne Schuhe! Sie verzichten auf alle Sicherheiten und verlassen sich ganz auf das Wirken ihrer Persönlichkeit und auf die Kraft Gottes. Jesus preist die Schönheit der Lilien auf dem Feld und lädt uns ein, von den alltäglichen Sorgen Abstand zu nehmen. Es ist für dich gesorgt! Nimm einen Gang raus! Vertrau dem Heute und dem, was hier und jetzt da ist.

Stell dir vor, du würdest dich dazu entscheiden, dass dein Leben von jetzt ab immer so sein soll. Einfach, unkompliziert, verbunden, mit innerer tiefer Freude und in Übereinstimmung mit dir, mit Gott und der Welt. Auch, wenn dir das nicht durchgängig gelingt, gibt es doch immer wieder im Alltag Momente, wo alles einfach und klar wird. In diesen Augenblicken kannst du alles loslassen und musst nichts festhalten.

16 Ich bin enttäuscht! Und nun?

Du hast Gäste eingeladen. Es ist Erdbeerzeit. Du möchtest einen wunderbaren Erdbeerboden backen. Eine dünne Schicht Mürbeteig, darüber einen lockeren Biskuit. Zwischen den Böden Erdbeermarmelade und obendrauf die leckeren reifen und süßen Erdbeeren, dicht an dicht und ohne Lücken. Viele Erdbeeren und wenig Tortenguss. Dabei stellst du dir vor, wie die Augen der Gäste vor Freude aufgehen. „Wie beim Konditor! Selbstgemacht! Nein, so was!" Du freust dich schon bei diesen Gedanken einen Ast ab! Deine Gäste und deine Torte! Jetzt darfst du aber die Sahne nicht vergessen! Und vielleicht fällt dir noch ein Detail ein, das für dich unbedingt zu dieser Szene dazugehört.

Dann kommen die Gäste und dein Drehbuch wird zum Film. Bis zu dem Moment, wo der erste Gast in den Kuchen beißt und seinen Bissen spontan wieder ausspuckt. Du hast leider beim Tortenguss Salz verwendet statt des süßen Zuckers. Aus und vorbei! Das Fest ist gelaufen! Deine Laune dahin! Du bist für keinen Trost mehr zugänglich und für den Rest des Tages beschäftigt dich nur die Frage: „Wie hat dir das passieren können!" Du wirst ungnädig mit dir und du würdest gerne für eine Weile von der Bildfläche des Lebens verschwinden. Du hast dir das doch so gut ausgedacht, und jetzt?

Der Kuchen war die Einstimmung. Jetzt folgt mein eigenes Erlebnis. Wie so häufig hatte mein Regionalzug Verspätung. IC und ICE bekommen ja immer den Vorrang. Inzwischen habe ich mich darauf eingestellt. Ich plane Verspätungen ein. So komme ich nie zu spät! Ich nehme einfach immer einen früheren Zug und komme dadurch immer etwas zu früh. Dadurch sitze ich sehr entspannt im Zug und habe Zeit.

Mein Regionalzug hielt am nächsten Bahnhof. Auf dem Bahnsteig stand eine Reisgruppe von ca. 12 Herren im Rentenalter. Sie waren gekleidet in Khakihosen und ausgerüstet mit Wanderstock und Rucksack. Als der Zug hielt, öffnete einer der

Männer die Tür, hielt inne, stieg aber nicht ein. Es gab eine kurzes Händefuchteln, dann liefen alle wie eine Horde aufgescheuchter Hühner zu einem der vorderen Wagen und ein Wanderer nach dem anderen stieg schließlich in das Abteil ein. Den Grund für den Türwechsel konnte ich nicht erkennen.

Als der Zug losfuhr kam die Durchsage des Zugführers, die es echt in sich hatte: „In diesem Zug wie auch in allen anderen Zügen der Deutschen Bahn haben Sie die Möglichkeit, an jeder Tür einzusteigen. Sie haben auch die Erlaubnis, nach dem Einsteigen durch den ganzen Zug zu laufen und ein für Sie passendes Abteil zu finden. Durch diese Einsteigeaktion am Bahnhof (er meinte wohl die älteren Herren) kommen zu den augenblicklichen zehn Minuten noch fünf Minuten Verspätung hinzu. Vielen Dank!"

Der Zuführer war total höflich, nicht wahr? Aber es war zu spüren, wie es in ihm kochte und wie er sich ärgerte! Wie mögen wohl die Khakimänner darauf reagiert haben?

Gehen wir mal ein wenig in die Tiefe. Der Zug hat Verspätung. Der Zugführer spürt den Druck. Zwischen den Wartezeiten auf IC und ICEs muss er ständig auf die Tube drücken, um die Verspätungen wieder ein wenig aufzuholen. Nie kann er entspannt fahren. Er hat immer Züge vor sich und Züge hinter sich. Er hofft, dass alles im Fluss ist und reibungslos funktioniert. Vielleicht hat er einen kleinen Spielraum, Zeitdifferenzen auszugleichen. Wenn an einem Bahnhof die Menschen zügig aus- und einsteigen kann er die eine oder andere Minute gewinnen.

Jetzt kommt er am Bahnhof in meiner Geschichte an und sieht diese Reisegruppe. Er weiß, wie Reisegruppen sich verhalten! Die steigen nicht an unterschiedlichen Türen ein. Sie sind ja eine Gruppe! Alle bleiben schön zusammen! Das gehört zur Gruppenidentität. Der Zugführer sieht also schon bei der Einfahrt seine kostbaren Minuten dahinschwinden. Und schon während des Einsteigens kann er seine Rede vorbereiten. Jedes Wort sticht wie ein Messer in die Brust seiner Bahnkunden. Beschimpfen kann er sie ja nicht. Aber seinem Ärger Luft machen. Diese Rentner, die den ganzen Tag Zeit haben, halten seinen Laden auf! Sie haben ihm den ganzen Tag kaputt gemacht! Seine Aversion gegen Reisegruppen bekommt reichlich Nahrung.

Und unsere Rentnertruppe in afrikanisch anmutender Khakiuniform? Kurz vor der Lautsprecherdurchsage ist ihre Welt noch in Ordnung. Wie schön, in der Gruppe zu reisen. Einen Tag Pause zu machen von den Ehefrauen und Enkelkindern. Das Rentnerdasein genießen. Etwas für die Gesundheit tun. Schön wandern und lecker essen. Eine nette Truppe mit Menschen, die ähnlich ticken. Wir haben alle Zeit der Welt! Steigen wir nicht an dieser Tür ein, dann eben an der nächsten! Hauptsache ist, wir haben Spaß.

Alle haben jetzt Platz gefunden und die Reise kann losgehen. Da kommt auf einmal die Durchsage dieses Zugführers: „Der will uns wohl auf den Arm nehmen! Kann er das nicht in einem anderen Ton sagen? Der soll sich mal nicht so wichtig nehmen. Wenn er so weiter macht, dann schafft er es gar nicht erst bis zur Rente.“ Einer versucht noch, die Gruppe zu beschwichtigen, die gute Atmosphäre zu retten. Aber jetzt ist der Wurm drin. Die Reise geht nicht mehr so unbeschwert weiter wie bislang.

Die Rentner wurden zum Sand im Getriebe des Zugführers und der Zugführer wurde zum Zerstörer des Rentnerfriedens. Enttäuschung!

Welche Geschichten erlebst du im Alltag? Worin bestehen die Zutaten deines „Erdbeerkuchens“? Denkst du dir auch manchmal so schöne Dinge aus und dann kommt es so, wie du es dir nicht gewünscht und gedacht hast? „Ich habe mir das so schön vorgestellt und jetzt...?“ Wie gehst du mit deinen Enttäuschungen um?

Zunächst einmal musst du nüchtern eingestehen, dass du dich getäuscht hast. Es war eben nur eine Vorstellung und nicht die Realität. Du wirst aus einem irrigen Bild herausgeholt, weil du dich getäuscht hast. Du wirst gezwungen, dein Bild von der Situation „einzutauschen“ gegen die wirkliche Wirklichkeit. Das ist durchaus schmerzhaft und unangenehm. So eine Enttäuschung kann dich sogar in eine tiefe Krise stürzen.

Die Liebe deines Lebens entspricht nicht deinem Bild, das du dir gemacht hast. Deine Kinder bringen nicht die Begabung mit, die du vermeintlich gesehen hast. Das Produkt, das du gekauft hast, hält nicht, was es verspricht. Immer das Gleiche! Du machst dir ein Bild von etwas und jemand anders zerstört es. Du siehst im Internet die schöne Ferienwohnung. Wenn du dort ankommst stellst du fest, dass die Fotos nur die Sonnenseiten zeigten, die Schattenseiten aber viel stärker auf dich einwirken, wenn du vor Ort bist.

Gibt es Möglichkeiten, da entspannter und gelöster mit sich umzugehen? Ich denke ja! Und das sind meine Ideen dazu.

Du planst Enttäuschungen im Leben einfach mit ein. Sie sind nichts Außergewöhnliches. Sie gehören dazu! Sie dienen letztlich deiner inneren Entwicklung und Reifung. Du wiederholst deine Täuschungen so oft, bis du klar siehst. Vertraue zugleich auf den Moment der Dankbarkeit, der sich einstellt, wenn du das erste schreckliche Gefühl erst einmal überstanden hast.

Du kannst auch die Kehrseite der Enttäuschung wahrnehmen. Für irgendwen und irgendetwas war es auch gut. Vielleicht sollte niemand den Erdbeerkuchen essen, weil alle gerade eigentlich auf Diät sind. Die Wanderrentner entwickeln einen noch größeren Gruppenzusammenhalt und der Zugführer gewinnt die Erkenntnis, dass er an seinem Stressgefühl auch einmal arbeiten könnte.

Enttäuschungen sind ein wunderbares Feld des Übens, auf Bewertungen zu verzichten. Es ist so anstrengend, ständig zu werten. „Das ist richtig! Das ist falsch!“ - „Das ist gut! Das ist schlecht!“ Vielleicht lernst du durch die Erfahrung von Enttäuschung, gnädiger mit dir zu sein.

Du kannst deine Erlebnisse auch in einen neuen und größeren Gesamtzusammenhang stellen. Was bedeutet ein salziger Erdbeerkuchen schon im Blick auf die Ewigkeit, zu der du berufen bist? Du kommst vielleicht mit der Bahn oft zu spät, aber du wirst pünktlich genug im Himmel sein. Dort existiert die Zeit gar nicht.

Das wäre doch, schön, wenn wir so gelöst mit unseren Enttäuschungen umgehen könnten, nicht wahr?

Zugegeben! So weit entwickelt bin ich leider auch noch nicht, dass mir eine Enttäuschung keinen tiefen Stich im Herzen verursacht. Es fühlt sich nach wie vor schmerzhaft an und wenn ich es vermeiden kann, dann tue ich es. Und wenn ich mit diesem Thema nichts emotional zu tun hätte, würde ich darüber nicht schreiben.

Ich möchte nicht getäuscht werden, nicht enttäuscht werden und tausche diese Erfahrungen gerne aus gegen das pure Glück. Aber wenn ich es schaffe, eine Enttäuschung zu verarbeiten, dann liegt darin ein dickes Stück von „So ist es gut!“ Und das wünsche ich dir von ganzem Herzen.

17 Alles neu macht der Mai

So lautet der erste Vers mit dem gleichnamigen Gedicht von Hermann Adam von Kamp. Am letzten Apriltag spukte dieser Satz in meinem Kopf. Da stimmt doch was nicht! Alles neu macht der Mai. Der Mai kann doch aktiv gar nichts machen. Menschen können etwas machen aber nicht ein Monat. Der Dezember macht keinen Schnee und eine Schwalbe macht keinen Sommer. Außerdem soll der Monat Mai die Fähigkeit besitzen, gleich alles neu zu machen. Alle Achtung! Was wir dem Mai da so alles zutrauen!

Der Hintergrund des Gedichtes ist sicherlich verständlich. Der Frühling ist endgültig und unwiderruflich da. Die Schwelle des Winters ist unwiderruflich überschritten. Der Sommer steht vor der Tür. Das knospende und neu erblühende Leben ist sichtbar und spürbar erwacht und lässt dich staunen.

Das hätten wir also geklärt, dass der Mai nicht alles neu macht. Dennoch liegt eine Verlockung und eine Idee in dem Vers, sonst wäre er nicht bei mir kleben geblieben. Im Augenblick betrachte ich meine „Besitztümer". Das Auto stammt aus dem Baujahr 1999, die Waschmaschine hat mehr als 20 Jahre auf dem Buckel und verweigert das automatische Schleuderprogramm. Mein Netbook mit Windows XP hat seinen Geist aufgegeben und die Stühle um den Esszimmertisch gehen aus dem Leim.

Da wünsche ich mir einen Zauberer, der mit den Fingern schnippt und sagt: „Abrakadabra, alles neu." Leider funktioniert das nicht und ich muss andere Wege finden, die defekten Dinge zu ersetzen. Umgekehrt kenne ich aber auch das Staunen, wenn mir eine Freundin die Küche zeigt mit dem Kommentar: „Alles neu!" Die Geräte sind noch voll funktionstüchtig. Es gibt keine Macken und Schrammen. Wir erhoffen uns von jedem Gerät, dass es ohne jede Beeinträchtigung zu hundert Prozent zu unserer Verfügung steht. Schon nach kurzer Zeit stellst du jedoch fest: Die erste Macke und die ersten kleinen Defekte stellen sich ein. Das ist bei den Gebrauchsgegenständen auch ganz normal so und wenn du genügend Geld hast, dann tauschst du halt aus.

Ich möchte aber gerne noch einen Schritt weiterdenken in Richtung unserer menschlichen Beziehungen. Du lernst jemanden kennen und findest ihn oder sie nett. Du knüpfst Kontakt und erlebst die Beziehung als neu, erfrischend, bereichernd, wohltuend... und wünschst dir mehr davon. Der Kontakt wird intensiver und tiefer. Es geht etwas Zeit ins Land und irgendwann tritt es unweigerlich ein: Du enttäuschst oder wirst enttäuscht. Erwartungen werden nicht erfüllt. Du bist gekränkt. Du verletzt und merkst es vielleicht gar nicht. Du wirst verletzt, die Beziehung stagniert und du kannst nicht über deinen Schatten springen. Es droht der Stillstand oder das Ende. Leider kannst du wieder nicht mit den Fingern schnippen und sagen: „Alles neu!“ Deine Geschichte bleibt deine Geschichte. Die Erlebnisse kannst du nicht auslöschen! Du kannst dich aussprechen, versöhnen, vergeben, neu beginnen. Die Narbe bleibt. Alle Narben im Leben bleiben. Du kannst dein Leben nicht auswechseln wie ein Auto oder eine Waschmaschine. Du entwickelst dich eher wie ein antikes Möbelstück. Du polierst mal wieder, reparierst, machst eine Generalüberholung, fügst etwas hinzu und entfernst etwas. Deine Grundsubstanz bleibt. Du kannst lernen, mit Verletzungen und Narben versöhnlich umzugehen, so dass du dir sagen kannst: „Ja, es geht ganz gut so!“ Deine Erfahrungen dienen dir letztlich dazu, menschlich zu reifen. Wachsen wirst du nur mit deinen sogenannten Fehlern.

Auch wenn du negative Erlebnisse nicht wegwischen kannst gibt es vielleicht doch den verborgenen Wunsch, einmal noch mal von vorne zu beginnen. Du wünschst dir die Möglichkeit, deine Geschichte neu zu schreiben. Deine verkorksten Anteile, die dich verfolgen wären dann einfach nicht mehr da.

Da lese ich in der Bibel beim Propheten Jesaja folgenden Vers: „Denkt nicht mehr an das, was früher war, auf das, was vergangen ist, sollt ihr nicht achten. Seht her, nun mache ich etwas Neues." (Jes 43,19) Dieser Vers wird aufgegriffen in der Offenbarung des Johannes, wo es heißt: „Der Tod wird nicht mehr sein, keine Trauer, keine Klage, keine Mühsal. Denn was früher war, ist vergangen. Er, der auf dem Thron saß, sprach: Seht, ich mache alles neu."

Da gibt es jemanden, der einen solch großartigen Satz sagt! Einer, der alles neu macht. Jemand, der mehr ist als der Mai. Jemand, der anders mit der Geschichte umgeht, jemand der in der Lage ist, aus Narben und Wunden etwas Neues zu gestalten. „Siehe, ich mache alles neu." Ich gebe diesen Satz bei Google ein und stelle fest: Kein Mensch traut sich das zu, keine Behörde, keine Firma. Niemand behauptet von sich: „Ich mache alles neu!" Auf den ersten zehn Seiten finde ich immer nur die Anspielung auf diese zwei Bibelstellen.

Wenn ich allerdings das Kollektiv eingebe: „*Wir* machen alles neu" dann finde ich Bauunternehmer und Renovierungsbetriebe. Aber kein Mensch behauptet das von sich allein, dass er alles neu macht, weder der beste Psychotherapeut noch der Papst.

Es scheint zu den exklusiven Eigenschaften und Fähigkeiten Gottes zu gehören, ein völlig neues Kapitel im Leben aufzuschlagen. Aber auch er wird meine Geschichte nicht wegwischen, sie gehört zu meinem Leben dazu. Dennoch oder zugleich sagt er: „Neben deinen Narben und Wunden, darin und dadurch entsteht etwas, womit du noch nicht gerechnet hast. Dein Leben schreibt ein neues Kapitel, eine ermutigende und überraschende Wendung. Das war noch nicht das Schlusskapitel."

In eine ähnliche Richtung geht ein Gedanke von Paolo Coelho. In seinem Buch „Die Schriften von Accra" entwickelt er die Idee, dass du dein Leben so lebst, als sei es dein erster Tag. Ich kannte bislang nur die Version vom letzten Tag. Bei der Vorstellung von der Aufmerksamkeit für den letzten Tag geht es eher darum, angesichts der zeitlichen Begrenzungen sich nur für die wichtigen Dinge im Leben zu entscheiden. Bei der Idee vom ersten Tag geht es um das Erleben des Staunens an sich.

Stell dir einmal vor, du wachst auf und es ist ein jungfräulicher Tag. Du verlässt den Bauch deiner Mutter und alles, was du erlebst ist neu. Jeden Tag! Diese Vorstellung gefällt mir.

Ich lege für einen Moment den Ballast an die Seite und öffne mich mit allen Sinnen für das Wunder des Augenblickes. Der Mai macht zwar nicht alles neu, aber er lädt ein, wieder einmal aufmerksam zu werden für die Kraft des Neubeginns.

18 Die Kunst, Lakritzschnecken zu vermehren

Du sitzt im Eiscafé und bestellst dir ein Eis. Allein die Vorstellung erfüllt dein Herz und deine Seele. Du freust dich und das Wasser läuft dir im Munde zusammen. Du siehst das Bild auf der Eiskarte und weißt, gleich ist es so weit. Die nette Kellnerin bringt dir dein Eis in einem tollen Becher, wunderbar dekoriert mit einer Waffel, köstlicher Sauce und einem langen Löffel.

Dann steht das Eis vor dir und du nimmst den Löffel in die Hand. Du entscheidest dich für eine ganz bestimmte Stelle dienes Bechers. Du nimmst so viel, wie du nehmen möchtest und führst den Löffel zum Mund. Du weißt, was geschieht, sobald deine Zunge in Kontakt kommt mit diesem ersten Löffel Eis. Dein ganzer Körper reagiert. Er explodiert förmlich! Du schüttelst dich vor Freude. Köstlich! Einfach köstlich! Du wanderst schlemmend durch deinen Becher und entdeckst die verschiedenen Nuancen und Kompositionen von Geschmäckern. Köstlich! Immer wieder!

Du arbeitest dich zum Boden des Bechers durch und dir geht ein Gedanke durch den Kopf. Gleich ist es vorbei. Gleich ist der Becher leer. Schade! Aber jetzt darf ich noch genießen! Noch sind ein paar Löffel Eis vorhanden. Dann kommt der Zeitpunkt des letzten Löffels und du musst dich verabschieden. Aus und vorbei! Vielleicht freust du dich auf das nächste Eis. Leider musst du ein Eis zügig essen, sonst ist es kein Eis mehr. Eis essen folgt einem eigenen Gesetz.

Warum erzähle ich dir diese Geschichte und mache deinen Mund wässrig? Ich komme jetzt zum nächsten Schritt. Stell dir vor, du könntest das Eis essen irgendwie ausdehnen, verlängern. Die Augenblicke des Genießens strecken! Aber dein Eis sagt dir deutlich. Diese Menge ist da. Mehr nicht und dann aus und vorbei.

Lässt sich Vergnügen dehnen oder vermehren. Steckt vielleicht in uns allen ein kleiner Wundertäter, der wie Jesus Brot vermehren konnte? Klar! Auf jeden Fall! Vor einiger Zeit hörte ich ein Interview im Radio. Da ging es bei einer Kindersendung darum, welche Süßigkeiten sie mögen und welche nicht. Wie kann man als Kind lernen, dass Paprika toll ist? Welche Strategien entwickeln Kinder, sich bestimmten Nahrungsmitteln zu nähern. War interessant.

Ich wurde hellhörig, als ein Mädchen erzählte, wie es mit Lakritzschnecken umging. Das katapultierte mich sofort zurück in meine Kindheit. Es ging dem Mädchen darum, möglichst viel von diesem Genuss zu haben. Wie sprengt man die Grenzen, wie dehnt man das Vergnügen aus? Wie erreicht man sozusagen eine wunderbare Lakritzschneckenvermehrung?

Das Mädchen erzählte, dass es die Schnecke erst einmal abrolle. Dann würde die Schnecke der Länge nach geteilt und so ergäben sich automatisch schon mal zwei. Eine Schnecke misst der Länge nach ca. 60 cm. Eine zweigeteilte Schnecke bringt es dann auf 1,20 Meter.

Im ersten Schritt verdoppelst du die Schnecke durch Teilen. Dann dehnst du langsam den Lakritz auf 2,40 Meter. Anschließend beißt du ab und kaust so lange auf diesem Stück, bis du allen Geschmack ausgepresst hast. Der Rest der Schnecke kommt zurück in die Tüte. Du wartest ein paar Minuten und achtest auf dein Verlangen. Du hast Vergnügen an diesem Verlangen und erst dann, wenn du es nicht mehr aushältst, beißt du wieder ein Stück Schnecke ab. So machst du aus einem eigentlich kurzen Vergnügen ein Spiel der Fülle.

Die Schnecke selbst gibt ja schon das Thema vor. Du folgst ihrem Gesetz. Du verlangsamst. Du dehnst aus! Du vermehrst natürlich nicht das Gewicht einer Lakritzschnecke, aber du machst dennoch mehr daraus.

Das Mädchen erinnerte mich an Salmiakpastillen. Als Kinder haben wir sie zusammengefügt zu einem Stern und auf die Hand geklebt. Sah toll aus! Dann konnten wir daran schlecken und behielten den Geschmack im Mund und hatten etwas davon für eine lange Zeit.

Und das ist aus diesen Gedanken abgeleitet mein Wunsch für die Urlaubszeit. Das Tempo herausnehmen! Dehnen und genießen! Die Bilder in vielen amerikanischen Spielfilmen laufen mir zu schnell. Manche Familien streiten sich in einem Tempo, dass ich nicht folgen kann. Wer hat da gerade was gesagt? Wer macht was wann dann? In der Beratung hänge ich noch ganz zuhörend bei dem traurigen Sohn, da springen die Eltern schon zum nächsten Thema. Halt Stopp, ich komme nicht mehr mit!

Das Internet wird schneller. Ich kann überall und zu jeder Zeit surfen, chatten, telefonieren, SMS verschicken und mailen. Zeitgleich arbeite ich einen Vortrag aus. Und am Ende weiß ich nicht mehr wo ich bin und vor allem wer ich bin. Wer ist diese Person, die da gerade sitzt und im ICE Tempo durch das Leben rast?

Dann halte ich diese Schnecke in der Hand und rieche Lakritz. Ich löse vorsichtig ein Ende und rolle langsam ab. Ich passe auf, den Doppelfaden dabei nicht zu zerstören. Die Schnecke löst sich auf und verwandelt sich in eine lange Kordel. Ich erinnere mich an Charly Chaplin, der in einem Spielfilm als armer Held ein Schuhband aß. Ich habe mal gelesen, dass dieser Schnürsenkel aus Lakritz bestand.

Im Abwickeln der Schnecke sehe ich meinen eigenen Lebensfaden. Das, was sich da so zusammenstaucht, bekommt auf einmal Raum und weitet sich aus. Ich sehe Abschnitt für Abschnitt. Da gibt es die Abrisse im Leben. Das, was nicht so glatt war. Ich rolle weiter und komme zum Zentrum und ... es löst sich auf. Ja, alles im Leben löst sich auf. Die Blume in der Vase wird irgendwann zu Humus. Aus meinem Eis bekomme ich Energie für die nächsten Augenblicke.

Jetzt beginne ich zu teilen. Wie schön, Zeit zu haben und sich mitzuteilen. Dass es zwei Hälften gibt! Eine für mich und eine für dich! Es reicht für mich und es reicht für viele. Ich kann eine wunderbare Schneckenvermehrung initiieren. Für wie viele Menschen würde eine Schnecke reichen? Ich tippe mal auf 200!

Ich werde immer langsamer und überlege, welchen Menschen ich ein Stück Schnecke schenken könnte. Es fallen mir viele ein und ich muss mein Stück Lakritz dehnen. Ich mache es langsam, im Tempo der Schnecke.

Zugleich stelle ich fest: Das bin ja gar nicht ich! Ich bin keine Schnecke! Ich bin schnell! Ich bin superschnell! Ich lebe auf der Überholspur. Entschleunigen bedeutet für mich harte Arbeit. Lakritz dehnen ist wohl eher was für Kinder.

Und dennoch! Ich komme immer wieder zurück zur Schnecke. Ich meditiere. Ich sitze auf meinem Stuhl in der Sonne und mache...nichts. Ich schaue den Vögeln zu und wenn keine da sind den Bäumen. Und wenn keine Bäume da sind nehme ich wahr, wie ich einfach ein Sehender und Hörender bin und beobachte mich, ob ich da bin.

Wenn ich mit dem Leben rausche dann bleibt dafür keine Zeit. da besteht eine große Gefahr. Ich verliere mich! Ich bleibe auf der Strecke bei dem Vielen, was da ist. An Eindrücken, Bildern, Gesprächen, Aufgaben, Menschen, Dingen, Terminen...

Ich lese im Markusevangelium (6,31): „Kommt mit an einen einsamen Ort, wo wir allein sind, und ruht ein wenig aus.“ Wahrscheinlich kannte Jesus das Geheimnis der Lakritzschnecke. Einen Schritt zurücktreten, eine Außenposition einnehmen, das Tempo verlangsamen, etwas scheinbar völlig Unproduktives und Sinnloses tun. Er pausiert vom Heilen, wirkt keine Wunder und schweigt.

Lakritzschnecken im übertragenen Sinne zu dehnen ist eine wirkliche Kunst. Die Urlaubszeit lädt dich ein, dich in dieser Kunst zu üben. Mach es mit Freude und mit Neugier. Wie geduldig und behutsam kannst du die Schnecke ausdehnen? Wie lange kannst du dich mit ihr beschäftigen ohne dass etwas Neues kommen muss? Im Vorgang des Dehnens könnte etwas in deinem Inneren geschehen. Virtuell schenke ich dir eine Lakritzschnecke oder fünf Salmiakpastillen und wünsche dir, dass Körper, Geist und Seele sich erholen.

Wenn du dir weggelaufen bist, dann gib dir Zeit, dass du dich wieder einholen kannst damit es zum „Erholen“ kommt! Eine freundliche Zeit mit dir!

19 Nährende Worte für deine innere Stimme

Die Urlaubszeit steht vor der Tür. Wunderbar! Du packst diene Koffer und fährst in eine Gegend, in der du dich gut erholen kannst. Am Strand liegen, die Weite des Meeres auf sich wirken lassen und dabei selber wieder weit werden. Berge erklimmen, über allem stehen, wieder den Überblick gewinnen und die Aussicht genießen. Im Urlaub umgibst du dich mit einer schönen Landschaft. Da kannst du deine Seele baumeln lassen und dich so richtig erholen. Du umgibst dich zusätzlich noch mit einem schönen Hotel oder einem gemütlichen Zelt oder einer kuscheligen Ferienwohnung. Und bist gerne mit Menschen zusammen, die dich mögen und die du magst. Einmal im Jahr entscheidest du dich für einen Ausflug ins Paradies.

Wenn ich kann, möchte ich gerne etwas dazu beitragen. Umgib dich zusätzlich mit nährenden Worten. Im Alltag hörst du genug verpflichtende Worte. Die innere Stimme spricht fast ununterbrochen vom „Müssen" und „Sollen". Diese Stimme appelliert, fordert auf, weist hin und lässt dich nur im Schlaf in Ruhe. Diese Stimme scheint dich selten zu nähren und eher auszusaugen. Und diese Stimme möchte ich gerne mit dir heute in den Blick nehmen. Die Stimme, die dich grübeln lässt. Die so unaufhörlich spricht. Die sich immer meldet, wenn du es gar nicht möchtest.

Im Urlaub möchtest du diese innere Stimme möglicherweise für ein paar Tage einfrieren und gar nicht erst mitnehmen. Leider hört sie nicht auf dich. Diese innere Stimme begleitet dich im Urlaub in den ersten Tagen mit Sätzen wie: „Das hast du leider vergessen... Du hättest noch den anrufen müssen... Das hast du noch nicht geklärt... Das muss noch warten..." So liegst du am Strand und stehst auf dem Berg. Du willst einfach nur alles genießen. Und plötzlich mischt sich die innere Stimme ein.

Wenn du Glück hast bekommst du auch mal Ruhe. Dazu musst du weit genug vom Alltag der Vergangenheit entfernt sein und zugleich weit genug entfernt von den zukünftigen Sorgen. Willst du Ruhe haben, dann brauchst du in der Regel drei Wochen. In der ersten Woche hörst du die kritische Stimme, die nach und nach leiser wird. Es folgt hoffentlich eine Woche Pause. Dann meldet sie sich wieder mit den Aufgaben, die auf dich warten, wenn du wieder nach Hause kommst.

Was jedoch machst du, wenn dir nur zwei Wochen zur Verfügung stehen? Oder wenn du so unglaublich gewissenhaft bist? Oder nicht abschalten kannst? Wenn du ein unverbesserlicher Perfektionist bist und gedanklich auch noch im Urlaub arbeitest?

Im Urlaub verlässt du dein gewohntes Umfeld und umgibst dich mit einer alternativen Landschaft und einer unbekannten Wohnung. Du gönnst deinem Körper neue Eindrücke und Erholung vom Stress des Alltags. Das geschieht irgendwie automatisch. Andere Landschaft, verändertes Gefühl. Aber was machst du mit deinen Gedanken und vor allem mit der inneren Stimme? Du steigst in dein Auto ein und nimmst sie einfach mit. Ansonsten hast du alles geplant! Kleidung, Getränke und Pausenbrote! Geld und Papiere.

Nur für deine innere Stimme hast du nicht vorgesorgt. Du hast sie vergessen. Aber die innere Stimme lässt sich nicht einfach abstellen. Sie legt sich nicht in dein Bett und wartet, bis du wiederkommst! Sie schreit nicht: „Hurra!“ „Ich bekomme eine Pause von meinem Menschen.“ Sie setzt sich mit ins Auto und fängt nach wenigen Momenten schon an zu nörgeln. „Hast du wirklich alle Blumen gegossen?“ „Die Butter im Kühlschrank wird ranzig sein, wenn du wiederkommst.“ „Wie weit das Ziel auch wieder ist!“ „Du bist viel zu spät losgefahren! Oder zu früh!“ Du kannst dich auf diese innere Stimme verlassen, dass sie sich meldet.

Du hast in deinem Leben bisher etwas total wichtiges einfach nicht im Blick gehabt. Du hast vergessen, gut für diese innere Stimme zu sorgen. Damit ist jetzt Schluss! Du hast es erkannt! Deine innere Stimme, die ewig nörgelt, braucht auch Urlaub. Sie möchte auch mal etwas zur Entspannung.

Schenke dieser inneren Stimme doch in deinem Urlaub nährende Worte. Schenk ihr Worte, mit denen sie sich beschäftigen kann. Deinen Kindern gibst du ja auch Spielzeug, damit die Fahrzeit verkürzt wird. Warum also nicht nährende Worte für deine innere Stimme. Du könntest schöne Worte auf kleine Selbstklebezettel schreiben und im Auto verteilen oder zwischen deine Wäsche oder deinen Geldscheinen. Ich mach mal ein paar Vorschläge und du kannst sie ergänzen oder andere finden. Goldstück, Schatzkästchen, Liebling, Wunderstimmchen, Gedankenvorrat, Sonnenscheinchen, Begleiterlein... Mit diesen oder ähnlichen Worten könntest du deiner inneren Stimme schmeicheln. Du kannst ihr aber auch neue Worte schenken, damit sie etwas zu tun hat. Ich weiß nicht, ob ich diese jetzt schon aufschreiben soll. Es könnte sein, dass deine Stimme sofort schon wieder anfängt zu arbeiten. Die ist nämlich so veranlagt.

Du könntest ihr die Wörter des Jahres 2015 sagen. Aber die finde ich nicht so verheißungsvoll für einen Urlaub. Oder was meinst du zu „Flüchtlinge“, „Grexit“ oder „Flexitarier“? Klingt nicht wie Urlaub, oder?

Die Unwörter der letzten Jahre möchte ich gar nicht erst benennen. Die sind für den Alltag schon unerträglich. Es müssten eher Worte sein, die deine innere Stimme noch nicht kennt. Worte, die zugleich ein Wohlbefinden auslösen, wenn die innere Stimme es hört. Du könntest deinen Lieblingsmenschen damit beauftragen, dir immer wieder einmal nette Worte zu sagen. Ganz überraschend. Einfach so! Mal im Auto oder mal im Supermarkt. So ein Satz wie: „Ich bin gerne mit dir hier zusammen.“ „Du hast so strahlende Augen.“ „Ach wie gut du duftest.“

Ich mache mal ein Beispiel. Du grübelst vielleicht gerade. Sehr typisch, kommt immer wieder vor. Deine innere Stimme macht dir einen Vorwurf. Dann hörst du plötzlich die Worte deines Lieblingsmenschen im Ohr und deine innere Stimme schweigt. Sie ist überrascht. Damit hat sie nicht gerechnet. Sie ist schachmatt gesetzt. Du könntest dir für deinen Lieblingsmenschen ebenfalls solche Sätze überlegen. Auch der hat eine innere Stimme, die ihn plagt.

Du würdest dich im Urlaub mit lauter nährenden Sätzen umgeben. Du lässt sie dir schenken und du verschenkst sie. Deine innere Stimme wird sich ganz schön wundern. Es kann sein, dass sie das am Anfang nur schwer ertragen kann. Sie ist diese kritischen und selbstzerstörerischen Gedanken so gewohnt. So gewohnt! Da hörst du auf einmal in deinem Brüten so einen Flüstersatz im Ohr: „Schön, dass ich mit dir hier sein darf! Ich freue mich so!“ Das wird dich umhauen. Von jetzt auf gleich. Ein echtes Urlaubserlebnis für deine innere Stimme.

Jetzt in diesem Augenblick hört sie übrigens zu. Ist dir das bewusst? Ich weiß nicht, ob es ihr angenehm oder eher unangenehm ist. Ich könnte jetzt einfach mit ihr sprechen. Du, liebe Leserin und lieber Leser, tritt doch mal einen Schritt zurück und werde zum Zuschauer und zur Zuhörerin. Ich spreche jetzt mal mit deiner inneren Stimme.

„Hallo du innere Stimme. Ich kenne dich ziemlich gut. Du bist bestimmt so ähnlich wie meine in mir. Du passt immer so gut auf deinen Menschen auf. Dass der keinen Fehler macht. Dass niemand ihn kritisiert. Dass alles gut läuft. Im richtigen Tempo. Zur richtigen Zeit. Du vergisst nie etwas und gibst keine Ruhe, bis alles richtig ist. Du hast wirklich viel zu tun und ich bin erstaunt, wie du das durchhältst. Wie oft meldest du dich am Tag bei deinem Menschen? Hundert mal? Tausend mal? Und was du nicht alles im Blick hast! Unglaublich! Ich bewundere dich dafür! Ich könnte das nicht. Ich bräuchte immer wieder mal eine Pause.

Aber du, liebe innere Stimme, bist so unermüdlich. Immer siehst du noch etwas, was nicht in Ordnung ist. Du passt wirklich gut auf deinen Menschen auf, nicht wahr? Ohne dich wäre der schon längst gestorben. Als Folge von seiner Unaufmerksamkeit und der fehlerhaften Selbsteinschätzung oder ...

Danke schön dafür! Und ich freue mich, wenn du deine treuen Dienste weiter ausführst. Ohne dich käme dein Mensch gar nicht klar. Darf ich im Urlaub auch mal etwas für dich tun? Allerdings

... du könntest jetzt ein ganz klein wenig Pause machen und ich verwöhne dich. Würde das gehen? Oder bekämst du schnell ein schlechtes Gewissen! Das wäre dann nicht gut. Ich will ja nicht deine Arbeit behindern. Du könntest meine „nährenden" Worte dann gar nicht richtig genießen.

Also, liebe innere Stimme, du möchtest doch deinem Menschen dienen und für ihn da sein. Das ist deine Bestimmung. Du bist aber auch darauf angewiesen, dass du mit deinem Menschen in einer guten Verbindung lebst. Dass ihr gut miteinander auskommt. Weil ihr ja aneinander gebunden seid. Und ich glaube, dass dein Mensch sich wünscht, dass du dich gemeinsam mit ihm erholst – im Urlaub. Ich spreche nur von den paar Tagen am Meer oder in den Bergen. Du könntest auch mal ein paar Tage dich sammeln und wieder zu Kräften kommen. Deine Stimme würde nach dem Urlaub für deinen Menschen viel freundlicher klingen. Er würde sich nicht sofort über dich ärgern, wenn er deine Stimme wieder hört. Er würde dir dankbar sein, dass du einfach da bist. Du könntest in deinem Urlaub doch auch mal neue Gedanken sammeln. Dich mit Worten umgeben, die dir gut tun. Wie wäre es? Ich lade dich ein! Wie wäre es, wenn du im Urlaub deine terrapeutischen Qualitäten entdecken würdest. Du fragst dich jetzt, was das ist? Ein Terrapeut? „Terra" kommt von Erde und deine Erde ist der Mensch, in dem du lebst. Als Terrapeut würdest du im Urlaub darauf achten, dass es deinem Menschen mit dir gut geht. Das hat was mit „Gönnen" zu tun. Mit Wohlwollen! Mit Freundlichkeit! Also mit Terrapie!

Danke, dass du mir zugehört hast. Ich wünsche dir neue und schöne Urlaubserlebnisse mit Worten, die dich wirklich nähren. Lass es dir gut gehen."

Danke auch dir, liebe Leserin, lieber Leser, dass ich mal mit deiner inneren Stimme sprechen durfte. Es kann sein, dass du die Qualität deines Urlaubes auf diesem Weg noch ein wenig verbessern kannst. Entweder bestimmt deine innere Stimme dein Leben oder du gestaltest sie nach deinen Vorstellungen und Vorgaben? Wenn du gestalten willst, dann musst du einen Schritt aus dir heraus zurücktreten. Wie gerade eben als ich mit deiner inneren Stimme sprach. Sonst bist du zu nah an dir dran und die innere Stimme bekommt zu viel Macht. Du bewegst dich in ihrem Sog. Aber einen Schritt zurück und es kann sich ganz gut anfühlen. Dann sitzt du z.B. mit deiner inneren Stimme gemeinsam im Auto. Diese sagt wie gewohnt: „Hast du auch die Blume im Bad gegossen?“ Und du antwortest nicht mit einem Schrecken oder einem schlechten Gewissen. Du sagst vielleicht eher: „Danke für deinen Hinweis. Und jetzt darfst du es dir auch bequem machen und tief durchatmen. Zur Abwechslung pass ich mal auf dich auf.“

20 Das kleine Glück genießen!

Es gibt Momente im Leben, da weißt du gar nicht, wie dir geschieht! Da lacht dich ein geflügeltes Herz an. Die Uhr hört auf, mit ihren Einschränkungen zu drohen. Dir selber wachsen Flügel und du genießt den Duft einer Blume. Dein Leben fühlt sich leicht an, einfach nur leicht. Wie kostbar sind solche Augenblicke!

An dieser Stelle könnte ich einfach schon Schluss machen mit meinen Gedanken und dich einladen. Werde aufmerksam für das, was jetzt gerade in diesem Augenblick geschieht. Was hörst du? Was nimmst du wahr mit deiner Nase oder deinen Augen? Sitzt du gerade bei einer Tasse Kaffee oder Tee und liest diese Zeilen? Worüber freust du dich gerade?

Gedanklich bin ich bei dem Satz auf einer Spruchkarte hängen geblieben. „Genieße das kleine Glück. Es bleibt noch genügend Zeit, auf das ganz große zu warten!" Ich stelle mir das große Glück vor. Es erscheint doch sehr verlockend! Romane erzählen und leben von der ganz großen Liebe und wie sie im Laufe von vielen Seiten Wirklichkeit wird.

Das große Glück erzählt von komfortablen Eigenheimen in eleganten Wohngegenden, tollen Reisen, wunderbaren Kindern und einen erfüllenden Beruf ganz im Sinne einer Berufung des Herzens. Aber wann stellt sich dieses ganz große Glück ein? Hat es sich schon in deinem Leben erfüllt? Oder gehörst du auch zu den Wartenden?

Vielleicht gehörst du wirklich zu den ganz Glücklichen, die vor Jahren schon die große Liebe gefunden haben und die das Glück nie verlassen hat. Vielleicht schmunzelst du jetzt und kannst dieses Gefühl sofort in dir aktivieren.

Vielleicht jedoch gehörst du zu denen, die das ganz große Glück eher nur flüchtig kennen. Es ist „geflüchtet." Ja, du bist zufrieden mit deinem Leben. Zufrieden mit den Kindern, mit der Beziehung und dem Beruf. Du bist zufrieden mit allem, was du erreicht hast. Ist das schon das große Glück? War's das schon? Oder sparst du nicht doch für ein großartiges „Etwas", das du dir demnächst leisten wirst, weil das große Glück dich verlockt und einlädt. Bist du noch verführbar?

Das „ganz große Glück" ist ein wirklich „ganz großes Thema". Das brennt wie eine Sehnsucht in uns Menschen und kann uns ganz schön süchtig machen. Ich kenne junge Menschen, die noch voller Energie darauf ausgerichtet sind. Ich kenne ältere Menschen, die nach einem langen Weg voller Enttäuschungen einfach resignieren. Ich kenne Menschen, die ihre ganze Lebenskraft für das ganz große Glück investieren. Sie setzen darauf, dass sie eines Tages zu den „Glücksmillionären" gehören werden. Ich will das auch gar nicht klein reden. Wir leben schließlich alle von dieser Sehnsucht, die uns antreibt.

Der Spruch auf der Karte will mir das auch nicht ausreden. Es erweitert lediglich die Perspektive. Ich habe genug Zeit, auf das große Glück zu warten! Aber bis es kommt, kann ich die Zeit gut nutzen und warte nicht nur.

Die Ergänzung und vorläufige Lösung heißt: „Genieße das kleine Glück!" Du kannst auf das große Glück verzichten. Das kannst du machen. Du kannst auch darauf warten. Sehnsucht ist auch kein schlechtes Gefühl. Aber wie ist das mit dem kleinen Glück? Was passiert da eigentlich? Warum ist das so wichtig? Und wie verändert das mein Leben, wenn ich da meine Aufmerksamkeit hin lenke?

Das große Glück findet in den Gedanken statt. Ich stelle mir vor, wie mein Leben aussehen würde, wenn es denn käme. Ich wache aber immer wieder auf und sehe den Mangel. Ich sehe das, was ich nicht habe. Ich fühle mich unglücklich und unzufrieden. Ich produziere vielleicht Stresshormone und muss irgendwie mein Unglück kompensieren. Ständig! Ich esse vielleicht zu viel. Ich nörgele herum. Ich sehe immer das, was nicht gelingt bei mir oder bei anderen. Ich trete ein in eine Spirale von

Unzufriedenheit, die sich ständig erweitert und größer wird. Je länger ich auf das große Glück warten muss, desto unzufriedener fühlt sich mein ganzes Lebenssystem an.

Wenn du dich jedoch auf das kleine Glück besinnst veränderst du etwas. Du wachst am Morgen auf und atmest bewusst ein paar Züge ein und aus. Du freust dich über die geschenkte Zeit der Erholung und darüber, dass du jetzt gleich unter die Dusche springen darfst. Ganz achtsam stellst du dich unter den Strahl der Dusche und spürst, wie das Leben in deinen Körper zurückkehrt. Du bist gerüstet für den Tag und sagst dir: „Hallo Tag! Ich bin bereit! Was hast du mit mir vor!"

Du freust dich, dass dein Brot noch frisch ist nach einem Tag. Du nimmst den Duft von Kaffee in deine Nase auf und lauschst nach draußen, welche Vögel dir ein Morgenlied singen. Du wunderst dich über die scheinbar tausend Kleinigkeiten, die deinen Alltag verschönern. Ständig gibst du deinem Körper Impulse von Wohlbefinden. Dein Gehirn stößt Glückshormone aus und diese lassen dir Flügel wachsen. Allein durch deine Achtsamkeit für den Augenblick kannst du das beeinflussen. Die Aufmerksamkeit für das kleine Glück lässt dich jetzt leben. Nicht morgen oder übermorgen.

Wenn du auf das große Glück wartest, ohne das kleine Glück zu genießen, könntest du schlicht emotional verhungern. Mit dem Blick auf die kleinen Dinge kannst du also aktiv deinen Hormonhaushalt beeinflussen. Du verminderst die Stressaktivitäten in deinem Gehirn und wirst gelassener. Je tiefer du in dein kleines Glück eintauchst, desto weniger bist du angewiesen auf das große Glück.

Du wohnst zur Miete und wünschst dir ein eigenes Haus? Mach es dir auf deinem Sofa in der Mietwohnung bequem. Schau aus deinem Fenster und genieße den Blick in den Himmel. So grundverschieden würde es über deinem eigenen Haus auch nicht aussehen. Genieße deinen Kaffee und wisse, dass du keine ganze Kaffeerösterei dafür benötigst.

Die Idee vom kleinen Glück hat einen zutiefst spirituellen Hintergrund. Du stellst dir Gott oft vor als den ganz Großen und ganz Anderen. Mit seiner unendlichen Schöpferqualität. Er, der in einer ganz anderen Liga spielt. Der unsere bekannten Dimensionen überschreitet und jenseits von allem Irdischen ist. Wenn du so denkst, dann entspricht das der Qualität des „großen Glückes“. Dieser Teil ist auch in dir angelegt, denn du bist Gottes Ebenbild. So ist auch dieser göttliche Aspekt in dir vorhanden.

Dieser Wunsch nach „Ewigkeit“ und „Absolutheit“ kann jedoch so mächtig werden, dass du aus deinen „irdischen Schuhen“ herausfällst. Du möchtest nicht den Schweiß, die Tränen, die Schwere, die Mühsal. Lieber gleich ab in das ewige Glücksgefühl. Auferstehung und Ostern sofort und in vollem Umfang!

Wenn du an diesem „Extrembild“ festklebst dann geht dir leider viel verloren. Du bist ein Geschöpf dieser Erde. Mit ihrer Schönheit. Mit ihrer Schlichtheit. Mit den kleinen und großen Wundern. Mit der Vielfalt. Mit der Körperlichkeit. Mit den kleinen und großen Gefühlen. Mit all den Möglichkeiten zur persönlichen Weiterentwicklung. Mit den Chancen zum Wachsen und Reifen. Mit der Erlaubnis, scheitern zu dürfen und neu anzufangen. Aber auch mit den Einschränkungen, Mängeln und mit der Fehlerhaftigkeit.

Darin liegen die vielen kleinen Glücksmomente verborgen. Wie versteckte Diamanten in einem lehmigen Acker. Und immer nur für den Augenblick. Nicht auf Vorrat. Deine Glückshormone bekommst du auch nur im Jetzt. Dein Glück von gestern ist längst vergangen und dein mögliches Glück von morgen wird sich vielleicht gar nicht oder völlig anders ereignen. Also: Viel Freude beim Genießen des kleinen Glückes!

21 Ich packe meinen Koffer und nehme ... mit

Erinnerst du dich noch an das Spiel vom Kofferpacken aus Kindertagen. „Ich packe meinen Koffer und nehme ...“ Dabei geht es darum, einen Gegenstand für die Reise zu benennen. Die nachfolgenden Spieler wiederholen das Wort und fügen ein neues hinzu. Wer sich verhaspelt oder etwas vergisst scheidet aus.

Das Spiel erinnert mich an Urlaubsvorbereitungen. Was muss ich mitnehmen. Welcher Koffer ist für mich geeignet von der Größe her und von den Transportmöglichkeiten. Schieben, rollen, tragen! Am Kofferpacken kleben viele Themen. Was sagt so ein Koffer über mein Leben aus? Über meinen Charakter? Über meine Ängste und Stärken? Darüber möchte ich gerne mit dir nachdenken.

Im Internet lese ich den Artikel einer Psychologin, die verschiedene „Kofferpack – Typen“ unterscheidet. Es gibt den Minimalisten, den Planer, die Diva, den Pfadfinder, den Lastminute und den Kontrolleur. Die Namensbezeichnungen drücken schon aus, was gemeint ist. Wo ordnest du dich am ehesten ein? Beschränkst du dich beim Reisen oder bist du für jede Situation gerüstet? Machst du dir Sorgen ums Überleben und nimmst auf jeden Fall irgendeine Notfallration mit? Oder geht dir das Reisen auf die Nerven und du wirfst so nebenbei ein paar Sachen in den Koffer? Es gibt auf jeden Fall Unterschiede, wie immer ich sie auch deuten mag.

Wenn ich die Wohnung mit der zweiten Haut des Menschen vergleiche, bildet der Koffer dann so etwas wie die zweite Haut des mobilen Menschen. Das merke ich besonders daran, dass es mir nicht so leicht fällt, den Koffer einfach am Schalter im Flughafen aufzugeben. Ich muss wirklich für ein paar Stunden dieses kostbare Stück „aufgeben“. Loslassen! Fremden Menschen anvertrauen! Und wehe, mein Koffer kommt nicht mit mir an! Das schmerzt! Am Urlaubsziel drängen sich die Menschen ganz nah an das Gepäckband. Hoffentlich kommt die „zweite Haut“ heil an und landet beim Besitzer. Da schaust du in angespannte Gesichter. Kein angenehmer Urlaubsstart!

Wenn hingegen Kinder in die Ferien fahren packen oft die Mütter. Am Ferienort angekommen weiß das Kind nicht einmal, was da drin steckt und vermisst auch nichts, wenn etwas verloren geht. Wenn es nach den Kindern geht, dann reichen die Sachen, die sie gerade tragen. Ein Koffer für Anziehsachen ist eigentlich überflüssig, es reicht einer für die Spiele.

Wenn ich persönlich meinen Koffer packe, dann kommen auf jeden Fall ein paar Dinge mit, die nicht fehlen dürfen. Meine Durchdrückkanne für den French Press Kaffee, mein Opinel-Messer, meine Creme für die Haut und genügend Lesestoff. Was darf bei dir nicht fehlen? Wenn du deine persönlichen Notwendigkeiten einpackst, kannst du zugleich deine Abhängigkeiten feststellen. Das sind die Dinge, die du brauchst. Die du auch mit ins Grab nehmen würdest, wenn du könntest. Dabei fällt mir ein, dass ich bisher nur von den Dingen gesprochen habe, die der Körper braucht.

Hast du einmal daran gedacht, dass du auch einen Seelenkoffer packen könntest? Stell dir vor du fährst los mit deinem „Körperkoffer“ und hast nicht an deine Seele gedacht. Du denkst, dass sie schon irgendwie ankommen wird. Kofferpacken ist nicht notwendig. Welche Fragen beschäftigt denn wohl deine Seele, wenn du an deine Urlaubsreise denkst? Je besser du dich einfühlen kannst, desto entspannter wirst du reisen!

Manche Menschen wissen das instinktiv und packen Dinge in ihren Koffer, die der Körper selbst nicht braucht, die eher für die Seele bestimmt sind. Dazu gehören zum Beispiel Kuscheltiere und Glücksbringer.

Wenn ich an meinen „Seelenkoffer“ denke dann tauchen Fragen auf wie: Werde ich mich am Zielort wohlfühlen? Wird gut für mich gesorgt? Wird es mir an nichts fehlen? Gibt es dort nette Menschen? Werde ich mich mit den Menschen verstehen, mit denen ich reise?

Wenn mir die „Seelenfragen“ bewusst werden kann ich auch etwas konkret dafür tun. Ich erkundige mich nach den Schlafmöglichkeiten, recherchiere die Restaurants und Supermärkte. Setze mich mit der Vermieterin der Ferienwohnung in Verbindung und erspüre, ob sie fürsorglich genug ist. Ich schaue mir die Fotos im Internet an. Fühlt sich das nett und ordentlich an? Ich intensiviere die Freundschaft mit meinen Mitreisenden und frage deren Bedürfnisse ab. So nach und nach füllt sich mein „Seelenkoffer“. Die Befürchtungen und Sorgen werden kleiner und das Vertrauen wächst.

Zwischendurch frage ich meine Seele: „Und? Alles gut? Fehlt noch was?“ Manchmal bemerke ich ein leichtes Unbehagen und ich versuche zu erspüren, welches Bedürfnis dahintersteckt. Das erfordert ein wenig Zeit und Geduld. Die Seele mag es nicht, auf Kommando zu reagieren. Darum fange ich mit den Reisevorbereitungen für die Seele sehr früh an. Viel früher als mit dem „Körperkoffer“.

Was packst du in deinen persönlichen „Seelenkoffer“, wenn du auf die Reise gehst? Brauchst du da eher Sicherheit oder doch mehr Spontaneität und Abenteuer? Eher stille Stunden mit dir allein und Partner/in oder verstärkt Rudelgruppen ;-)? Oder übergehst du lieber deine Seelenstimme, weil sie so anspruchsvoll ist und weil du dich ihrer schämst? Es gibt nämlich Seelen, die sind sehr zaghaft und sehr bedürftig. Die trauen sich nicht hervor und ordnen sich eher der Mehrheit unter. Lieber die Bedürfnisse übergehen als schief angeschaut zu werden. Du möchtest ja schließlich niemandem den Urlaub verderben, oder?

Manche schenken dem „Körpergepäck“ unendlich viel Aufmerksamkeit und vernachlässigen die Seele dabei. Im Lukasevangelium (Kapitel 10) schickt Jesus zweiundsiebzig Menschen auf die Reise. Dabei gibt er ihnen vorher Hinweise für das Unternehmen. Keine Vorräte, keine Schuhe, kein Geld. Also ein kompletter Verzicht auf den „Körperkoffer“. Nada! Es braucht kein Gepäck denn es wird von allem reichlich da sein. Eine ganz schöne Herausforderung!

Typischerweise sorgt Jesus aber für den „Seelenkoffer". Er geht davon aus, dass seine JüngerInnen den Frieden in sich tragen. Sie kommen mit diesem Frieden in fremde Häuser und es entsteht eine Atmosphäre von Wohlwollen, Behaglichkeit und Ankommen. Wenn der Mensch im Herzen vertraut und sich verbunden fühlt, wird alles gut. Wenig äußere Sicherheit und viel inneres Vertrauen - lautet sein Seelenkonzept.

Mich beschäftigt die Frage, wie ich in eine solche Haltung hineinkommen kann. Ich werde wohl immer einen materiellen Koffer mit auf die Reise nehmen, aber ich kann noch gezielter etwas mehr für meine Seele tun. Meine Einladung dazu heißt: Verlagere dein Bewusstsein in den Raum des Herzens. Was heißt das und wie geht das? Normalerweise bewegen wir uns mit unserem Bewusstsein im oberen Kopfbereich. Dort, wo Gehirn, Augen und die Ohren liegen. Dort liegt auch der Schwerpunkt unserer Konzentration und Aufmerksamkeit. Quasi automatisch und naturgegeben. Sinnvoll und manchmal hinderlich. Wir sind dort räumlich sehr nah bei den Gedanken. Die Gedanken wiederum helfen uns dabei, das Leben gut zu organisieren. Das Ergebnis zeigt sich in einem perfekt gepackten Koffer und einer finanziell abgesicherten Reise.

Wir verbringen also den größten Teil des Tages in dieser oberen Region. Wenn du nun mit deiner Wahrnehmung und deiner Vorstellungskraft dich tiefer sinken lässt bis in den Raum, wo du dein Herz spürst, verändert sich etwas. Du denkst weniger und fühlst mehr. Das Herz hat eine ganz besondere Qualität und ganz intensive Kraft. Probiere es einfach einmal aus und beobachte den Unterschied. Wahrnehmung mit dem Verstand und Wahrnehmung mit dem Herzen.

Du stellst dir also deinen Urlaub einmal bildlich vor. Geh in den oberen Kopf und beobachte, welche Gedanken kommen. Wie geht es dir damit? Dann sinkst du mit deinem Bewusstsein ins Herz und beobachtest wiederum, was dort geschieht. Wandere hin und her und lass es wirken. Und wenn du Lust hast, dann vollziehst du noch einen dritten Schritt. Lass dich tiefer sinken mit deinem Bewusstsein bis in den Bauch hinein.

Wiederum wird sich etwas verändern. Du triffst dort auf ein anderes Nervensystem und bekommst wieder neue Impulse. Wundere dich nicht, wenn du auf einmal Hunger oder Durst bekommst ☺!

Es wird ganz leicht, wenn du oben auf dem Berg stehst oder am Strand liegst. Dein Bewusstsein sinkt automatisch in dein Herz. Für einen Moment hört der Verstand auf mit seinen Gedanken. Es kehrt Stille in. Innerer Frieden. Deine Seele freut sich weil du ihr dort nahe bist. Das Müssen hört auf und das Wollen. Du verweilst in einem Zustand jenseits von Raum und Zeit.

Dann bist du so richtig im „Urlaub" angekommen. Bei deiner ursprünglichen Erlaubnis, einfach nur da sein zu dürfen ohne etwas dafür zu tun.

22 Welches Kuckucksei brütest du aus?

Folgende Situation erlebte ich im Supermarkt. Ich befand mich mit meinem Einkaufswagen an der Kasse. Vor mir standen zwei Frauen, die Ihre Produkte auf das Laufband legten. Zwischen den beiden Bereichen platzierten sie wie gewohnt einen Warentrennstab. Direkt hinter dem Trennungsklötzchen stellte die zweite Frau ihre zwei Flaschen Orangensaft ab. Das Band lief und eine Flasche fiel in den Bereich der vorderen Kundin. Ich wartete gespannt darauf, was jetzt wohl geschieht. Merkt es die Kassiererin oder die „Eigentümerin" oder eher wahrscheinlich die vordere Kundin? Es geschah das Überraschende, was ich zugleich vermutete! Die Kassiererin nahm den Saft, scannte ihn ein und schob das Produkt weiter. Die erste Kundin nahm die Flasche und legte sie in ihren Korb. Die zweite Kundin war wohl innerlich abwesend und bemerkte nicht den Verlust „ihrer" Flasche. Niemand merkte etwas! Außer mir natürlich! Die erste Frau bezahlte anstandslos die Rechnung und ging mit ihrem „Kuckucksei" nach Hause.

Ich begreife noch nicht so ganz die Situation. Merkt man das denn nicht, wenn sich da auf einmal ein völlig fremdes Produkt im eigenen Korb befindet? So eine Flasche ist doch auffällig genug! Die zweite Kundin merkte auch nachträglich noch nichts! Ihr fehlte doch die zweite Flasche! Wo war die wohl mit ihren Gedanken? Und die Kassiererin? Das kommt doch öfter vor, dass Flaschen umfallen und nicht mehr eindeutig zugeordnet werden können! Eines muss ich wohl noch erwähnen. Alle drei Frauen erweckten den Eindruck von Schläfrigkeit bis Abwesenheit. Und ich? Habe ich die Situation geklärt?

Nein, es gab nichts zu klären. Alle waren doch zufrieden, oder? Die Kassiererin bekam ihr Geld, die erste Kundin bekam Vitamine, die sie bezahlen konnte und der zweiten Kundin blieb noch eine Flasche. Und ehrlich gesagt – ich hatte Vergnügen! Denn ich darf das jetzt hier in epischer Breite erzählen.

Doch das Leben gibt uns Lektionen, die wir zu lernen haben. Auch ich habe an diesem Tag meine Lektion erhalten. Hinter diesem Erlebnis steckt eine Botschaft. Es ist eine verborgene Botschaft. Eine, die sich versteckt oder kurz gesagt: eine Kuckucksbotschaft. Da geht diese Frau nach Hause mit einem Kuckucksei. Das bemerkt sie nicht. Es gehört zum Kuckuck dazu, dass er seine Taten unbeobachtet vollbringen kann. Das ist seine Spezialität: Eier an fremde Orte zu platzieren. Das mag er gerne auch so tun, es entspricht seinem Wesen. Aber wir, die wir die Kuckuckseier ausbrüten, wir sind gefragt mit unserer Aufmerksamkeit.

Also, welche Kuckuckseier brütest du im übertragenen Sinne aus? Da kommt jemand zu dir und erzählt dir von seinem Problem. Du versuchst zu helfen und zeigst Mitgefühl und Anteilnahme. Ihr geht wieder auseinander und du bist immer noch mit dem Problem des Anderen beschäftigt. Möglicherweise hat der andere sein Problem an dich abgegeben und du wirst es jetzt nicht mehr los. Setz dich mal hin und frage dich, welche Themen bearbeitest du, die eigentlich gar nicht zu dir gehören. Du hast sie zwar angezogen, aber es sind nicht die Deinen.

In der Regel sind unsere Kuckuckseier unbewusst. Da sind wir wie die „Fremdbrüter“. Wenn wir uns der fremden Eier jedoch bewusst werden, können wir uns neu entscheiden. Ausbrüten oder herauswerfen!

Ich möchte ein paar Beispiele nennen. Da hat dein Kind, dein Mann, deine Frau einmal gesagt, es mag keinen Paprika. Seit dem Zeitpunkt gibt es in deinem Haushalt keinen Paprika mehr, weder für dich, noch für die anderen. Oder du befolgst Regeln, die damals für dich als Kind in deinem Elternhaus galten und diese Regeln befolgst du als Erwachsene immer noch, ohne sie zu hinterfragen. Es dreht sich um die „Kuckuckseier“ - Regeln deiner Eltern und nicht deine eigenen. Wahrscheinlich wirst du deine inneren Kuckuckseier erst entdecken, wenn du mal darauf aufmerksam wirst.

Das, was im Umgang mit den alltäglichen Ereignissen und Beziehungen geschieht, trifft auch auf das spirituelle Leben zu.

Welche Kuckuckseier brüten wir da immer noch aus! Ist es möglicherweise das Gottesbild unseres ehemaligen Pfarrers oder Religionslehrers? Von wem stammen die Regeln, nach denen du dich richtest? Spirituell erwachsen werden heißt, alle Eier im eigenen Nest anschauen und sich neu entscheiden, welches ich weiterhin bebrüten möchte. Manche Küken sind schon längst geschlüpft und erwachsen geworden und ich brüte immer noch. Dazu gehören vielleicht die Eltern, die immer noch ihre erwachsenen Kinder bemuttern. Oder – da gibt es Eier, aus denen wird nie etwas schlüpfen, egal, wie lange ich brüte.

Also, wenn ich nach den Kuckuckseiern schaue, muss ich zugleich alle meine Eier in den Blick nehmen. Das fühlt sich ein wenig an wie Bestandsaufnahme oder Inventur. Das eine oder andere müsste einfach entfernt werden. Es kostet zu viel Energie, die ich woanders investieren könnte. Das, was abgestorben oder unfruchtbar ist, oder das, was nicht zu mir gehört, sondern zu einer anderen Person, kann ich getrost entfernen.

So bleibt ein Dank an das Kuckucksei. Es hilf mir dabei, einen Unterschied zu machen. Ich entscheide mich für das, was zu mir gehört. Ich trenne mich von dem, was ich gar nicht haben möchte. In der Spiritualitätstradition nennt man so etwas „die Unterscheidung der Geister“. Und hier noch einmal die kurze Zusammenfassung.

1. Überprüfe deinen Bestand!

2. Welche Eier gehören dem Kuckuck?

3. Entscheide dich neu.

   a. Danke den Kuckuckseiern für die Chance zum Reifen.

23 Gott ist in uns daheim, wir sind in der Fremde.

Schon lange begleitet mich dieser Vers von Meister Eckhart. Gerade in der Urlaubszeit kommt er mir wieder in den Sinn. „Gott ist in uns daheim, wir sind in der Fremde." Der Vers spielt mit dem Gegensatzpaar von „Daheim" und „Fremde".

Mit dem Wort „Daheim" bekomme ich ein Wohlgefühl. Ich bin geborgen und fühle mich angekommen. Ich darf gelassen sein und mich entspannen. Dieser Platz gehört mir und ich muss nicht darum kämpfen. Ich muss nicht fragen, ob ich bleiben darf oder gehen muss. Ich bin „daheim".

Mit dem Wort „Fremde" verbinde ich ein ganz anderes Gefühl. Kinder fremdeln, wenn sie jemand begegnen, den sie noch nie gesehen haben. In der Fremde befinde ich mich in einem mir unbekanntem Land und betrete unvertrautes Terrain. Hier ist nicht mein Platz. Ich bin hoffentlich Gast für eine Zeit. Möglicherweise nur geduldet und mit einer Erlaubnis. Die damit verbundene Unsicherheit ist für manche nur schwer auszuhalten. In der Fremde bekomme ich Sehnsucht nach „Daheim". Aus meiner Ferienlagerzeit kommen mir da die Kinder in den Sinn, die sehr unter „Heimweh" litten, vor allem am Abend. Allein im Bett und ohne die schützende Nähe der Mutter.

Aber so eindeutig, wie ich es hier gerade schreibe, sind die Gefühle gar nicht. Mit „Daheim" verbinde ich auch manchmal die Langeweile und die Eintönigkeit. Das kenne ich schon! Immer das Gleiche! Dann möchte ich aufbrechen und in die „Fremde" gehen. Das verspricht Spannung und Abenteuer. Du machst neue Erfahrungen. Du fühlst dich lebendig. Die mögliche Angst vor dem Unbekannten weicht dem Kribbeln von aufgeregter Erwartung. Wenn niemand die Fremde lieben würde, dann gäbe es keinen Tourismus. Dann würden wir uns auf unser Haus beschränken uns im Garten oder auf dem Balkon ausruhen.

Manche reisen in die Fremde, in den Urlaub, um etwas hinter sich zu lassen. Den Stress, die Unzufriedenheit, die negativen Erlebnisse und Erfahrungen, ein wenig Flucht vor dem Alltag und der Wunsch, dass in der Fremde das Bessere auf mich wartet nach dem Motto: Daheim fühle ich mich fremd und in der Fremde werde ich neue Heimat finden. Zum Teil wird sich dieser Wunsch leider als Trugschluss erweisen. Wohin du auch gehst, du nimmst dich immer mit. Deine Ängste sind im Gepäck, deine Eigenschaften, dein Charakter, halt deine komplette Persönlichkeit. Und es kann dir geschehen, dass du in der Fremde dieses Gepäck viel deutlicher wahrnimmst als in deiner kuscheligen Heimat. Wenn ich zum Beispiel zu Hause geizig bin, werde ich nicht auf einmal großzügig sein, nur weil ich mich an einem anderen Ort befinde.

Meine Gedanken führen mich zu der Idee hin, dass das „Daheim" und die „Fremde" zugleich Anteile unserer inneren Persönlichkeit sind. Ich kann in der Fremde daheim sein und daheim mich fremd fühlen. Diese Gefühle sind unabhängig vom äußeren Ort. Die Orte können mich schneller zu diesem Lebensthema hinführen. Manchmal spürst du eben, wie fremd du dir selber bist. Wer bin ich eigentlich? Was bleibt von mir, wenn ich nicht mehr Familienmutter oder Vater bin. Was bleibt von mir, wenn ich in Rente gehe. Was bleibt von mir, wenn ich mein Haus oder meine Wohnung wegdenke? Bin ich dann noch in mir „daheim"? Wenn alles mir zwischen den Fingern zerrinnt, bleibt noch etwas übrig von mir? Du kannst da sehr schnell ein absolutes Gefühl von Fremdheit und Verlorenheit bekommen.

Die Frage nach Fremde und Heimat ist für mich zugleich eine tief spirituelle Frage. Wir verwechseln da manchmal Kirche mit Gott und denken, dass die Heimat in der Kirche die Heimat in Gott mit einschließt. Auf einmal machst du die Erfahrung, dass die Kirche keine Heimat mehr für dich ist, aber Gott umso mehr. Wir leben in einer Zeit, in der es da keine Eindeutigkeiten mehr gibt.

Meister Eckhart gibt uns einen wichtigen und weisen Hinweis. Gott ist in uns daheim. Wenn wir das registrieren, in uns aufnehmen, uns damit vertraut machen, dem nachspüren und unsere Aufmerksamkeit dahin lenken, dann breitet sich in uns Frieden aus. Du bist von jetzt auf gleich daheim, zu Hause in dir. Du musst nirgendwo mehr hin um Heimat zu finden. Du verreist aus Lust, aber nicht mehr mit dem Ziel, dass da etwas ganz Außergewöhnliches geschehen muss.

Stell dir vor, Gott wohnt in dir und du bist auf der Suche nach ihm. Das Einfachste kommt dir dabei nicht in den Sinn. Du gehst den Weg nach innen in dein Herz und – kommst an.

24 Liebeskummer lohnt sich doch...

Liebeskummer würde sich nicht lohnen meint ein alter Schlager, weil ja eh dein Herz am nächsten Tag darüber lacht. Leider mache ich andere Erfahrungen. In letzter Zeit hatte ich verstärkt mit dem Thema Liebeskummer zu tun.

Bislang dachte ich, dass Liebeskummer das Spezialthema von Jugendlichen sei. Diese Einstellung muss ich doch sehr revidieren. Eine Berliner Kollegin hat sich als Therapeutin sogar darauf spezialisiert, Menschen mit Liebeskummer zu begleiten. Sie meinte, dass vor allem Männer sich schwer damit tun, den Kummer auszuhalten, geschweige denn zu bewältigen. Menschen jeden Alters werden davon betroffen und es gibt eine große Hilflosigkeit im Umgang damit.

Ich möchte den Themenbogen wie schon häufiger ein wenig weiter spannen. Dabei macht es Sinn, auf das Wort selbst zu schauen. Laut Duden kommt das Wort „Kummer" aus dem Mittelhochdeutschen und heißt: „Schutt, Müll, Mühsam, Gram". Auch „Leid" ist damit verknüpft. Ein Mensch mit Liebeskummer leidet sozusagen an der Liebe. Die Liebe kommt nicht zur Erfüllung. Da ist innen etwas zugeschüttet wie mit Müll und Schutt. Die Gedanken kreisen ständig um das Thema und der Kopf ist angefüllt mit immer wiederkehrenden Massen von Grübeleien. Da gibt es eine starke und bisweilen sehr schmerzhafte Sehnsucht nach Nähe, die sich nicht so erfüllt wie gewünscht. Wenn die Liebe am Anfang der Beziehung so absolut ist, duldet sie keine Trennung, auch keine körperliche oder zeitlich befristete.

Wenn die Liebe dich erwischt, ist sie maßlos, grenzenlos, absolut und allumfassend. Was ich hier ein wenig philosophisch ausdrücke fühlt sich für den Beteiligten oft nur schrecklich an in der Nichterfüllung. Gerade wenn das Gegenüber sich verschließt, zurückzieht, alles offen hält, sich nicht ausdrückt oder im schlimmsten Fall sogar „Nein" sagt, ist alles aus. Das sind

Momente, Stunden und Tage, wo es nicht möglich scheint, den „Liebeskranken" hilfreich zu unterstützen. Welche Mutter oder welcher Vater stand da nicht schon hilflos neben seinem „Liebeskummerkind". Zunächst einmal geht es wirklich darum, dieses Gefühl auszuhalten nicht davonzulaufen oder auf bessere Zeiten zu vertrauen.

Der Liebeskummer ist viel umfassender als du auf den ersten Blick feststellst. Da stellt ein Ehepaar nach 26 gemeinsamen Jahren fest, dass die Gefühle füreinander gestorben sind. Sie wenden sich an den Anwalt und reichen die Scheidung ein. Beim Anwalt kommt eher das Rechtliche auf den Tisch. In meiner Interpretation leidet das Paar unter erheblichem Liebeskummer. Es ist ein Kummer, dass die Liebe gestorben ist. Trauern die Paare in der Regel um diese verlorene und gestorbene Liebe? Ist es für ein sich trennende Paar dennoch möglich, etwas für die Liebe zu tun in der Trennung? Sie können zum Beispiel in Liebe gut voneinander denken und einander neues Glück wünschen. Wenn sie den Scheidungsweg im Blick haben wird das schwer. Aber wenn sie sich als liebeskummerkrank begreifen werden sie vielleicht auch andere Wege suchen.

Wenn Kinder groß werden und aus dem Haus gehen, welches Gefühl haben dann wohl die Eltern? Ist doch klar, sie leiden total unter Liebeskummer. Die lieben Kinder sind nicht mehr so präsent und da. Es kommt zu einer schmerzhaften Trennung. Und ob es zu einer neuen erwachsenen Verbindung kommt bleibt zunächst offen. Sehen Eltern sich selber als liebeskummerkrank? In der Regel definieren sie sich als Sorgende. „Kind, können wir dir noch helfen? Brauchst du etwas? Sollen wir dich besuchen kommen? Komm doch zu uns! Wir sind immer für dich da!" Nein, die Kinder brauchen dich im Augenblick nicht mehr! Sie brauchen die Freiheit! Aber du brauchst etwas! Wenn du deine Kinder ziehen lässt und das Gefühl benennst, was du spürst, bist du konfrontiert mit deinem „Liebeskummer". Das ist ein Schmerz, den du annehmen könntest. Mach dir diesen Schmerz bewusst. Es ist deiner! Er gehört zu dir! Er ist sogar großartig, weil du daran erkennen kannst, dass du überhaupt liebesfähig bist. Ohne die gespürte Liebe gibt es auch keinen Kummer. Leider ist „erwachsener Liebeskummer“ nach meinen Erfahrungen oft mit Scham behaftet. Nur als Jugendlicher darfst du mit deiner engsten Freundin den Liebeskummer eingestehen.

Jetzt gehe ich noch in einen weiteren Bereich des Lebens. Als Kind warst du vielleicht in einer liebevollen Verbindung mit Gott. Er war immer für dich da und wenn du gute Lehrer und Seelsorger hattest, haben sie dir erzählt, dass Gott dich liebt und sogar die Liebe selbst ist. Dann wirst du erwachsen und merkst, dass andere Menschen einen anderen Gott haben oder auch ohne einen solchen auskommen. Du machst vielleicht leidvolle Erfahrungen von Verlust und Krankheit in deinem Leben, die nicht mit deinem Gottesbild übereinstimmen. Du fühlst dich fremd gegenüber Gott je erwachsener du wirst. Der Kopf sagt dir vielleicht: „Na, ob das mit diesem Gott so stimmt? Existiert der überhaupt?“ Dein Herz sagt dir dabei möglicherweise etwas völlig anderes. Du leidest unter spirituellem „Liebeskummer“. Gott hat sich dir entzogen, er ist dir fremd geworden. Und wenn du ein leidenschaftlicher Gottlieber warst, dann magst du wirklich großen Kummer spüren, der dein ganzes Erwachsenenleben anhält, wenn du dich nicht darum „kümmerst“.

Ich habe den Verdacht, dass wir den Liebeskummer überhaupt nicht mögen und wollen. Aber er erwischt jeden von uns irgendwann. Das, was wir lieben, können wir leider nicht festhalten. Es befindet sich in unserem Gewahrsam aber nicht in unserem Besitz. Wir müssen immer wieder loslassen, alles. Menschen, Dinge, Gott... Wenn wir von uns aus freiwillig etwas verlassen, mag es weniger schmerzhaft sein. Zu mir kommen in die Beratung auch eher die Menschen, die verlassen werden als diejenigen, die verlassen.

Also, der Liebeskummer gehört in bestimmten Phasen deines Lebens einfach dazu. Mach dich mit dieser Erkenntnis und dem damit verbundenen Gefühl vertraut. Geh da hinein! Beobachte einmal was geschieht, wenn du den Schmerz spürst und einfach dabei bleibst, es aushältst. Wenn du den Kummer bejahst und willkommen heißt. Ein ungewöhnlicher Gedanke?

Da gibt es noch die andere Seite des „Kummers“. Die finde ich auch wichtig. Im vergangenen Jahr war ich auf einer Tagung mit der Überschrift: „Coaching für Kümmerer.“ Angesprochen waren damit Ehrenamtliche, die sich in sozialen Feldern engagieren. Das sind eben „Kümmerer“. Der „Kümmerer“ ist sozusagen der Fachmann, die Fachfrau für den Kummer. Menschen mit Liebeskummer lege ich nicht einfach nur nahe, dass sie den Schmerz aushalten müssen, ich versuche sie auch zu trösten. Der beste Kümmerer ist für mich ein guter Tröster. Wenn ich Trennung erlebe fühlt sich das an wie eine schmerzende Wunde. Und so, wie ich eine körperliche Wunde verbinde, brauche im Kummer seelischen Trost, einen „Spezialverband“. Wenn du also Liebeskummer hast nach vielen Ehejahren und dich mit Trennungsgedanken plagst. Oder du befindest dich in dem Augenblick, wo du die Kinder ins Leben entlässt. Oder du erlebst gerade die Schwelle, wo dein kindlicher Glaube an Gott dich verlässt. Werde dir klar - du hast Liebeskummer! Suche dir ohne Scham (von mir aus auch mit) einfach wenigsten einen tröstenden Menschen.

Lohnt sich der Liebeskummer? Die Frage ist für mich falsch gestellt. Sie lässt sich auf diese Weise nicht beantworten. Der Kummer gehört zur Grunderfahrung der Liebe dazu. Genauso wie die „Liebesfreude“. Denn gerade um die geht es ja letztlich. Von der Liebesfreude lebst du! Sie ist deine emotionale und spirituelle Tankstelle. Aus dieser Quelle schöpfst du. Um sie zu erfahren gehst du immer wieder neu das Risiko ein, dass die Freude zum Kummer werden kann.

Die Bibel erzählt übrigens fortwährend vom Liebeskummer Gottes. Alle Geschichten der Schrift wurden nur deswegen aufgeschrieben. Die Geschichten erzählen vom Liebeskummer Gottes und seinem Bemühen, mit und für den Menschen den Weg in die Liebesfreude zu finden. Möge dir ganz viel davon in deinem Leben beschieden sein.

25 Das Leben als Weg vom Ganzen zum Detail und zurück zum Ganzen

Während meiner Zeit als Pfarrer sprach mich ein Künstler an. Ihn faszinierte unsere alte gotische Pfarrkirche und er wollte dort eine Ausstellung mit neuen Bildern veranstalten. Zwischen Kreuzwegstationen und Steinfiguren erschuf er einen Fries, der sich wie ein durchgängiges Band an der Wand in der Kirche entlang zog.

Der Besucher, der die Kirche betrat, sah also zuerst dieses langgezogene Band, das wie ein einziges großes Gemälde wirkte, verteilt auf vier Wände. Wenn er dann näher an eine Wand herantrat entdeckte er, dass sich das lange und schmale und scheinbar einzige Bild aufteilte in lauter kleine selbständige Abschnitte. Und wenn er dann noch näher herantrat konnte er auf diesem kleinen Abschnitt auch die winzigen Details erkennen. Da gab es eher abstrakte Strukturen und Streifen. Oder konkrete Segel und Figuren.

Wenn der Besucher quasi mit der Nase an einem kleinen Bildausschnitt klebte verlor er den Blick auf den ganzen Fries. Das Auge sah nur den kleinen Ausschnitt und war nicht in der Lage das zu sehen, was sich im Rücken des Betrachters befand.

Wichtig wäre noch zu erwähnen, dass der Besucher am Eingang einen Wanderstab erhielt. Die Ausstellung war so konzipiert, dass man mit dem Stab in der Hand zuerst das Große und Ganze sah und dann von Bild zu Bild schlenderte, sich die Details ansah und dann das Ganze wieder von einem anderen Ausgangspunkt her betrachtete.

Wenn ein Mensch zu mir in die Beratung kommt gibt es zunächst eine Auftragsklärung. Was möchten Sie? Wobei soll ich Sie unterstützen? Dann kommt vielleicht die Antwort: „Ich habe Probleme in meiner Ehe.“ Das ist der Blick auf das Ganze. Es geht um das Thema Ehe und Gelingen von Beziehung. Das gibt mir die Möglichkeit, dass ich mich auf ein Thema fokussieren kann. Ich muss nicht nachdenken über Arbeitskonflikte oder gesundheitliche Schwierigkeiten. Zuerst blicken wir also auf das Thema und klären den Auftrag. „Was ist das Ziel, das Sie erreichen möchten." Wenn das ausgesprochen und geklärt ist geht es ins Detail. In welchen Bereichen gibt es Schwierigkeiten? Wer sagt was in welcher Situation? Wer fühlt sich wann gekränkt und was macht er oder sie dann? Ist es immer so oder gibt es Ausnahmen? Die vielen Details ergeben dann ein Gesamtbild der Beziehung und auch der Probleme und Lösungsansätze.

Dann gibt es eine merkwürdige Erfahrung. In der Beratung werde ich nie alle Details erfahren. Die Zeit reicht nicht aus. Viele Erlebnisse wurden vergessen und die meisten Kränkungsgefühle reichen bis weit in die Kindheit zurück und bleiben unbewusst. Außerdem verlocken die Details dazu, voreilig Schlüsse zu ziehen, die am Ende doch nicht stimmen. Auf der einen Seite ist es wichtig, einige Details zu kennen um sich ein genaueres Bild zu machen. Auf der anderen Seite ist es wichtig, zu einem bestimmten Zeitpunkt zurückzutreten und wieder den Blick auf das Ganze zu werfen. Das Ganze ist mehr und manchmal auch völlig anders als die Summe der Details. Um auf unser Eheproblem zurückzukommen könnte das so aussehen:

Die Details würden vielleicht heißen: „Wir streiten uns ständig. Dabei geht es um Kleinigkeiten. Wir schaukeln uns gegenseitig hoch. Wenn er das sagt, dann mache ich das, usw." Wenn dann der Schritt zurückgeht und der Blick sich auf das Ganze richtet dann kommt eher so ein alles zusammenfassender Satz: „Ich bin unglücklich!" oder „Ich bin frustriert und enttäuscht!" Da kommt dann die ganze Wucht und Schwere zum Vorschein.

Was geschieht, wenn die Bewegung weg vom Detail hin zum Ganzen nicht geschieht? Dann gibt es vielleicht praktische Lösungen für eine bessere Streitkultur oder andere Tipps für eine gute Kommunikation. Dann mag das für diese einzelne Frage hilfreich sein, aber es fehlt etwas. Das „große und ganze Beziehungsunglück" benötigt noch eine ganz eigene Antwort.

Dazu gehe ich noch einmal zurück zu der Ausstellung. Der Besucher bekommt einen ersten Eindruck vom Gesamtwerk und sagt: „Wie schön!“ oder „Wie eindrucksvoll!“ Es ist ein Gefühl, das sich im ganzen Körper und im Herzen ausbreitet mit dem Wunsch: „Das will ich näher betrachten! Das macht mich neugierig!“ So entsteht eine Lust, sich wirklich auf den Weg zu machen.

Übertragen auf die Ehesituation braucht es Vergleichbares. Nach dem Erkennen der Details und der Feststellung: „An diesem und jenem Punkt muss ich an meiner Beziehung arbeiten“, braucht es einen ganzheitlichen Impuls. Ich könnte ihn Hoffnung, Vertrauen, Bereitschaft oder Zuversicht nennen.

Dieser Prozess vom Ganzen zum Detail und zurück geschieht nicht nur einmal. Er geschieht immer wieder. In der Ausstellung tritt der Besucher zurück mit den Erfahrungen der Details und spürt dem nach: Wie ist jetzt der Gesamteindruck? Vielleicht hat er mehr verstanden und bekommt die Bestätigung: „Diese Bilder sind wirklich toll!“ Dann entdeckt er neue Details und tritt wieder zurück. Irgendwann kommt dann der Punkt, wo alles zur Ruhe kommt. „Jetzt ist es genug!“

In einer Beratung ist es ähnlich. Es ist ein Prozess, ein Weg, ein Pendel, eine Bewegung. Auch hier bis zum Punkt: „Jetzt ist es genug!“

Jetzt lade ich dich ein, einmal dein eigenes Leben so zu betrachten. Schau dir doch einmal dein ganzes bisheriges Leben an und beschreibe dein Gefühl. Welche Überschriften findest du? Zu welchem Gesamteindruck kommst du? Dann gehe mit deiner Aufmerksamkeit in die verschiedenen Phasen deines Lebens. Du kannst das z. B. in Siebenjahresschritten machen. Du gehst in die Lebensspanne von deiner Geburt bis du sieben Jahre alt warst. Welche Erinnerungen steigen auf? Welche Gefühle kommen? Dann gehst du wieder in deine jetzige Gegenwart und blickst erneut auf das Ganze deines Lebens. Vielleicht stellst du fest: „Damals mit fünf Jahren durfte ich auf der Straße nicht mitspielen. Ich war frustriert. Heute erlebe ich das auch manchmal. Ich darf nicht dabei sein. Da kommt dann das alte Gefühl wieder hoch."

Du bleibst aber nicht bei diesem Gefühl stehen sondern du gehst dann zur nächsten Lebensphase von sieben bis vierzehn. Deine Jugendzeit. Dann trittst du wieder zurück in das Hier und Jetzt. Du gehst in die Phase des Erwachsenwerdens, dann in die Berufsverdichtungszeit, die Familiengründung. Und nach jedem Besuch wirfst du einen Blick auf dein ganzes Leben.

Vielleicht musst du dich noch mit bestimmten Phasen aussöhnen. Vielleicht entsteht auch ein Gefühl von Dankbarkeit für all das Gelungene. Und vielleicht braucht es noch ein paar Tränen für unglückliche Zeiten.

Dann wirst du irgendwann einen Schlusspunkt setzen und dir sagen: „Jetzt ist es genug!" Du machst eine Pause und wirst still.

26 Aufgetankt?

Die große Urlaubszeit ist vorbei und der Alltag beginnt wieder. Konntest du die Zeit gut für dich nutzen und hast aufgetankt? Merkst du jetzt den Unterschied von vorher und nachher? Fühlst du dich gesünder an, gibt es weniger Grübeleien oder spürst du die Auswirkungen eher seelisch? Wie nachhaltig waren die Urlaubstage für dich? Wie viele Kilometertage oder Wochen wirst du nun mit dem vollgeladenen inneren Tank fahren können?

Oder gehörst du zu den Menschen, die das nicht hinbekommen, im Urlaub aufzutanken. Es soll Menschen geben, die in der „schönsten Zeit" des Jahres erst so richtig Stress bekommen. Die Konflikte in der Familie zeigen sich viel deutlicher als im Alltag wenn man jetzt mehr Zeit miteinander verbringt. Oder, da entsteht auf einmal ein Gefühl der Leere und der Sinnlosigkeit, wenn du nicht mehr arbeiten kannst. Du weißt nichts mit dir anzufangen und bist froh, wenn der schnöde Alltag wieder die zuverlässige Zeitgestaltung vorgibt. Mir klingt noch der Satz von meinem Vater in den Ohren: „Es wird Zeit, dass die Schule wieder beginnt. Nichts ist schlimmer zu ertragen als eine Reihe von guten Tagen." Mein Vater konnte nie wirklich Urlaub machen während seines Arbeitslebens. In den freien Tagen wurde im Garten gearbeitet oder etwas am Haus renoviert. Vielleicht hat mein Vater den Urlaub aber auch gar nicht gebraucht, weil er mit der damit verbundenen „Philosophie des Ausspannens" nichts anfangen konnte.

Ich komme noch einmal zurück zu meinen Eingangsfragen. Die „Ferienphilosophie vom Ausspannen" setzt ja bestimmte Glaubenssätze voraus, die folgendermaßen aussehen. Du arbeitest das ganze Jahr und bist irgendwann müde, erschöpft und urlaubsreif. Dann nutzt du die freie Zeit, deinen leeren Akku aufzuladen und hoffst, dass es reicht bis zu deinem nächsten Urlaub. So „hangelst" du dich ein Leben lang von Ferien zu Ferien und hoffst, bei einigermaßen zufriedenstellender Gesundheit dein Rentenalter zu erreichen. Im extremen Fall sieht ein solches Leben so aus, dass du nie wirklich lebst, sondern in der Vorbereitung für das Leben steckenbleibst. In der Arbeit erwartest du sehnsuchtsvoll die freie Zeit und bist nicht mehr mit der Arbeit verbunden. In der freien Zeit denkst du daran, dass du schon bald wieder arbeiten musst und kannst die freie Zeit nicht voll ausschöpfen. Im Rentenalter weißt du dann nichts mit dir anzufangen, weil du so an dein Schema und den Rhythmus „Arbeit und Urlaub" gewohnt bist, dass du dich nicht mehr umstellen magst. Ein solches Lebensmodell finde ich nicht sehr erstrebenswert.

Dauerhaft und ausgeglichen kannst du besser leben mit einem immer gut gefüllten inneren Tank. Die Familientherapeutin Virginia Satir gebrauchte für ihre Klienten gerne das Bild vom Energietopf. Gestresste Eltern fragte sie: „Wie voll ist dein Energietopf?" Und wenn sie sagten, dass höchstens noch der Boden bedeckt ist, fragte Virginia weiter, wie sie mit so wenig Energie ihre Aufgaben meistern könnten.

Manchmal kommen Menschen zu mir in die Beratung, welche die Freude im Leben verloren haben. Sie fühlen sich überfordert vom Beruf, von den Ansprüchen in der Familie, finanziellen Sorgen und gesundheitlichen Problemen. Es ist einfach zu viel geworden. Ein ganz wichtiger Schritt in der Begleitung wird dann für mich die „Ressourcenarbeit". Was tut dir im Moment gut? Was brauchst du für dich? Was ist für dich Quelle deiner Freude? Nur mit Energie im Topf lassen sich Aufgaben bewältigen. Energie tanken ist also der erste und wichtigste Schritt vor dem Anpacken irgendeiner neuen Aufgabe.

Zwei Ideen kommen mir in den Sinn. Die erste heißt: Neben der „Jahresurlaubstankstelle" tanke täglich auf. Gönne dir Momente des Sitzens und des Nichtstuns. Gestalte zwischendurch Tage der Entspannung und des einfachen Daseins. Genieße es, mit deiner Familie bei einer Tasse Kaffee zu sitzen und die Natur zu betrachten. Fühle deine Dankbarkeit für die vielen kleinen Dinge des Alltags.

Die zweite Idee heißt: Ändere deine Grundeinstellung! Bei meinem Yoga- und Workcamp in Italien hieß die Devise: „Arbeiten ist spielen!“ Wir arbeiten nicht, sondern wir spielen. Kinder spielen zum Beispiel ‚Vater, Mutter, Kind’. Familie „spielen“ fühlt sich leichter und erlöster an als „Arbeit an den familiären Strukturen“. Verbinde dich innerlich mit deiner Arbeit und geh in die Leichtigkeit. Sieh die schöpferischen und freudigen Aspekte. So fühlst du dich am Ende des Tages nicht mehr erholungsbedürftig. Du hast ja lediglich gespielt.

Die ersten Menschen im Paradies bestellten ihren Garten Eden und waren mit ihrer Handarbeit glücklich und zufrieden. Nach dem „Sündenfall“ empfanden sie die gleiche Tätigkeit als Mühsal und Plackerei. Interessant, nicht wahr? Du tust das Gleiche und empfindest es je nach der inneren Seinsverfassung als paradiesisch oder höllisch. Der „Sündenfall“ war ein „Absonderungsfall“, ein sich loslösen von der göttlichen Quelle. Wenn du dich mit der göttlichen Quelle verbindest bekommt dein Energietopf einen nie versiegenden Zugang.

Du kannst also deinen Energietopf immer wieder mühsam anfüllen einmal im Jahr über den Urlaub. Oder du verbindest dich kontinuierlich mit der Quelle. Darin liegt wohl das Geheimnis der heiligen und erleuchteten Menschen, dass sie um dieses Geheimnis wussten, direkt aus der Quelle zu schöpfen.

27 Danke!

Nicht dafür!
War doch selbstverständlich!
War doch nur eine Kleinigkeit!
Eine Hand wäscht die andere!
Wofür?
Lass gut sein!
Hätte ich auch für dich gemacht!
Du musst mir nicht danken!
Ist schon in Ordnung!
Mach keine große Sache daraus!

Gerne!

Diese Sätze sind dir bestimmt geläufig, oder? Wie reagierst du in der Regel, wenn sich jemand bei dir bedankt? Welchen Satz bevorzugst du?

Oder gehörst du vielleicht zu den Menschen, die geschickt Situationen vermeiden, in denen sie sich bedanken müssten? Darum tust du im Vorfeld alles für deine Unabhängigkeit. Du kannst alles, kaufst dir alles vom eigenen Geld und kannst dir inzwischen alles leisten und brauchst niemanden mehr zu fragen! Beim Wort „Danken“ schwingt eine Fülle von nicht immer angenehmen ‚Ge-danken’ mit.

Zugleich ist der Herbst mit den Erntefesten dem Danken gewidmet. Mit dem Danken verbindet jeder so seine eigene manchmal auch traumatische Kindheitsgeschichte. Ich erinnere mich ungern an frühere Besuche der Verwandtschaft. Die Tante brachte uns fünf Kindern eine Tafel Schokolade mit. Meine Gedanken fingen sofort an zu kreisen. Diese Schokolade mag keiner von uns! Und außerdem - wie soll man 24 Stücke auf fünf Kinder verteilen? Wer verzichtet heute? Während ich mit diesen Überlegungen beschäftigt war, kam garantiert von den Eltern der Erziehungs- und Killerspruch: „Und?! Was sagt man, wenn man etwas geschenkt bekommt?!“ Ohne weiteres Nachdenken kam der Dank dann pro forma und anerzogen.

Doch der Dank als Wort aus dem Kopf erscheint mir nicht sehr wertvoll. Der Dank kommt aus dem Herzen. Zum Danke sagen gehört unbedingt das dazugehörige Empfinden. Sonst wirkt der Dank schal und gezwungen.

Ich möchte mit dir noch einen Schritt weitergehen. Wenn du etwas von jemandem bekommst, entsteht schnell der Eindruck, dass du damit etwas schuldest, etwas wieder gutmachen und etwas zurückgeben musst. Nicht umsonst entstehen so die Kreisläufe von Besuchen und Gegenbesuchen, von Weihnachts- und Geburtstagsgeschenken im Modus: Da komm ich nie wieder raus! Auch die Wirtschaft arbeitet mit diesen Gesetzen. Am Käsestand darfst du ein Stück Käse probieren (geschenkt!). Dafür kaufst du dann zum Ausgleich irgendetwas ein. Die Eltern schenken dir das Leben und du musst im Laufe der Zeit für den Ausgleich sorgen, indem du dich im Alter um sie kümmerst.

Wenn du „Danke“ sagst, dann nimmst du von jemandem etwas als Geschenk an, das dir bislang nicht gehörte. Quasi automatisch entsteht in dir das Gefühl: Ich muss es wieder gut machen. Ich muss für den Ausgleich sorgen. Ich bringe mich in eine Schuld. Dieses Gefühl möchte ich auf jeden Fall verhindern. Ich reduziere es auf ein Minimum, dass mir jemand etwas schenkt. Lieber schenke ich selber und sorge dafür, dass andere mir etwas schuldig sind.

Vielleicht findest du meine Gedanken geschraubt und du gehörst eher zu den Menschen, die sich ganz einfach nur freuen. Du gehörst zu denen, die gerne etwas annehmen und verschenken. Du machst das alles ohne Hintergedanken oder Befürchtungen. Herzlichen Glückwunsch! Du bist schon an der Schwelle des Paradieses angekommen!

Ich glaube, dass wir Menschen uns immer im Kreislauf befinden von „Geben“ und „Nehmen“. Wir können es gar nicht verhindern. Niemand ist eine Insel und kann für sich allein existieren. Es wäre gut, wenn wir das „Geben und Nehmen“ herauskatapultieren könnten aus dem Schuldgedankenkreislauf.

Stattdessen möchte ich dich einladen, es auf die Beziehungsebene zu heben. Du beschenkst mich und ich beschenke dich als Ausdruck unserer Verbindung und als Bekräftigung unserer Freundschaft.

Zugleich finde ich es hilfreich, den Kreislauf der gegenseitigen menschlichen Abhängigkeit zu verlassen hin zu einem höheren Ziel. Wir sind alle ausnahmslos abhängig vom Anfang des Lebens an bis zum Ende. Wir alle brauchen Eltern, um auf diese Welt zu gelangen. Wir benötigen Nahrungsmittel, Wärme und Zuwendung. Wir sind durch und durch bedürftig, mal mehr, mal weniger. Erkenne es und stehe dazu! Gott sei Dank sind wir in unserer Bedürftigkeit an eine unerschöpfliche und geschenkte Quelle angebunden, die wir Gott nennen. Sein Geschenk des Lebens ist der Ausdruck seiner Liebe. Im Psalm 100 wird dies deutlich.

Jauchzt vor dem Herrn, alle Länder der Erde! / Dient dem Herrn mit Freude! Kommt vor sein Antlitz mit Jubel!

Erkennt: Der Herr allein ist Gott. / Er hat uns geschaffen, wir sind sein Eigentum, sein Volk und die Herde seiner Weide.

Tretet mit Dank durch seine Tore ein! / Kommt mit Lobgesang in die Vorhöfe seines Tempels! Dankt ihm, preist seinen Namen!

Denn der Herr ist gütig, / ewig währt seine Huld, von Geschlecht zu Geschlecht seine Treue.

Nicht zuletzt geht es darum, in das Mitschwingen mit der gesamten Schöpfung zu gelangen. Wenn dein Herz im Glücksgefühl schwingt, wenn dein Körper tanzt, wenn deine Seele „Ja!“ jubiliert, dann ist das die „gelebte Dankbarkeit“ jenseits von jedem moralischen Druck des Danke sagen müssen.

28 Wenn die Erschöpfung kommt

Im Herbst feiern wir Erntedank. Wir sammeln die Früchte der Erde und der Arbeit ein und sagen Dank. Bei dem „Gedanken" daran kam mir auf einmal der Wortzusammenhang von „Schöpfung" und „Erschöpfung" in den Sinn.

Zunächst einmal sind wir als erschaffene Wesen zugleich selbst Schöpferinnen und Schöpfer – gemeinsam und in Verbundenheit mit der großen Schöpfungskraft. Wir engagieren uns in unseren Aufgaben, wir bewegen und verändern die Dinge. Wir denken, fühlen und handeln.

Der Gärtner in seinem Garten erlebt zwar den ursprünglicheren und natürlicheren Ablauf von Säen, Wachsen und Ernten. Aber auch wir Nichtlandwirte leben in Abläufen. Wir hatten im Frühjahr vielleicht eine schöpferische und kreative Idee. Wir haben geplant und umgesetzt und blicken jetzt hoffentlich dankbar auf die Ergebnisse.

Du hast vielleicht unterrichtet, bist zur Arbeit gegangen, hast deine Familie versorgt oder sogar dein Haus renoviert. Du hast Liebe und Kraft gegeben und den vergangenen Monaten deine Gestalt gegeben. Manche Ergebnisse mögen nicht sicht- und greifbar sein wie die Früchte des Feldes. Aber du siehst darin dennoch einen Schatz von Erkenntnissen und neu dazugewonnenen Weisheiten.

Dabei wohnt in dir eine Schöpferkraft, die gestalten kann und die bewegt. Bist du dir dieser Kraft bewusst? Kannst du zu dir sagen: „Ja! Das war ich! Ich habe das alles in diesem Jahr erreicht! Ich war gut angebunden an meine Quelle. Ich bin hoch zufrieden mit meinen Ergebnissen!" Du hast vielleicht Hürden und Hindernisse überwinden müssen. Du warst bei manchen Aufgaben kurz vor der „Aufgabe". Du hast vielleicht auch kleine „Missernten" hinnehmen müssen. Du hast Energie und Kraft in die Arbeit hineingelegt. Du warst liebevoll, achtsam und fürsorglich mit den Menschen und mit den Dingen. Am Ende wirst du mit dem leben, was als Ergebnis vor dir liegt. Es mag dir wenig oder viel erscheinen.

Nach dem Schöpfen kommt die Erschöpfung. Wenn die Mutter das Kind auf die Welt bringt, kommt die Erschöpfung. Wenn die Erde die Früchte hervorgebracht hat erlebt auch sie die Erschöpfung. Die Erde kann für den Augenblick nichts mehr hergeben. Auch die Erde ist erschöpft. Die Energie ist geflossen und es braucht eine Zeit der „Rekreation". Ein schönes Wort: „Rekreation"! Du brauchst Zeit, dich zu erholen und zu erfrischen. „Creare" heißt erschaffen und „recreare" meint dann vielleicht den Zeitraum, den es braucht, um wieder in die Schöpferkraft zu kommen.

In unserer Zeit des pausenlosen Schaffens fällt das vielen Menschen schwer. Sitzen, nichts tun, die Hände in den Schoß legen. Es geht darum, nach der Schaffensperiode einfach auszuruhen. Auch hier steckt die Botschaft im Detail. Du bist eingeladen, so lange zu ruhen, bis die Ruhe „aus" ist. „Aus-ruhen" meint also, nicht zu früh wieder anzufangen sondern sich so viel Zeit zu lassen, wie es braucht. Ruhe doch mal fertig!

Ich gehöre leider zu den Menschen, die immer vorzeitig aufstehen und weitermachen. Ich gönne mir die Tasse Kaffee am Nachmittag. Aber der letzte Schluck bringt mich vorzeitig wieder in Bewegung. Es fällt mir schwer, einen zusätzlichen Moment innezuhalten und noch einen Moment und noch einen Augenblick... Da fängt plötzlich das Kribbeln an und die Botschaft: Komm, Zeit ist Geld! Du musst noch so viel erledigen! So „erledigst" du, bis du „erledigt" bist.

Mir geht es um die Aufmerksamkeit für den Übergang. Es gibt einen Übergang von der Erschöpfung hin zu dem Wiederaufnehmen des Schöpfens. Denn nach der Ruhephase gibt es ja auch den Augenblick der Freude und der Wiederbelebung der Kräfte: „Jetzt geht es los!" Wann kommt der Augenblick, wo es stimmig ist? Bist du wirklich schon so weit? Kannst du wieder loslegen?

Wenn du immer zu früh anfängst mit der Arbeit und diesen Zeitraum zu lange ausdehnst, wirst du die Balance im Leben verlieren. Ich kenne genug Menschen, die gar nicht mehr in der Lage sind, sich der Muße hinzugeben. Im Herbst und im Winter wirst du dich hoffentlich ausruhen dürfen.

Alle Religionen teilen die wohltuende Erfahrung des Wechsels von Arbeit und Pause. Auch die Bibel erzählt von dem Schöpfergott, der am siebenten Tag ruhte. Er besah sich sein Werk und stellte fest: „Siehe, alles war sehr gut!“

Das „Ausruhen“ bekommt noch eine zusätzliche Qualität. Neben dem Kraftsammeln für neue Taten geht es um mehr. Im Innehalten wächst und verändert sich dein Bewusstsein. Du wirst dir bewusst, dass du ein schöpferischer Mensch bist. In der Stille wächst die Freude über das Geschaffene. In der Ruhe reift das Gefühl der Dankbarkeit wie die Süße in den Trauben an den letzten Sonnentagen vor der Ernte. Im Innehalten zu genießen wird dir helfen, in das Bewusstsein von Verbundenheit zu kommen. Du bist verbunden mit dir selbst, mit der Schöpfung, mit den Menschen und der Quelle, die ich Gott nenne. In diesem Sinne wünsche ich dir erntereiche Ausruhzeiten.

29 Reißt du Bäume aus oder pflückst du Gras?

Folgenden Spruch fand ich auf einer Karte: „Ich fühle mich, als könnte ich Bäume ausreißen. Also kleine Bäume. Vieleicht Bambus. Oder Blumen. Na gut. Gras. Gras geht.“

Bäume ausreißen zu können ist wohl nicht sehr realistisch. Ohne Hilfsmittel reicht es nicht einmal für einen Baumstumpf. Aber das Gefühl dazu hätte ich gerne und am liebsten jeden Tag. Leider kenne ich diese Kette der „abfallenden Energien“ nur zu gut. Nach der Selbstüberschätzung lande ich häufig beim Gras.

Bevor ich aber mit dir den Grashalm pflücke lade ich dich ein zu einer kleinen Gedankenreise und wir schauen mal, wo sie uns hinführt. Zunächst einmal sehe ich diesen immensen Energieaufwand, einen Baum auszureißen! Übertrieben, nicht notwendig und Anzeichen für ein überdrehtes Ego. Im Hintergrund weiß ich schon im Voraus, dass ich eigentlich nur Gras schaffe. Ich bin von meinem Wesen her eher ein „Grasrupfer“ als ein „Bäumeausreißer“, oder? Blumen traue ich mir auch noch zu und unter Umständen eine Bambuspflanze. Aber Bäume? Nie und nimmer! Aber manche Menschen müssen vor ihren Handlungen zunächst in die Baumenergie gehen, damit sie wenigstens das Gras schaffen. Besser Gras als gar nichts.

Der Bildgegensatz von Baum und Gras führt mich zu einem weiteren Gedanken. Ich kenne es bei mir selbst und auch von anderen, dass sie sagen: „Ich muss mir meine Kräfte gut einteilen, sonst schaffe ich es nicht.“ Wenn du eine körperliche Beeinträchtigung hast, dann kommst du gar nicht mehr auf den Gedanken, dass du Bäume ausreißen könntest. Du bist froh über jeden Grashalm, den du bewegen kannst. Du machst dir am Anfang der Woche Gedanken über die Anzahl deiner zu beackernden Halme und teilst sie gleichmäßig auf die einzelnen Wochentage auf. Für jeden Wochentag machst du erneut eine Aufteilung und schaust, wann du fit bist und wie viele Grashalme du wann pflücken kannst. Es geht um einen sinnvollen Umgang mit dem eigenen Kräftehaushalt.

Du warst einmal jung und dynamisch und hast dir vielleicht keine Gedanken darüber gemacht, ob deine Kräfte ausreichen für deine Unternehmungswünsche. Du hast einfach gemacht und an das Unmögliche geglaubt. Du warst von deinem inneren Wesen her ein „Bäume-Ausreißer"!

Doch wenn du dich ein paar Mal verhoben hast, weil du über deine Kräfte hinausgegangen bist, holt die Realität dich schnell ein. Mit den quälenden irreversiblen körperlichen oder psychischen Beeinträchtigungen sieht deine Welt jetzt anders aus. Mehr „grashalm-mäßig". Du teilst nun ein, du berechnest und du wägst ab.

„Ich merk das schon", sagen mir ältere Freunde, „dass das nicht mehr so geht wie noch vor ein paar Jahren." Und dann braucht es seine Zeit, alle Kräftestadien zu durchwandern. Du beginnst mit der überbordenden Baumkraft, gehst elegant zum Bambus, mit Wohlwollen zu den Blumen und landest vielleicht verbittert oder auch demütig beim Gras, in das du am Ende deines Lebens dann „beißen" wirst. Schön, wenn du den Weg dann noch mit Humor gehen kannst.

Es kann dir also leicht geschehen, dass du genauso dein Leben wahrnimmst, wie ich es gerade beschrieben habe. Ein kontinuierlicher Abstieg im Nachlassen von Fähigkeiten und Kräften. Richtig? „Halt Stopp!" Das mag zwar alles irgendwie stimmen. Zugleich aber sehe ich etwas, auf das ich im Folgenden deine Aufmerksamkeit richten möchte.

Jenseits des täglichen sich Abmühens betrachte ich mein ganzes Leben als einen kontinuierlichen Wandlungsprozess. Ich investiere meine Kräfte und gewinne Erkenntnisse. Ich setze mich ein und mache Erfahrungen. Ich sehe Prozesse und Ergebnisse. Ich nehme den Umfang und Wert meiner vielen Millionen Gedanken wahr. Ich sehe die vielen Beziehungen, für die ich mich eingesetzt habe. Ich betrachte die Werke meiner Hände und die tausenden von bewältigten Aufgaben. Ich zähle die Wäscheberge, die ich gebügelt habe. Ich halte mir den Kartoffel-

und Gemüseacker vor Augen, den ich im Laufe meines Lebens vertilgt habe. Ich nehme wahr, dass ich meine Kräfte ganz oft für viele wichtige Dinge verwendet habe. Zu alle dem kann ich gut „Ja!" sagen.

Ich stelle mir also vor, dass mein Leben ein ständiges Umsetzen von Energie ist. Ich verwende meine Kräfte und erreiche etwas damit. Somit ist nichts verloren gegangen. Sogar dort, wo ich die unnötigen Bäume ausgerissen habe kann ich „Ja!" sagen. Dort habe ich die vielleicht wichtigsten Lernprozesse gemacht und Erkenntnisse für mein Leben gewonnen.

Jetzt kann ich zwei Geschichten erzählen. Ich erzähle die Lebensgeschichte von meinem Beginn mit dem Ausreißen des Baumes und vom Ende mit dem Pflücken des Grashalmes. Oder ich erzähle die Geschichte von meinen Prozessen der Verwandlungen, Erfahrungen und Erkenntnisse! Beide Geschichten gehören zu meinem Leben dazu.

Ich erinnere mich daran, dass Jesus beide Erfahrungen kennt. Einmal spricht er davon, dass ein Hausherr nur ein Haus bauen sollte, wenn er die Kosten vorher ordentlich berechnet hat. Ein anderes Mal spricht er von dem Glauben, der in der Lage ist, Berge zu versetzen. Zwei Weisheiten, die sich scheinbar widersprechen und dennoch ergänzen.

Und hier wird es interessant. Als körperlich und psychisch begrenzte Menschen leben wir in der Erfahrung der Endlichkeit. Wir unterliegen den Naturgesetzen. Der Apfel fällt! Die Zellen altern! Die Kräfte schwinden!

Zugleich unterliegen wir jedoch einem anderen Gesetz. Auf der geistigen Ebene haben wir unbegrenzte Kräfte und dürfen ewig leben. In unserem Bewusstsein können wir uns vorstellen, dass wir zu einer größeren und umfassenderen Welt gehören als der Körper uns vorgibt. Dein Körper sitzt jetzt auf dem Platz, wo du diese Zeilen liest und erfährt darin eine klare Begrenzung. Zur gleichen Zeit kann sich dein Geist ausdehnen über dein Zimmer hinaus, über die Wohnung hinaus, über deinen Ort hinaus bis zur Sonne und immer weiter. Dein Körper gibt dir das Signal: „Ich kann nicht mehr!" oder „Jetzt geht es noch ein wenig!“ Zur gleichen Zeit kennt dein Bewusstsein das Wort Erschöpfung nicht.

Irgendwie müssen wir als Menschen diesen Spagat hinbekommen. Wir nehmen unseren Körper und unsere Kräfte wahr als Konstanten, die uns lebenslang begleiten. Zugleich gibt es für uns als spirituelle Wesen die Möglichkeit, darüber hinauszuwachsen. Während du mühsam deinen Grashalm pflückst, kannst du zur gleichen Zeit im Herzen voller Freude und Dankbarkeit sein über das Bewusstsein, dass du „Du“ bist. Du kannst einen Grashalm pflücken und trauern über deine mangelnden Möglichkeiten - oder Grashalme pflücken in der Wahrnehmung einer unendlichen Dankbarkeit der Weite des Lebens gegenüber. In einem Augenblick der Verbundenheit entscheidest du dich für die Fülle und im nächsten Augenblick des Mangels für die Trennung.

Wenn du das Gefühl hast, dass du Bäume ausreißen könntest, dann bist du vermutlich in diesem grandiosen Bewusstsein der Verbundenheit. Du bist erfüllt von dem Göttlichen, das durch dich hindurchfließt. Ob du am Ende auch materielle Bäume damit ausreißt oder Berge versetzen kannst ist dabei nicht so wichtig. Vielleicht wäre es grundsätzlich hilfreich, zu einer Haltung zu gelangen, bei der du in die „Bäume-Ausreiß-Qualität“ kommst. Also vor jeder Aufgabe sich hinsetzen und tief durchatmen. Werde dir deiner Schöpferkraft bewusst und sage dir: „Ich bin ein Kind Gottes!“

30 Sich hingeben – oder die Kunst, Kastanien zu sammeln

Ich mag Kastanien. Wenn sie am Boden liegen weiß ich, dass der Herbst Einzug gehalten hat. Es kommen Erinnerungen hoch an meine Kindergarten- und Schulzeit, wo wir aus diesen Kastanien und Streichhölzern Tiere gebastelt haben. Ich kenne eine Frau, die einen sehr emotionalen und berührenden Zugang zum Thema Kastanien hat. So übergebe ich das Wort an meine Freundin.

„Also, wenn ich Kastanien finden will, muss ich schon im Sommer anfangen. Wenn ich zum Beispiel umgezogen bin, dann weiß ich zunächst nicht, wo in meiner Umgebung Kastanienbäume stehen und ob sie frei zugänglich sind. Wenn ich im Herbst welche finden will, dann muss ich schon im Sommer Ausschau danach halten. Wichtig ist, dass ich sie dann kontinuierlich im Blick behalte. Wie weit sind sie? Wann fallen wohl die ersten zu Boden? Schließlich gibt es in der Regel viele Interessenten dafür. Erzieherinnen, Kinder und andere Herbstsammler.

Da kommt zunächst einmal diese Vorfreude, die plötzlich auftaucht. Bald ist es so weit! Der Zeitpunkt rückt immer näher. Die Bäume sind voll, aber noch will keine fallen. Ich muss mich noch gedulden. Zugleich muss ich ab einem bestimmten Zeitpunkt regelmäßig wiederkommen sonst verpasse ich den Augenblick, wo es losgeht.

Und irgendwann ist es so weit. Ich gehe zu den Bäumen hin und blicke erwartungsvoll auf den Boden. Ich sehe die ersten Kastanien in der stacheligen Hülle.

Mein Herz hüpft vor Freude über diesen Augenblick. Ich habe so lange gewartet und jetzt werde ich belohnt. Ich darf die erste Kastanie nehmen und sie auspacken. Und wenn ich Glück habe, erwische ich eine „Zwillingskastanie." Ich packe sie aus und sie glänzt in der Sonne. Ich halte dieses glänzende Etwas in meinen

Händen und befühle es und streichle es und – stecke diesen Schatz schnell in meine Tasche. Meine erste Kastanie in diesem Jahr. Ich habe sie entdeckt! Niemand sonst! Es ist mein ganz persönlicher Schatz!

Davon möchte ich mehr! Das Ereignis möchte ich wiederholen. Ich sehe noch eine frische Kastanie auf dem Rasen und noch eine. Eine um die andere stecke ich in meine Jackentasche und fühle mich glücklich und beseelt.

Diejenigen, die schon länger daliegen, interessieren mich nicht. Wenn sie auf die Straße fallen haben sie oft schon eine Macke oder ihren Glanz verloren. Mich interessieren die heilen und glänzenden – und vor allem die eingepackten!

Es darf mir auch niemand beim Finden helfen oder Hinweise geben. Ich möchte selbst entdecken. Ich befinde mich in einem Finderausch. Es ist mein Finderausch und ich möchte mich dem hingeben. Irgendwann bin ich satt und die Kastanien liegen als Herbstdeko auf meinem Tisch. Und ich weiß, ich bin im Herbst angekommen.“

Ich stehe daneben und staune. Ich staune darüber, dass es möglich ist, eine solche Leidenschaft zu entwickeln für das Kastaniensammeln. Ich staune über die Details und das Ausmaß der Freude. Und es ist ein Geschenk, teilnehmen zu dürfen.

Es gibt einen tieferen Sinn, warum ich dir von der Kastaniensammlerin erzähle. Ich sehe Kastanien zwar, aber ich empfinde relativ wenig dabei. Sie sind halt da. So wie Eicheln am Boden liegen oder das Wasser im Bach fließt. Meiner Freundin geht schon das Herz auf, allein wenn sie an das erste Sammeln denkt oder darüber spricht. Da liegt der Unterschied!

Im Herbst richtet sich die Aufmerksamkeit vieler Menschen auf das, was wir geerntet haben. Aus diesem Anlass feiern wir Erntedank. Wir sagen Dank für die Ernte und für das, was eigentlich nicht selbstverständlich ist. Aber das sind Sätze für den Kopf und Sätze für die Moral nach dem Motto: „Sei dankbar!“ Was ist jedoch, wenn du diese Dankbarkeit nicht spürst? Wenn die Dankbarkeit nicht mit einer tiefen Freude verbunden ist. Es geht mir also nicht um den Appell: „Sei dankbar!“ Es geht mir um die Freude, die du spüren kannst, wenn du die frischen Kastanien siehst oder die duftenden Äpfel riechst.

Du nimmst mit allen Sinnen wahr. Du riechst die Kräuter, du siehst die Kartoffeln, du schmeckst die Birnen, du befühlst die Nüsse. Du tauchst ein in die Fülle von allem, was ist. Du bist ein Teil der Schöpfung!

Meine persönliche Leidenschaft dreht sich weniger um die Kastanie sondern mehr um die Kartoffel. Kartoffeln sprechen mit mir. Sie sagen mir: „Wir wollen zu dir!" Ich sehe eine Kartoffel an und es kommt ein klares „Ja!" oder ein „Nein!" Bei Kartoffeln geht mein Herz auf. Ob gebraten oder gekocht, aus dem Ofen oder als Bestandteil im Eintopf ist egal. Allein die Vorstellung und das Bild davon lässt mich ein ganzes Buch darüber schreiben.

Und, wie steht es mit dir? Wenn du im Herbst das Obst und Gemüse siehst! Wo geht dein Herz auf? Wo wird deine Leidenschaft geweckt? Wo wirst du lebendig? Wo verlässt du den moralischen Appell der Dankbarkeit und findest den Weg zur puren Lebensfreude? Welche Geschichte würdest du mir mit leuchtenden Augen erzählen?

Wenn ich diese Frage stelle fällt mir ein weiteres Wort ein: „Hingabe!" Sich der Freude hingeben, sich den Kastanien hingeben, sich einem tollen Essen hingeben, sich der Liebe hingeben. Das ist für mich ein zutiefst spirituelles und religiöses Erlebnis. Du wendest dich mit deiner ganzen Aufmerksamkeit und deinem Dasein etwas hin und gehst darin auf. Für einen Augenblick wirst du zur Kartoffel oder zur Kastanie oder zu deiner Geliebten.

Du lässt dein Sicherheitsbedürfnis los und damit alle deine Ängste. Du gehst hinein in einen Prozess von Auflösung und Ganzwerdung zugleich. Wenn du dich hingibst, dann machst du das ganz freiwillig. Ganz von dir aus und mit deinem ganzen Wesen. Und darin kommt etwas Göttliches zum Vorschein.

Gott selbst erlebe ich als leidenschaftlich und hingebungsvoll. Vielleicht kannst du dir vorstellen, dass es auch bei dir zu einer tollen göttlichen Begegnung kommen könnte. Du und deine

„Kastanie“ oder „Kartoffel“ oder was immer du auch liebst und für Wert erachtest, dich hinzugeben. So wünsche ich es dir, ganz in dieser „Erntefreude“ zu sein.

31 Weite deinen Freiraum!

Wird es reichen? Am Ende des Monats schaust du auf dein Bankkonto und bekommst ein beklemmendes Gefühl. Da sind nur noch wenige Geldreserven da und es wird eng für die letzten Tage.

Du hast einen Termin vereinbart und steckst mit deinem Auto im Stau. Du wirst unruhig und schaust ständig auf die Uhr. Noch gibt es einen Puffer, aber wie lang reicht er noch? Irgendwann wird es eng und du weißt nicht, ob du pünktlich an dein Ziel kommst.

Du glaubst dich am Ende deines Lebens. Eigentlich wolltest du noch dieses oder jenes erledigen. Du stirbst und dein Leichnam wird in den Sarg oder die Asche in die Urne gelegt. Sowohl da als auch in der Erde wird es eng.

Dir wird klar, dass du in dieser Woche viele Aufgaben zu erledigen hast. Dein Terminkalender wird voller und voller. Deine Gedanken kreisen um die Anforderungen und du machst dir Sorgen, ob du das alles noch schaffst, was du dir vorgenommen hast. Es wird enger und enger.

Du kommst von der Arbeit nach Hause und bist in Gedanken bei den Ereignissen des Tages. Du kannst nicht loslassen und hast dich noch nicht von dem zuvor Erlebten verabschiedet. Zu Hause wirst du überfallen mit Wünschen und Bitten und du merkst, dass du gar nicht dazu bereit bist. Du spürst eine starke körperliche Enge.

Dieses Erleben wird oft begleitet von körperlichen Phänomenen. Du vergisst förmlich zu atmen. Oder du wirst umgekehrt hektisch und atmest unregelmäßig oder viel zu schnell.

Immer wenn es eng wird bist du nicht mehr gut in dem, was du tust. Du verlierst die Aufmerksamkeit für die Details. Du fühlst dich überfordert. Du verlierst den Überblick. Du bist angespannt. Du bist nicht mehr ganz präsent. Irgendwann versuchst du, alles „so ungefähr“ hinzubekommen, aber eben nur „so ungefähr“. Du hast das Gefühl, als ob du in ein anderes Betriebssystem schaltest. Wenn es eng wird, wechselst du in den Funktionsmodus.

Eng kann es auch beim Kontakt mit Menschen werden. Ist dir folgende Erfahrung vertraut? Da steht dir jemand gegenüber und kommt dir mit seinem Gesicht näher. Er überschreitet diese imaginäre, unsichtbare und persönliche Körpergrenze immer mehr. Dir wird es unangenehm und du weichst instinktiv einen Schritt zurück. Dein Gegenüber bemerkt dein Unwohlsein nicht und rückt nach. Du spürst die sich verkürzende Distanz wie eine Bedrohung. Es fällt dir immer schwerer, aufmerksam zuzuhören und du weichst wieder einen Schritt zurück. Was ist dein Impuls? „Es wird mir hier viel zu eng! Rück mir von der Pelle!"

Auf der anderen Seite sprechen wir von engen Freundinnen und einer engen Verwandtschaft. Dann geht es nicht um Einengung, sondern um unser Wohlgefühl bei einer positiv erlebten Nähe. Nicht jede Enge wird also automatisch negativ empfunden. Die meisten „Engen" jedoch bedürfen der Aufmerksamkeit und rufen nach einem entlastenden und verändernden Schritt. Wenn es eng wird, dann brauchst du zuerst einen Freiraum.

Stell dir eine Lehrerin in ihrem Klassenzimmer vor, die von allen Kindern körperlich gleichzeitig bestürmt wird. Sie wird sagen: „Macht mal erst Platz!" Wenn du zu viele Aufgaben zur gleichen Zeit erledigen musst ist es wichtig, sich zuerst inneren Freiraum und Platz zu verschaffen. Im Freiraum kannst du vom Funktionsmodus in einen entspannten Zustand umschalten.

Das Leben wird sich durch den Freiraum verändern. Du bekommst neue Impulse. Die Aufgaben lassen sich leichter bewältigen. Du fühlst dich im Fluss mit den Dingen und alles geht dir leicht von der Hand.

Ich kenne viele Menschen, die einem anderen Lebensprinzip folgen. Sie erledigen erst die vielen einengenden Aufgaben und atmen dann erleichtert auf. Sie gönnen sich den Freiraum erst dann, nachdem sie es sich „leisten" können. Das Konzept Freiraum als Belohnung halte ich nicht für sehr hilfreich. Bei dieser Vorstellung bewegst du dich von Anspannung zu Anspannung, von Enge zu Enge und von Erleichterung zu Erleichterung. Irgendwann bist du nur noch froh über die kurzen Augenblicke de Aufatmens im Verlauf der ständig gewohnten Enge.

Wenn du dir zu Beginn des Tages und auch zwischendurch Freiräume schaffst, wirst du gut durch den Tag gehen können. Du kannst mit deiner Aufmerksamkeit nach Innen gehen und dir vorstellen, wie du deine Räume ausweitest. Schaffe bildlich gesprochen deinem Herzen Platz, damit es atmen kann. Schon der Psalmbeter kannte diese wunderbare Erfahrung als Dank an Gott. „Als mir eng war, hast du es mir weit gemacht." (Psalm 4)

Mir kommt die Verheißung dieses Verses sehr entgegen. Ich habe die Chance, auch angesichts der Fragen von Tod und Sterben meinen Freiraum zu weiten. Die Erfahrung vom Verlust eines geliebten Menschen kann das Herz ganz schön eng machen. Das Bewusstsein, dass ich dem Tod immer näher komme und meine Möglichkeiten sich allein dadurch zeitlich immer mehr einschränken, kann leicht einen Mangel bewirken. Enge und Angst ziehen ein, überfallen mich, nisten sich bei mir ein und bestimmen meinen Weg.

Du hast es in der Hand. Du kannst eine Entscheidung treffen und für einen Moment innehalten: Stopp sagen und den Herzensraum weiten. Und wenn dir jemand zu nahe in dein Gesichtsfeld tritt dann kannst du sagen: „Schön, dass du da bist und meine Nähe so schätzt. Aber ein paar Zentimeter mehr Abstand lässt meine Sympathie zu dir noch wachsen." Dann atmest du tief ein und füllst Bauch und Brustraum ganz aus mit deiner Gegenwart. Hier stehst du und nimmst den Raum ein, den du brauchst, um gut da sein zu können.

32 Auf der Suche nach dem eigenen Platz im Leben

Immer wieder beschäftigt mich die Frage: Wo gibt es einen Platz für mich? Wo darf ich leben, wo darf ich sein? Ergeht es dir auch manchmal so wie bei dem Kinderspiel von der Reise nach Jerusalem? Es ist kein Stuhl mehr für dich frei! Du hast das Gefühl, du gehörst nicht dazu. Du kommst zum Beispiel etwas später zu einer Geburtstagsfeier. Alle lachen, unterhalten sich und sind in ausgelassener und gelöster Stimmung. Du hast den Eindruck, du kommst nicht wirklich dazwischen. Und du bist die Einzige, der Einzige, der nicht dazwischen kommt. Du strengst dich an, nickst allen freundlich zu und signalisierst dein Interesse. Deine Seele scheint irgendwo im Raum zu schwirren, aber nicht in dir an dem Platz, wo sie sich wohlfühlt. Da kommen vielleicht so alte Kindersprüche hoch, die dich damals schon gekränkt haben: „Aufgestanden, Platz vergangen, musst dir einen wieder fangen!“ Schrecklich, nicht wahr! Das wird schnell zu einem Einfallstor für eine depressive Grundstimmung: „Ich gehöre hier nicht hin!“ „Ich gehöre nirgendwo hin!“ „Es ist so anstrengend, sich immer zu bemühen!“ Und viele Ausbrüche mehr.

Ich möchte dir von meiner letzten Zugfahrt erzählen. Ich war zu einem Meeting in Stuttgart und hatte für den Rückweg im ICE einen Platz reserviert. Als ich im Zug einstieg, saß auf meinem Platz ein Mann und las seine Zeitung. Zwischen seinen Füßen stand seine Aktentasche. Am Haken hing sein Mantel. „Es tut mir Leid“, sagte ich, „aber dieser Platz ist leider reserviert.“ (Nur so nebenbei – das mit dem „Leidtun“ ist doch eine Floskel, oder? Man ist doch froh über einen Platz, der freigehalten wird von der Bahn, extra für dich. Außerdem kostet das ja auch Geld.)

Aber weiter zu meinem Erlebnis. Der Mann faltete wortlos seine Zeitung zusammen, nahm seinen Mantel und seine Tasche und setzte sich direkt auf den Sitz vor meinem jetzt frei gewordenen Platz und faltete seine Zeitung wieder auseinander. Aber dort gab es auch eine Reservierung. Der „Besitzer“ dieses

Platzes kam weniger als eine Minute später. Das gleiche Spiel wiederholte sich: „Entschuldigung…“ Zeitung falten, Mantel und Tasche nehmen. Wieder einen Platz weiter, jetzt schräg rechts davor. Wieder keinen Blick auf das „Reserviert“ - Zeichen und die Zeitung ausfaltend. Dieses Mal saß dort schon ein Gast, der nur mal kurz zur Toilette musste. Wieder stand Mister „Besetzer“ wortlos auf und suchte sich den nächsten freien Platz. Der lag dann leider im nächsten Abteil und ich weiß nicht, wie die Geschichte endete. Meine ersten Regungen waren: „Der hat nicht alle Tassen im Schrank! Kann er denn nicht nachschauen! Ist der blind? Warum hat er sich nicht eine Reservierung bestellt wie jeder andere? Ist der dreist!“

Zugleich jedoch musste ich innerlich grinsen. „Welch herrliches Erlebnis hier im Zug! Ach, wie wunderbar dreist doch jemand sein kann! Wie abgefahren! So frech möchte ich auch mal sein! So bekommt man auch einen Platz – halt immer wieder einen neuen. Das ist zwar anstrengend und aufwendig, aber so geht es auch!“

Es gibt viele Möglichkeiten, mit der Frage nach dem Platz im eigenen Leben umzugehen. Warte ich darauf, bis mir jemand einen Platz an seiner Seite anbietet? Ergreife ich die Gelegenheiten, die sich mir bieten? Nehme ich einfach Platz, wo immer ich einen sehe? Warte ich auf Einladungen? Verbinde ich das mit der Frage: Werde ich gesehen? Mag mich jemand? Kann ich es akzeptieren, auch einmal übersehen oder abgelehnt zu werden?

Im November verbinden wir uns mit den verstorbenen FreundInnen und Familienmitgliedern. Die hatten auch mal einen körperlichen Platz in dieser Welt und mussten ihn verlassen. Auch wir werden diesen Platz einmal räumen müssen. Es gibt keine festen Plätze, die für immer und ewig an der gleichen Stelle unser Eigen sind. Du bist Gast auf dieser Welt und ich bin es auch. Als Gast habe ich auf jeden Fall einen Platz, wo ich gerade bin. Das ist doch schon mal eine Aussage!

Da, wo ich gerade bin, kann niemand anders sein. Ich habe meinen Platz, weil ich Bin. Vor Gott und in Gott hat jeder und jede einen Platz. Ich brauche nicht darum zu kämpfen. Ich brauche ihn nicht zu erbitten und es muss ihn mir niemand einräumen. Er ist mir gegeben. Nur das „Wo“ ist eine Frage, nicht das Grundsätzliche. Also sei gelassen! Aufgestanden, Platz vergangen… Na und?

Schauen wir doch einmal, wo das nächste Abenteuer auf mich wartet und welche Spiele es auch noch gibt. Es soll sogar Zugreisende geben, die zusammenrücken, damit auch du sitzen kannst!

33 Wohlan denn, Herz, nimm Abschied und gesunde

Mit diesem Vers endet das Gedicht „Stufen“ von Hermann Hesse. Abschied nehmen und gesunden? Im „Totenmonat“ November werden die Abschiede von unseren verstorbenen Angehörigen besonders präsent. Wir besuchen ihre Gräber und verbinden uns mit ihnen.

Im Gedenken wird uns zugleich unsere eigene Endlichkeit bewusst. Auch wir werden uns von dieser Welt eines Tages verabschieden. Wir müssen hineingehen in den großen Abschied. Auch wenn wir alle Energien einsetzen, ihn durch ein gesundes Leben so weit wie möglich hinauszuschieben: Wir kommen nicht drum herum. Zum Glück können wir uns vorher einüben. Wir haben schon bei der Geburt den ersten Abschied genommen von der Bauchhöhle unserer Mutter. Wir haben uns von der Kindergartenzeit verabschiedet, von der Schule, vielleicht schon vom Berufsleben, von Freundinnen und Freunden und von der ersten großen Liebe. Manchmal fiel der Abschied leicht, oftmals aber auch schwer, vor allem, wenn wir nicht loslassen konnten oder wollten. Wie kann Hermann Hesse davon sprechen, dass wir gesunden, wenn wir Abschied nehmen?

Stell dir nur einmal vor, du wärest im Bauch deiner Mutter geblieben oder du wärest ein ewiges Kind im Kindergarten? Irgendwann wäre es nicht mehr stimmig und deine Weiterentwicklung hätte dir gesagt, dass etwas Neues beginnen müsste. Im Gedicht „Stufen“ sagt Hermann Hesse: „Wir sollen heiter Raum um Raum durchschreiten. An keinem wie an einer Heimat hängen.“ Es geht um die immer wiederkehrende Gefahr, dass wir festhalten möchten. Wir möchten halten, was wir lieben. Aber indem wir festhalten, hören wir auf zu lieben und halten eben fest. Wir konservieren etwas, das nur im „Frischezustand“ vorhanden ist. Manche Traditionen wirken darum so sinnlos und leer, weil sie eher der Ausdruck von etwas längst Vergangenem sind. Die Liebe zu den Dingen und den Menschen muss frei sein. Sie „geschieht“ immer in der Gegenwart. Du erlebst die Liebe im Augenblick und im Hier und Jetzt, oder wie Hermann Hesse es ausdrückt, im heiteren Durchschreiten unserer Lebensräume.

Abschied nehmen und gesunden? Wenn wir festhalten, werden wir also krank. Das kann sowohl auf der körperlichen also auch auf der geistig- seelischen Ebene geschehen. Denke einfach nur mal an dein Verdauungssystem und deine verbrauchten Zellen. Sie müssen deinen Organismus verlassen, sonst vergiftest du dich. Oder ich denke an ein Ehepaar, das seit vielen Jahrzehnten verheiratet ist. Der Eine stirbt und die Andere bekommt ein Gefühl, wie mit gestorben zu sein. Die Welt bleibt stehen und die Übriggebliebenen warten, bis sie auch gehen dürfen. Es sei denn, es gibt eine Möglichkeit, innerlich loszulassen und einen Neubeginn zu wagen.

Abschied nehmen ist leichter gesagt als getan. Wenn wir an den großen Abschied denken, den Tod, so wissen wir ja, dass es kein Zurück gibt. Die kleinen Abschiede mögen wir ja noch gut bewältigen, aber...

Ich glaube, da gibt es einen Denkfehler. Wir konstruieren in unserem Kopf einen Gegensatz, den es so in Wirklichkeit nicht gibt. Hier das Leben – und absolut jenseits davon der Tod. Du glaubst: Entweder lebst du oder du bist tot. Weichen wir doch einmal die Grenzen auf! Lebst du wirklich? Ja, dein Körper scheint zu funktionieren, zwar mit der einen oder anderen Einschränkung oder Blessur, aber immerhin. Aber, lebst du wirklich? Fühlst du dich lebendig? Es ist wie mit der Liebe. Lieben kannst du nur, indem du liebst. Leben kannst du nur, indem du lebst. Wenn du sagst: „Erst im Urlaub lebe ich so richtig auf.“ Dann lebst du nicht den Alltag, dann bist du streckenweise wie „zwischentot“. Jetzt, wo du diese Zeilen liest, wird dir bewusst, dass du dich freust oder ärgerst. Du spürst das Leben in dir. Wenn du dich nicht mehr spürst und die Gegenwart verlässt dann befindest du dich wie in einem „Mini-Tod“. Du hältst das Vergangene fest und gehst in die Erstarrung.

Noch ein Gedanke für die Auflösung der Grenzen von Tod und Leben. Als du im Mutterleib warst, dachtest du vielleicht bei der Geburt: „Hilfe, ich sterbe!“ Du hattest wahrscheinlich keine Geburtsfreuden, sondern eher Todesangst. Aber, du lebst! Jetzt denkst du: „Aber wenn ich gestorben bin, bin ich wirklich tot.“

Da sagt Jesus im Lukasevangelium (Lk 20,38) „Er ist doch kein Gott von Toten, sondern von Lebenden; denn für ihn sind alle lebendig.“ Für Gott sind alle lebendig! Deine verstorbenen Eltern, deine Familie, die Freunde, alle Menschen aller Religionen und du selbst auch. Für Gott sind alle lebendig, meint Jesus. Wir verwechseln das rein körperliche Ende mit dem Tod von allem insgesamt. Ja, der Körper ist begrenzt, aber du selbst mit deinem innersten Wesenskern wirst nicht sterben. Du wirst leben. Aber ob du wirklich lebst und das Empfinden von Leben hast, entscheidest du einfach selber, indem du dich weiterentwickelst. Im Grunde ist es egal, ob du jetzt in diesem vorübergehenden Körper zuhause bist, oder nach diesem Leben in einen anderen Seinszustand übergehst, du kannst immer tot und/oder lebendig sein.

Noch einmal Hermann Hesse im Gedicht „Stufen“: „Es wird vielleicht auch noch die Todesstunde uns neuen Räumen jung entgegen senden. Des Lebens Ruf an uns wird niemals enden... Wohlan denn, Herz, nimm Abschied und gesunde!“ In diesen Versen verbergen sich ein paar hilfreiche Hinweise für das Leben.

1. Die Todesstunde macht uns jünger und nicht älter. Die neuen Räume werden uns erfrischen und beleben wie das Erlebnis der großen Welt damals nach unserer Geburt. Der Tod ist nicht der Tod, sondern die Öffnung der neuen Räume.

2. Die Tür zu den neuen Räumen liegt nicht in der Region des Verstandes, sondern im Herzen.

3. Da gibt es „des Lebens Ruf". Von außen sagt die Stimme: „Mach dich auf!" Ich glaube, dass Gott uns ruft. Werde aufmerksam für seine Stimme.

34 Steh auf!

Jesus befindet sich in guter Gesellschaft mit Marius Müller-Westernhagen, Bushido, Culcha Candela, Betontod und den Toten Hosen. Sie alle und noch einige Künstler mehr sangen oder sprachen diese Aufforderung aus: „Steh auf!“

Das sind energische Worte! „Steh auf!“ Mit Ausrufezeichen! Jesus richtet diese Worte an den verstorbenen Sohn einer Witwe. Dieser wird gerade auf der Bahre liegend weggetragen. „Steh auf!“ ruft Jesus in einem eindeutigen Befehlston. Man stelle sich einmal vor, er würde folgendes sagen: „Junger Mann, es wäre doch schön für deine traurige Mutter und für alle anderen Verwandten, wenn du es dir mit dem Sterben noch einmal überlegen würdest. Die ganze Zukunft liegt noch vor dir! Willst du das alles wegwerfen? Ist deine Zeit denn wirklich schon gekommen?“ Das wären zwar sehr einfühlsame Worte gewesen und sicherlich angemessen für einen Toten und zugleich tröstlich für die Mutter. Hätten solche Worte jedoch ausgereicht, einen Toten aufzuwecken? Jesus entscheidet sich für die harte Tour. „Steh auf!“

Die Band Betontod singt in ihrem Lied: „Ich will Dich nie wieder am Boden sehen, es ist Zeit aufzustehen und nach vorne zu sehen! Ich will Dich nie wieder am Boden sehen, steh auf!“ Interessant, dass sowohl „Betontod“ als auch die „Toten Hosen“ das Wort „Tod“ im Namen tragen. Musiker mit solchen Namen werden zu Verkündern des Evangeliums vom Aufstehen!

„Am Boden liegen – und aufstehen“ – darüber möchte ich gerne noch ein wenig intensiver nachdenken. Als kleines Kind bin ich mit meinen Eltern und Geschwistern am Sonntag spazieren gegangen. Mein Vater erzählt mir heute manchmal, dass ich mich einfach zwischendurch auf die Straße setzte und nicht wieder aufstand. Alle seine Bitten und Appelle halfen nichts. Ich blieb da einfach sitzen und die ganze Familie wartete, bis ich von selbst wieder aufstand. Aus der Perspektive des am Boden

Liegenden zeigt sich: Ich muss selber wieder aufstehen wollen. Die Aufforderung muss mich zuerst einmal erreichen.

Wir Menschen können nicht früh genug damit beginnen, das wieder Aufstehen einzuüben. Wir alle haben irgendwann gelernt, das erste Mal auf eigenen Füßen zu stehen und bewegten uns haltsuchend und wackelig auf den Beinen an den Objekten im Wohnzimmer entlang. Dann gingen wir freihändig und ohne Krücken zwischen Mama und Papa hin und her, strahlten über die ersten wirklich freien Schritte und ... wir fielen! Das Fallen gehört zum Laufen lernen dazu.

Wenn der Reiter zum ersten Mal vom Pferd fällt, muss er sofort wieder aufsteigen, sonst prägt sich die Angst zu sehr ein. Wenn du das erste Mal fällst, dann bleib lieber nicht zu lange angststarrend liegen. Steh einfach auf und geh weiter. Ich glaube, da liegt des Pudels Kern. Wir fallen und es schmerzt. Diesen Schmerz wollen wir nicht noch einmal ertragen. Das Denken an einen möglichen Schmerz bereitet uns Angst, die uns wiederum lähmt und vom Aufstehen abhält.

Der Tod ist die extremste Form des Liegenbleibens. Daneben gibt es die vielen Vorformen der Lähmung. Du hast ein Problem und du findest für dieses Problem keine Lösung. Es kann sich dabei um ein Berufs- Lebens- oder Eheproblem drehen. Die Lähmung hindert dich daran, eine Lösung zu finden. Du glaubst, erst wenn du eine Lösung gefunden hast, kannst du weitergehen. Aber weil du gelähmt oder innerlich tot bist, findest du keine Lösung. Wie kann aus Totem etwas wieder lebendig werden?

Die Lösung liegt auf einer erstaunlichen Ebene. Sitzen oder liegenbleiben führt zur Lähmung. Erst wenn du einfach aufstehst, wirklich und einfach dich körperlich erhebst und ein paar Schritte machst, zeigt sich die Lösung im Gehen. Der erste Schritt zur Heilung heißt also „aufstehen“. Du stehst auf ohne zu ahnen, wofür das wohl gut ist. Das erinnert mich an die Ostererzählung von den Emmausjüngern. Auch sie brechen in großer Traurigkeit einfach in Jerusalem auf. Erst im Laufe des Weges und des Gehens ereignet sich die Veränderung zum Positiven.

Der Impuls von Jesus: „Steh auf!" ist geprägt von großer Weisheit. Es geht dabei nicht nur um den Vorgang des Aufstehens, sondern zugleich um das Aufwecken. „Hallo! Bist du wach? Bist du da? Hörst du mich? Verstehst du mich? Ich spreche mit dir!"

Ich habe im Rahmen der Erstkommunionvorbereitung auch einmal ein Lied geschrieben mit dem Titel: „Steh auf!" Da heißt es im zweiten Satz: „Und nimm dein Herz fest in die Hand, steh auf!" Dass wünsche ich dir, dass du in deinem Herzen den Ort findest, an dem sich neuer Mut entwickelt. Sei beherzt!

Da gibt es etwas in den meisten Menschen, das ich „Schmerzverhinderungssperre" nennen möchte. Diese wird abgesichert durch die Angst und die Angst vor der Angst. Werde dir dieser Angst und dieser „Sperre" bewusst! Aktiviere die Energie deines Herzens. Um diese Kraft aktivieren zu können, brauchst du manchmal mehr als nur einen Weichspülsatz. Komm, fass dir ein Herz und steh auf!

Jede Nacht üben wir uns im Schlaf ein in den Umgang mit dem Tod. Im Aufstehen nach der Überwindung der Angst üben wir uns ein in die Auferstehung. Wer sagt dir, dass du nach deinem Tod wirklich auferstehen willst? Vielleicht traust du dem Braten „vom Leben nach dem Tod" ja gar nicht. Also noch einmal: „Steh auf!"

35 Sag einfach mal Nein!

Vor einiger Zeit war ich in Köln und saß in der Fußgängerzone auf einer Bank. Neben mir versuchte ein Sanitäter vom Arbeiter-Samariter-Bund, Mitglieder zu werben für seinen Verein. Das machte er so, dass er jeden auf Kölsch ansprach mit dem Satz: „Hamse mal 2 Minütschen?" Ich saß dort eine halbe Stunde und nicht einer hatte diese zwei Minuten übrig.

Im Supermarkt gibt es hin und wieder einen Stand, wo man ein Produkt ausprobieren kann. Ein wenig Creme für die Haut heute im Sonderangebot; eine Fertignudelpackung heute im Rahmen einer Sonderaktion; oder im Foyer eine Werbecrew für einen bekannten Pannendienst. Ich selbst habe nie Zeit und halte an einem solchen Stand nie an. Dabei könnte ich doch mal ein wenige Creme abstauben oder ein Stück Mettwurst probieren. Aber ich mache es nicht. Es nervt mich, weil ich meinen Einkauf erledigen will.

Dennoch habe ich Respekt und Achtung vor diesen Menschen, die mir etwas „andrehen" wollen. Sie müssen eine hohe Frustrationstoleranz, Idealismus oder einen angemessenen Stundenlohn haben. Wie erleben sie wohl uns „Vorbeiläufer"? Aus ihrer Perspektive gesehen gehen viele Menschen vorbei, die sie oft nicht einmal ansehen, die bestenfalls „Nein danke!" sagen, die mit dem Kopf schütteln, die sich demonstrativ wegdrehen oder genervt dreinschauen. Diese Erlebnisse geben mir Anlass zum Nachdenken.

Kennst du diese Erfahrung? Da sagt jemand Nein zu dir. Nein, das will ich nicht. Nein danke, nicht mit mir! Du, ich möchte nicht! Kannst du so ein Nein akzeptieren? Was fühlst du, wenn du ein Nein kassieren musst. Manchmal kann es geschehen, dass uns so ein Nein durch und durch geht. Es mag sein, dass es vielleicht nur um eine Terminabsage geht. Aber du verstehst es als Absage an deine Person. „Der mag mich nicht!" „Die lehnt mich ab!" „Meine Freundschaft ist gefährdet!"

Mir fällt bis heute das „Nein sagen“ total schwer. Und umgekehrt kann ich ein Nein nur schwer akzeptieren. Darum könnte ich nie ein Werbemensch im Supermarkt oder in der Fußgängerzone sein. Dennoch! „Hut ab!“ vor diesen Menschen. Sie stehen dort und erledigen einfach ihre Aufgabe.

Inzwischen habe ich dazugelernt. Für einen Wohltätigkeitsverein verkaufte ich Lose für ein Entenrennen. Da stand ich an einem Samstag auf dem Wochenmarkt und rief den Leuten zu: „Na, haben Sie schon Lose für das Entenrennen?“ „Jeder Euro für Kinder- und Jugendarbeit in Ahlen!“ „Unterstützen Sie uns!“ Ich stellte mich den Leuten in den Weg. Meine Angst habe ich einfach abgeschüttelt wie lästige Schmeißfliegen. Schließlich war alles ja für einen guten Zweck. Ja, es sind viele Leute vorbeigegangen und ich musste so manches Nein schlucken. Aber ganz viele haben auch „Ja“ gesagt. Und dann ist mir etwas aufgefallen!

Wenn ich ein deutliches und klares „Ja!“ zu mir und in mir trage, kann ich gut mit dem Nein umgehen. Ein Nein darf ruhig ein Nein sein ohne Rechtfertigung, ohne Erklärung ohne einen überflüssigen Kitt. Es ist Ausdruck meiner Freiheit. Jeder darf, niemand muss. Ich auch nicht! Interessanterweise habe ich am Ende ordentlich Lose verkauft und es gab mehr „Ja!“ als „Nein!“

Wie ist eigentlich Jesus mit dem Nein umgegangen. Haben einige potentielle JüngerInnen wohl auch abgelehnt? War Jesus dann gekränkt? Immerhin hat Jesus einmal Nein zu seiner eigenen Familie gesagt nach dem Motto: Wer seid ihr? Seid ihr meine Familie oder sind es die, die Gottes Willen erfüllen? Oder er sagte mehr als deutlich Nein zu den Händlern im Tempel von Jerusalem. Nein und Ja gehören zum Leben einfach dazu.

„Soziale“- und „Kirchenleute“ tun sich mit dem Nein manchmal schwerer als der Rest der Welt. Nimm das „Nein!“ nicht so schwer, wo immer es auch herkommt und wie oft es auch ertönt. Das Wagnis des „Nein“ eröffnet manchmal einen neuen Freiraum. Es kann sein, dass du vielleicht einen Freund verprellst. Es kann sein, dass nicht mehr alle denken, wie nett du sonst doch bist.

Wenn dein Nein zu dir gehört, gehört es zu dir. Wenn ein Ja zu dir gehört, gehört es auch zu dir. Es kommt aus deinem Inneren und entspricht dir, hier und jetzt. Morgen kann es auch wieder anders sein. Ich wünsche dir ein frohes experimentieren mit der „Wiedergeburt“ deines Nein.

36 Verdichtete Zeiten

Wie erlebst du den Advent im Unterschied zum Rest des Jahres? Merkst du da auch eine andere Qualität, die sich nur schwer beschreiben lässt? Ich möchte einmal mit dem Sommerurlaub und der Arbeitswoche beginnen damit ich dir erläutern kann, was ich meine.

Im Urlaub habe ich den Eindruck, dass die Stunden des Tages einfach dahinplätschern. Es gibt keine Pläne. Es muss nichts passieren. Du sitzt und schaust. Du sitzt und liest. Oder du gehst wandern aber du musst es auch nicht. Du genießt die Freiräume und musst wenig und darfst viel. Ein unendlicher Raum der Erlaubnis.

Die Arbeitswochenzeit gibt dagegen eine Art festes Zeitgerüst vor, dem du genügen möchtest. Du erledigst Aufgaben, hältst Termine ein und strukturierst deinen Alltag. Du denkst dabei wochenweise von Montag bis Freitag und gehst dann mehr oder weniger in eine „Wochenenderholungsidentität". Kennzeichen dieser Lebensphase: Kontinuität, Alltag, Gewohnheit, Anstrengung, bisweilen auch Stress.

Und die Zeit des Adventes? Wie fühlt sich die an im Unterschied zu einer Arbeitswoche oder eines Urlaubes? Immerhin dauert sie vierundzwanzig Tage, diese Zeit im letzten Monat des Jahres. Dazu kommen noch die Weihnachtstage und die „Verlängerung" bis zum Neujahrstag.

Dem Charakter dieser speziellen Zeit versuche ich mal ein wenig auf die Spur zu kommen und beginne mit dem Anfang eines „gefühlten Zeitbogens".

Im Januar schaue ich in den Kalender und denke: „Ach, wie schön! Du hast ein ganzes Jahr vor dir! Du kannst so viel Neues beginnen. Freiheit! Pläne schmieden! Anpacken!"

Dann fange ich an mit der Umsetzung während des Frühjahrs. Ich setze meine Pläne ganz konkret um. Dann freue ich mich nach getaner Arbeit im Sommer auf die Zeit des Ausruhens: „Ich habe es mir verdient. Ich darf eine Pause machen." Ich bin aber noch nicht an mein Ziel angekommen. Es liegt ja noch ein halbes Jahr vor mir. Ich kann verschnaufen auf meiner Bank und Kräfte sammeln für den nächsten Abschnitt.

Dann ernte ich im Herbst und mir wird bewusst, dass alles Leben sich bewegt im Kreislauf von Werden und Vergehen. Im November mache ich den Sack zu. Ich ziehe meine ersten Bilanzen und kann noch ein wenig das Jahr korrigieren. Dann gehe ich bildlich gesprochen in die „Grabesruhe".

Doch was geschieht im Dezember? Und was geschieht im Advent auch jenseits der christlichen Vorstellungen und messianischen Erwartungshaltung?

Im Laufe des Jahres gebe ich mich den Ereignissen einfach so hin. Ich tue, was dran ist. Im Dezember gibt es auf einmal nichts Notwendiges und Unaufschiebbares mehr zu tun. Dadurch bekommt der Monat eine ganz eigene Qualität. Eine Qualität der Einladung zur inneren Einkehr.

Da können Fragen auftauchen wie: Was macht das eigentlich für einen Sinn, was ich da so treibe. Will ich das wirklich so? Soll es so bleiben oder möchte ich es im nächsten Jahr verändern?

Du bekommst Hinweise aus deinem Lebensumfeld, doch einmal „besinnlich" zu sein und „still" zu werden. Du sollst über die Sinnhaftigkeit deiner Wege nachdenken und deine familiären Beziehungen neu sortieren damit an Weihnachten auch alles gut geht. Du hast vielleicht den Anspruch, in deiner Arbeit das eine oder andere zu korrigieren damit die Bilanz am Ende positiv ausfällt. Du wirst verstärkt eingeladen zu Feiern und Begegnungen mit oder ohne besinnliche Texte. Die Selbstansprüche werden vielleicht in dir wach, gegen den Strom des Einkaufswahns zu schwimmen und sich extra Auszeiten zu nehmen. Nur du und der Kamin! Der Trubel um dich herum möge verschwinden und der Trubel innen gleich mit.

Vielleicht gibt es keine Zeit im Jahr, die so „verdichtet“ ist wie der Advent. Während sonst schon die Zeit knapp wird für die Erfüllung all deiner Wünsche, potenziert sich diese Frage geradezu im Advent und wird zu einer lebensentscheidenden Frage: Bist du richtig, so wie du bist? Müsstest du nicht eigentlich völlig anders sein? Freundlicher? Kommunikativer? Lauter? Stiller? Großzügiger... Eben so, dass dich wirklich jeder mag. Und du vor allem dich selbst.

Auch der Apostel Paulus kann noch eine Schüppe drauflegen wenn er im Epheserbrief sagt: „Kauft die Zeit aus!“ in dem Sinne, dass du auf jeden Fall ein sinnvolles Leben führen mögest. Die adventlichen Lesungen verstärken das Thema, indem es dort häufig um die Vergänglichkeit der Zeit und den drohenden Untergang der Welt geht. Die ersten Worte von Jesus im Markusevangelium handeln auch von der Bedeutungstiefe und Kostbarkeit der Zeit: „Die Zeit ist erfüllt, und das Reich Gottes ist nahe gekommen.“

Auf einmal entsteht da so ein Druck! Und nicht nur einer! Druck am Arbeitsplatz, von der Familie her und den christlichen Adventvorstellungen. Jetzt komme endlich aus dem Quark! Dir bleiben nicht mehr viele Möglichkeiten. Die Zeit verdichtet sich! Du musst nicht nur die Fülle deiner Termine unterbringen, es muss auch noch supersinnvoll sein!

Vielleicht treten besonders im Dezember die vielen Sehnsuchtserwartungen zu Tage. Der Advent gibt von sich her Thema vor. Wir erwarten immer noch den Messias! Wir müssen uns doch dazu verhalten! Annehmen oder ablehnen! Dabei gerät man schnell in einen angestrengten Vorbereitungsautomatismus.

Ich glaube, wir überziehen! Wir machen zu viel! Wir erwarten zu viel! Wir ersehnen zu viel! Wir wünschen zu viel!

Wenn ich viele „Erwartungen“ habe von dem, was da geschehen soll, dann macht das meinen Mangel deutlich. Erst, wenn „dies“ und „das“ geschieht, bin ich zufrieden. Erst wenn ich meine Familienverhältnisse vor Weihnachten geklärt habe, kann das Fest kommen. Erst, wenn meine Bilanz positiv genug ausfällt kann ich das Jahr gut abschließen. Erst, wenn ich eine „besinnliche“ Feier miterleben durfte bin ich auf das Fest eingestimmt. Erst wenn...

Erst wenn du mit diesen Gedanken aufhörst wirst du offen für das, was auch noch geschehen könnte abseits deiner vorgedachten Erwartungen von Besinnlichkeit, Bilanzen und Familienansprüchen.

Wenn du genau hinschaust stellst du fest: Der Messias ist ja schon lange da! Das Reich Gottes auch! Auch deine Familie ist schon da und deine Arbeit ist auch da und wahrscheinlich auch noch im Januar. Es ist alles schon da! Und es ist da und existiert unabhängig von dir.

Lehn dich mal für einen Moment zurück und lass das „Nichts“ geschehen. Angesichts der Ewigkeit, die auf dich wartet und in der du schon lebst frage dich: Was ist jetzt wichtig! Wenn sich dann ein innerer Friede bemerkbar macht, eine kleine Stille und ein Moment des Einverständnisses, könnte so etwas entstehen wie eine angenehme „verdichtete Zeit“.

37 Vom Rückwärtslesen oder die Kunst des Wiederkäuens

Eine Freundin erzählte mir von einer faszinierenden Erfahrung. Sie las ein sehr spannendes und interessantes Buch. Als sie mit dem Buch fertig war, las sie das letzte Kapitel noch einmal. Das Buch war einfach so toll! Und weil es so schön war, las sie das zweitletzte Kapitel anschließend auch noch! Und das davor auch und davor auch und zum Schluss las sie das erste Kapitel noch einmal. So hatte sie das Buch wirklich von vorne nach hinten und von hinten nach vorne gelesen.

Ein anderer Freund erzählte mir, dass er sich den Kinofilm "Wie im Himmel" bestimmt zwanzig Mal angeschaut hat. Bestimmte Stellen berührten ihn immer wieder und andere Details hatte er vorher gar nicht bemerkt. Es stellte sich nie der Eindruck ein: "Das kenne ich schon! Wie langweilig!"

Oder eine eigene Erfahrung: Wenn ich mit Kindern „Flugzeug“ spiele und sie durch die Luft wirbele, dann jauchzen sie wieder und wieder auf mit dem Kommentar: „Noch einmal! Und noch einmal!“ Es kann nie genug sein.

Von bestimmten Dingen können wir nicht genug bekommen. Wir werden nicht satt. Oder wir werden nur vorläufig satt. In einem österlichen Evangelium fragt Jesus den Petrus: „Liebst du mich?“ Petrus beantwortet die Frage mit „Ja!“ Aber Jesus stellt noch zwei Mal die gleiche Frage. Er hört ein dreifaches „JA!“ Vielleicht braucht auch er ganz viel „Ja“ und kann nicht genug davon bekommen.

Doch kehren wir noch einmal zu der Buchgeschichte zurück. Die Freundin hätte ja sagen können: „Einmal reicht! Ich weiß ja jetzt, was drin steht.“ Beim Rückwärtslesen kann es also nicht in erster Linie darum gehen, wirklich etwas Neues zu lesen. Es ist vielleicht ähnlich wie das Anschauen von Urlaubsfotos. Im

Anschauen erlebst du den Urlaub noch einmal. Du freust dich und Erinnerungen werden lebendig. Urlaubsfarben tauchen auf. Der Duft nach Sonne wird spürbar. Das Gehirn schaltet auf Entspannung und Erholung. Beim Rückwärtslesen entsteht möglicherweise der Eindruck: „Was waren das für schöne Gedanken, Bilder, Wörter und Sätze. Wie habe ich mich darüber gefreut!" Vielleicht werden zugleich noch ein paar Details deutlicher. Das, was du übersehen oder überlesen hast, bekommt in der Wiederholung noch mehr Kontur. Im „Wiederkäuen" geschieht eine Vertiefung. Das Erlebte kann sich noch einmal intensiver entfalten und verdeutlichen.

Zugleich kommt mir ein weiterer Gedanke. Manchmal funktioniert das „Wiederkäuen" nicht. Ein Teebeutel verliert an Geschmack, je öfter du ihn in frisches Wasser tauchst. Die erste Fahrt in deinem neuen Auto empfindest du noch fantastisch. Aber wenn du dann jeden Tag wieder einsteigst, verliert sich nach und nach das Gefühl von Aufregung und Neugier. Von hundert Büchern landen neunundneunzig zum Verstauben ins Regal.

Bei vielen Ehen und Freundschaften entsteht im Laufe der Jahre auch der Eindruck, dass das „Wiederkäuen" sich nicht lohnt. Der Geschmack geht verloren! Es wird langweilig! Gewöhnung, Alltag! So manche Paare wirken auf mich gewohnheitsverheiratet und nicht lustverheiratet. Und mir fallen auch alle Freundschaften ein, die ich nicht wiederkäuen mochte oder konnte.

Als meine Freundin vom Rückwärtslesen erzählte, leuchteten ihre Augen. Allein das Erleben, dass ein Buch sie so faszinieren konnte. Dass sie es noch einmal rückwärts las reaktivierte diese Freude erneut. Sich freuen darüber, dass man sich so freuen kann. Und sich freuen, dass man sich nach so langer Zeit jetzt immer noch so freuen kann. Eine selbstansteckende Freude!

Wie kommt es, dass wir auf der einen Seite bestimmte Bilder, Bücher, Menschen, Landschaften, Gedichte und Worte immer wieder in unsere Nähe haben möchten und uns daran erfreuen fast wie am ersten Tag? Und wie kommt es, dass wir auf der anderen Seite so schnell gelangweilt sind von neuen Autos, Werbesprüchen, Arbeitsabläufen und auch Büchern oder Menschen?

Manche lesen einen Bibeltext oder hören ihn in der Kirche und schalten nach zwei Sätzen ab. Andere hören den gleichen Bibeltext, je nach Alter, zum hundertsten Mal und es schwingt immer noch. Ich stelle für mich nach vielen Jahren fest, dass ein vertrauter Bibeltext bei jedem Lesen etwas anderes in mir auslöst. Ich bekomme neue Bilder, Gedanken und Gefühle. Ich dachte, ich hätte den Text schon verstanden und stelle dann fest, dass er überraschende und neue Aspekte für mich bereithält.

Wie kommt es, dass ich mir bestimmte Bilder immer wieder anschauen kann? Andere auch wunderbare und künstlerisch wertvolle Bilder langweilen mich schon beim zweiten Anblick. Der eine Mensch löst in mir auch nach vielen Jahren Neugier und Freude aus und einem anderen Menschen begegne ich gerade einmal mit Höflichkeit?

Meine Idee dazu? Es liegt nicht an dem Buch oder an dem Menschen oder an dem Bild selbst. Du kannst es auch nicht einfach machen, indem du dich zwingst, diesen oder jenen Menschen auch noch nach Jahren mit Freude begegnen zu wollen.

Schauen wir einmal näher da hin. Im ersten Schritt komm es zu einer Begegnung. Du siehst, hörst, liest oder schmeckst. Da macht es dann irgendwo in dir „Ping“! Ich nenne es einfach mal so! Dieser „Knopf“ kann im Bauch, im Herzen oder auch im Kopf sitzen. Es geschieht einfach! Es macht „Ping!“ Ein Mensch, eine Geschichte, ein Bild wird zu einem Türöffner deiner inneren Erlebniswelt. Und du bekommst Nahrung! In Form von Gedankenimpulsen, Bestätigung, Wohlgefühl, Freude, Energie. Davon lebst du!

Denn du bist ja ständig auf „Nahrungssuche“ für deinen Körper, deinen Geist und deine Seele. Deine Augen, deine Ohren, deine Nase, ja alle deine Sinnesorgane suchen Impulse, sind neugierig, möchten etwas erleben und erfahren. Darin unterscheidest du dich nicht vom Steinzeitmenschen auf der Pirsch, der fortwährend Nahrung sucht.

Deine Aufmerksamkeit wird belohnt! Wenn du deine Antennen ausfährst, findest du immer und überall etwas, das Herz und Geist erfreut. Da gibt es also ein Gegenüber und es kommt zu einer Begegnung. Das löst in deinem Inneren etwas aus und öffnet einen Raum. So gibt es halt Menschen oder Gegenstände, die das bei dir besonders gut bewirken können. Manche Bücher schaffen es, dass du dich jahrelang davon geistig nähren kannst. Manche Menschen schaffen es jahrzehntelang, dass sie dein Herz mit Wohlwollen erfreuen. Du gehst in Resonanz. Dafür musst du dich nicht anstrengen. Es geschieht wie von selbst.

Gibt es eine Möglichkeit, das „Wiederkäuen“ oder „Rückwärtslesen“ zu lernen? Ich glaube ja! Es ist eine Frage der Bewusstheit. Finden die Menschen dich oder findest du die Menschen? Treffen die Bücher auf dich oder triffst du eher die Bücher? Wenn dir ein Buch begegnet bist du zunächst wahrscheinlich eher passiv und das Buch fällt dir irgendwie zu. Oder du triffst einen Menschen, der dein Herz erwärmt, weil er dein Nachbar oder dein Arbeitskollege ist. Die Dinge sind einfach da, weil sie gerade da sind.

Du kannst aber auch gezielt mit deinem Bewusstsein in die Welt hineingehen. Du läufst mit einem wachen Geist durch das Leben und wirst zu einem aktiven Finder mit Hilfe deiner Aufmerksamkeit. Wenn du einem Menschen begegnen möchtest, der dich nährt, kannst du passiv warten, bis da jemand kommt. Oder du richtest dich aktiv aus. Du wirst wach, aufmerksam, gestaltend und schöpferisch formend. Du wirst das Wort Jesu auf einer tieferen Ebene verstehen wenn er sagt: „Das Reich Gottes ist in dir“.

Im Rückwärtslesen und Wiederkäuen wirst du dir des Schatzes bewusst, den du gefunden hast. Du springst nicht hastig von dem einen zum nächsten Ereignis in der Sorge, ja nichts zu verpassen. Du wirst zum Genießer. Du kostest aus! Du musst nicht mehr allem Neuen hinterherlaufen. Dein Leben folgt dem Gesetz des „Genügens“ des „Vergnügens“. In diesem Sinne „ein genüssliches Wiederkäuen!“

38 Vom Aufbrechen und Ankommen

Na, bist du schon angekommen? Damit meine ich nicht das Ziel einer Reise mit dem Auto oder der Bahn. Du hast ein Dach über dem Kopf und im weitesten Sinne eine Familie. Also bist du irgendwo im Leben angekommen. Dabei ist die Frage nach dem Ankommen gar nicht abwegig. Wenn du in deinem Leben schon einmal umgezogen bist weißt du, wovon ich spreche. Du ziehst an einen dir fremden Ort und sensible Menschen fragen dich, ob du schon angekommen bist. Der Körper mag zwar vor Ort sein, aber das Herz und die Seele sind noch am alten Standort oder unterwegs. Ständig musstest du im Leben ankommen. Im Beruf, im Rentnerdasein, im Urlaub, in deiner „Seele"...

Über das Ankommen möchte ich heute ein wenig mit dir nachdenken. Vor allem im Bezug auf Weihnachten. Da feiern wir die „Ankunft" des Kindes in der Krippe. Mir kommt in den Sinn, dass es da einen Dreischritt gib, der im Leben immer wieder auftaucht und sich im Advent auch abzeichnet. Die drei Schritte heißen für mich aufbrechen, unterwegs sein und ankommen. Viele Menschen, die ich kenne, haben mindestens mit einem der Schritte ihre Schwierigkeiten. Manchen fällt der Aufbruch schwer aufgrund vieler Hindernisse und innerer Widerstände. Andere finden das Umherirren schwierig, weil sie sich schnell heimatlos fühlen. Menschen, die sich mit dem dritten Schritt schwer tun finden oft keinen passenden neuen Platz.

Wenn du aufbrichst, musst du dich zunächst von Vertrautem verabschieden und loslassen. Was machst du, wenn du nicht so leicht loslassen kannst? Du gerätst schnell in einen inneren Widerspruch. „Eigentlich müsste ich ... aber". Ein Teil von dir weiß, dass du aufbrechen möchtest und ein anderer Teil entwickelt Widerstände aufgrund von Angst und Unsicherheit. Außerdem macht es nur Sinn aufzubrechen, wenn du ein lohnenswertes Ziel vor Augen hast. Du suchst z.B. eine schönere Wohnung, weil die Jetzige nicht mehr passt. Natürlich soll die neu Vorteile haben gegenüber der alten. Manche halten lieber am Alten fest obwohl sie richtig leiden. Das leidvolle Unbekannte und Neue würde sich aber noch bedrohlicher anfühlen als das alte Leiden. Lieber bekanntes und vertrautes Leiden. Da kennst du dich immerhin gut mit aus.

Dennoch wäre es wichtig für die persönliche Weiterentwicklung, immer wieder aufzubrechen und nicht mehr Stimmiges und Abgestorbenes hinter sich zu lassen. Wie mag der Entstehungsgedanke und der Prozess in Gott gewesen sein bevor es zum Kind in der Krippe kam? Welche Notwendigkeiten sah er und was war sein Ziel? War es leicht für ihn, aufzubrechen in die menschliche Gestalt?

Der zweite Schritt nach dem Aufbruch liegt im „unterwegs sein“. Für eine Zeit bewohnst du keinen festen inneren oder äußeren Ort. Du musst ausprobieren, Erfahrungen sammeln, finden und wieder loslassen. Du schaust dir verschiedene Wohnungen an, du denkst dir neue Berufsleben aus, du erfindest neue Rituale und Sprechweisen in deiner Ehe oder deiner Familie oder du hangelst dich von Gottesbild zu Gottesbild. Dabei spürst du vielleicht auch die tausend Möglichkeiten und Freiheiten, die dir damit gegeben sind. Diese zeigen sich erst im Gehen des Weges. „Ah, da gibt es eine Abzweigung und da noch eine. Welche nehme ich denn jetzt?“ Wenn du nie aufbrichst, bleibt dir das Auswählen der vielen Wege erspart.

Irgendwann möchtest du ankommen. Es sei denn, du gehörst zu denen, die dauerhaft irgendwie unterwegs sind. Kennst du solche Menschen, die bei dir den Eindruck vermitteln, dass sie wie getrieben sind? Wie die Hummeln verweilen sie nur kurz und sind mental schon wieder weg, bevor der Körper sich mit auf den Weg macht. Vom Leben Jesu kennen wir eigentlich nur die Zeit der „Unterwegs-sein-Phase“. Die Geschichten aus den Evangelien wirken auf mich aber immer wie eine Kombination aus „Ankommen im Unterwegs sein.“ Aufbrechen, unterwegs sein und ankommen wirken bei ihm verbunden.

Ich hoffe, du bist wenigstens einmal im Leben wirklich angekommen. Wirklich mit Körper, Geist und Seele, fast ohne jede

Einschränkung mit einem völlig klaren „Ja". Vielleicht fällt es dir aber auch schwer, dich hinzusetzen, wo immer du bist, die Hände in den Schoß zu legen und dir zu sagen: „Jetzt bin ich angekommen, jetzt bin ich da!" Ich glaube, dass es im Leben immer nur so ungefähre Momente dieser Art gibt. Wirklich angekommen sind wir, wenn wir es ohne jede Einschränkung fühlen und sagen können. Wahrscheinlich in aller Endgültigkeit nicht in diesem irdischen Leben.

Der Advent lädt dazu ein, die Sehnsucht nach dem Ankommen stärker in den Blick zu nehmen. Am Ende der Adventszeit richtet sich die Aufmerksamkeit auf den Stall zu Bethlehem. Dort kommt Jesus an. Die Menschen wiederum gehen zur Krippe zum Ort der Ruhe. Auch sie kommen an und begegnen Gott. Der Stern von Bethlehem erzählt: Hier findet die „Erleuchtung" statt. Die Seele findet Frieden in der Begegnung mit dem göttlichen Kind.

Im Alltag machst du die merkwürdige Erfahrung einer oft angespannten Gleichzeitigkeit. Gleichzeitig brichst du mit bestimmten Lebensthemen auf. Mit anderen Themen bist du schon länger unterwegs. Und bei manchen Punkten bist du schon irgendwie angekommen. Du bist vielleicht angekommen an deinem Arbeitsplatz, brichst aber auf in eine neue Beziehung und bist unterwegs auf der Suche nach dem tieferen Sinn in deinem Leben. Manchmal scheint es dich zu zerreißen und manchmal erlebst du das Geschenk, dass alles synchron schwingt und innere Ruhe einkehrt. Gelassenheit breitet sich in deinem Inneren aus.

Ich wünsche dir die kostbaren Augenblicke, wo du dich hinsetzt und deine innere Stimme dir sagt: „Ich bin angekommen, alles ist gut."

39 Wohin an Heiligabend?

Wohin an Heiligabend? Vielleicht ist das für dich ja gar keine Frage, weil du darauf eine klare und direkte Antwort hast. Vielleicht gibt es eine lange und bewährte Tradition in deiner Familie. Es steht fest, wo du diesen Abend und mit wem du ihn verbringst. Vielleicht als Familie mit deinen Kindern im eigenen Haus? Oder als Single mit Freundinnen und Freunden? Allein, aber nicht einsam? Oder als Oma und Opa in der Erwartung von Kindern und Enkelkindern?

Viele halten sich da gerne an Traditionen fest. Es gibt kaum Tage im Jahr, an denen Familiengefühle so präsent sind wie zu Weihnachten. Werde ich gemocht? Bin ich willkommen? Darf ich dich besuchen? Denkst du an mich? Habe ich niemanden vergessen? Habe ich auch alle bedacht? Bekomme ich das geschenkt, was meinem Herzen entspricht und habe ich für alle das Richtige ausgesucht? Kann ich am Gelingen von Weihnachten unser intaktes Familienleben ablesen oder wird da eine befürchtete Zeitbombe explodieren? Da kommt schnell ein Riesenpaket von Wünschen, Erwartungen, Erinnerungen und Befürchtungen hoch. Völlig entspannt erleben wohl nicht so viele Menschen das Weihnachtsfest.

Ach ja, da gibt es doch auch noch einen Anlass für dieses Fest. Gab es da nicht eine Geschichte? Hatte das nicht etwas mit einem lang zurückliegenden Geburtsfest zu tun und wird das nicht in der Kirche gefeiert? Neben den Familienfeierlichkeiten muss ich also auch noch den Kirchenbesuch integrieren. Ganz schön viel, was auf mich zukommt bei meinem Planen und Vorbereiten. Also, wohin an Heiligabend? Auch, wenn der Ort des Essens und Beschenkens festgelegt ist und auch, wenn ich schon weiß, wo ich möglicherweise allein oder mit der Familie einen Gottesdienst besuche, kann es gut möglich sein, dass ich immer noch nicht weiß, wo mein „innerer“ Heiligabend stattfindet. Folgende Erfahrung könnte doch sehr beglückend sein, oder?

Du setzt dich hin und gehst in die Stille. Du spürst nach innen und erkennst: Das ist mein heilender Abend, die heilende Stunde, die heilende Begegnung, der heilsame Ort, die heilsame Zeit. Dieser Abend findet in mir statt, immer, zu jeder Uhrzeit, nicht nur am 24. Dezember.

Beide Erfahrungen könntest du machen: Konventionelles und zugleich die Stille in dir. Der eine Weihnachtspol steht für die Tradition, das Essen, das Schenken und die Familie. Der andere Weihnachtspol steht für den inneren Weg, für die spirituelle Suche, für das Finden einer Herberge, für die Seele, für das Ankommen, für die Geborgenheit und für das „einfach Dasein“.

Und das bedeutet Weihnachten auch: sich auf den Weg machen, das Kind suchen im Außen wie im Innen. Ein Stück allein zu gehen, ein Stück gemeinsam mit anderen Menschen, mit Freunden und mit Fremden. Es scheint so zu sein, dass wir Gott erst in seinen Verstecken finden werden. „Gott ist in uns daheim, wir sind in der Fremde“, sagte Meister Eckhart im Mittelalter. Manchmal öffnet sich ein Weg jenseits der ausgetretenen Pfade. Und jeder und jede muss ihn selber gehen.

Auf meinem Wohnzimmertisch steht eine einfache Krippendarstellung. Ein 10 Zentimeter großes ausgehöhltes Stück Holz wie ein Kerze, mit Josef von 3,5 Zentimetern und Maria von 3 Zentimetern Länge. Jesus misst gerade einmal fünf Millimeter. Die Figuren sind so aneinandergefügt, dass der Hohlraum die Form eines Herzens bildet.

Vielleicht ein Hinweis, wo wir suchen können. „Gott ist in uns Daheim.“ In deinem Herzen, im Herzen aller Menschen ereignet sich die Gottesgeburt. Schön nicht? Wir brauchen nicht mehr weit laufen. Nur noch nach innen schauen. Still werden, und der Freude Raum geben.

40 Der Caganer an der Krippe

Schon einmal vom Caganer gehört? Nicht? Ich kenne den Caganer auch erst seit kurzer Zeit. Ich möchte dir heute etwas über diese Krippenfigur erzählen, die aus Katalonien kommt. Sie ist dort äußerst populär, kirchlich nicht sanktioniert, mehr oder weniger anrüchig und nimmt einen diskreten Platz an der Krippe ein. Inzwischen zeigt der Caganer neben einer spanischen Tracht viele unterschiedliche und zeitgemäße Gesichter. Das von Angela Merkel, Barack Obama, Papst Franziskus oder auch von dem Fußballspieler Messi. Jeder berühmte und bekannte Mensch kann irgendwann an der Krippe landen als Caganer.

Der flämische Landschaftsmaler Joachim Patinir (1480 – 1524) fing wohl damit an, diesen Caganer in seine Bilder zu setzen. Dezent und winzig klein hat er ihn in seinen Landschaften irgendwo versteckt. Manchmal benötigt man für die Entdeckung sogar eine Lupe. Viele Bilder von Patinir wurden nach Spanien an den Königshof verkauft und befinden sich nun im Prado. Die Katalanen haben jedoch diese Figur für sich entdeckt. Mag es sich auch nur um eine mögliche Legende handeln, wie der Caganer den Weg zur Krippe fand. Er existiert bis heute als Folklorespektakel und hat mein Interesse geweckt.

Habe ich dich neugierig gemacht? Dann will ich das Geheimnis lüften. Während die Spanier da echten Spaß dran haben wird es für mich und vielleicht auch für dich jetzt eher peinlich sein. Das katalanische Wort klingt so sympathisch! „Caganer!“ In der deutschen Übersetzung klingt es banal bis abstoßend oder ekelerregend. Den will niemand wirklich an der Krippe haben. Wovon spreche ich? Also mal die Hose runter und Butter bei die Fische! Ich spreche schlichtweg vom „Kacker“, oder vom „Scheißerchen“. Jetzt ist es raus!

Magst du jetzt noch weiterlesen? Bekommst du ein ordentliches Ekelgefühl? Der Caganer – ich kehre zurück zur katalanischen Sprache – sitzt tatsächlich mit heruntergelassener Hose und entblößtem Po irgendwo mehr oder weniger versteckt in der Krippenlandschaft. Übrigens inklusive Häufchen.

Man mag es als Folklore betrachten oder als Krippenspaß für die Kinder nach dem Motto: „Na, wo ist denn der Caganer? Kannst du ihn sehen?“

Wie fremd ist uns dieser Weihnachtsbrauch! Die Spanier feiern Weihnachten sowieso nicht still und besinnlich. Keine Stubenhocker oder Weihnachtsmuffel, sondern Party auf der Straße. Wir hier mögen da eher ein weichgespültes und bereinigtes Weihnachtsfest. Der Stall ist nicht zugig sondern strahlt Kerzenlicht und Wärme aus. Die Hirten leben nicht einen kärglichen und anstrengenden Beruf sondern sind gekleidet in behaglichem Öko-Look. Das Kind liegt auf sauberem Stroh in strahlendweißen Windeln. Maria wirkt lieblich und fromm und Josef steht bedächtig und andächtig daneben. Gemütlich sind unsere Krippen. Wie die Krippe im Bild, so unsere Familie in der Wirklichkeit. Gemütlich und behaglich im Wohnzimmer bei Kerzenlicht und freundlichen Gesichtern. Nichts möge die Harmonie stören.

Und das genau macht der Caganer. Er zerstört das idyllische Weihnachtsbild. Er zerstört das harmonische Bild. Er sitzt da in aller Ruhe und verrichtet sein Geschäft. Er steht auch nicht auf, sondern verbringt dort die ganze Weihnachtskrippenzeit. Er hockt sich quer zu unseren Gewohnheiten und Lebenseinstellungen. Er entblößt, was jeder lieber verborgen hält oder im Dunklen macht.

Das ist doch schon interessant, nicht wahr? Die Aufnahme von Speis und Trank findet in aller Öffentlichkeit statt. In der Familie, in Restaurants, in Filmen, in Kochsendungen in Schaufensterauslagen, an Büffets und in Zeitschriften. In epischer Breite und in allen Schattierungen und leuchtenden Farben.

Die Abgabe von Speis und Trank unterliegt der Diskretion. Wird darüber gesprochen hört man lieber weg, rümpft die Nase, wendet sich ab, senkt die Stimme. Einer der wenigen Bereiche, in denen noch Tabus gebrochen werden können.

Die Katalanen setzen nun dieses Scheißerchen einfach in die Krippenlandschaft. Sie geben ihm Gesichter von berühmten Persönlichkeiten in der Welt. Er trägt auch dein Gesicht und mein Gesicht. Er sagt: „Hey, du bist auch ein kleines Scheißerchen! Du magst es vielleicht nicht hören wollen. Du magst es diskret verstecken. Es gehört aber zu deiner Lebens - Existenz dazu.

Womit werden wir hier eigentlich konfrontiert? Worum geht es beim Caganer an der Krippe? Nun, wir mögen lieber die edlen Seiten an uns. Wir möchten strahlen und duften! Wir lieben die Sonne und die lichten Farben! Die Freude und die Feste! Die Harmonie und die Freunde! Die liebenden Familienangehörige und den erfüllenden Beruf. Wir mögen es, wenn es toll ist! Wenn sich das Leben auf der positiven Seite abspielt. Und – wir strengen uns gerne dafür an. Ich auch! Ich mag die idyllische Krippe, den Glanz und die Wärme! Den Caganer würde ich nicht in meine Krippe stellen. Ich lasse mir den Frieden nicht nehmen und mit Ekelgefühlen muss man ja nicht extra an Weihnachten experimentieren.

Das Thema der menschlichen Entleerung ist doch eher unerquicklich. Im Advent denke ich lieber fromme Gedanken. Gedanken, die meine Seele erheitern und die mich aufrichten und aufbauen. Gedanken über Friede und Erlösung. Sehnsucht nach ewigem Leben und Verbindung mit dem Göttlichen. Aufstieg in die Höhe und nicht Abstieg in die Exkremente.

Und da hockt in aller Ruhe der Caganer in der katalanischen Krippe und lässt sich nicht fortschicken. Er sitzt dort mit der größten Ruhe. Mit aller Selbstverständlichkeit! Ich kann mich umdrehen und gehen! Ich kann dableiben und zusehen! Ich kann auch wegsehen und mich auf das süße Jesuskind konzentrieren! Der Caganer bleibt einfach da hocken. Er hockt und entleert sich.

Halt! Stopp! Ich kann auch genauer hinschauen. Meine Aversion überwinden! Meinen Ekel einfach annehmen! Mal akzeptieren, dass er da ist! Was macht er da genau? Er entleert sich!

Das ist ja interessant! Er entleert sich. Er leert aus was nicht mehr gebraucht wird in seinem System. Er hat irgendwann das Nahrhafte aufgenommen in seinem Körper. Er hat Energie getankt und den Abfall lässt er jetzt wieder los. Er macht deutlich, dass es im Leben einen Kreislauf gibt. Wir bewegen uns im Kreislauf des Lebens. Wir nehmen auf und wir geben ab. Wir nehmen Sauerstoff auf und geben Kohlendioxyd ab. Wir nehmen auf, wandeln um und geben wieder ab. In uns gibt es die Kreisläufe von Blut, Nerven und Meridianen. Auch als ganze Menschen sind wir immer Teile eines größeren Kreislaufes. Wir haben das Leben von unseren Eltern. Wir geben es an unsere Kinder weiter und wir verlassen es wieder.

Und immer wieder gibt es etwas, das wir nicht mehr brauchen. Unsere Hautschuppen, Zellen und Exkremente. Sie gehörten in den Kreislauf und werden jetzt entsorgt.

Die Geburt im Stall könnte mit der Unterstützung durch den Caganer eine wichtige Geschichte erzählen. Gott ist ein Teil dieses großen Kreislaufes von Nehmen und Geben. Er bewegt sich im Fluss der Liebe. Da darf alles sein und nichts wird ausgeklammert.

Maria wird ohne Mann schwanger. Josef muss mit Kränkungen bezüglich der Vaterschaft klarkommen. Der Stall ist zugig. Sie wohnen dort nicht freiwillig und das Kind macht in die Windeln wie jedes andere Kind auch.

Der Caganer erinnert uns an die widrigen Umstände. Wir machen es uns gerne so schön, vor allem an Weihnachten. Wir hoffen, dass es keine widrigen Umstände gibt. Die Familienmitglieder mögen friedlich sein und das Essen soll allen schmecken.

Wenn der Caganer in deinem Leben und deiner Familie einen Platz findet, dann könnte das dein Fest entlasten. Widrigkeiten dürften sein. Du würdest heiter und gelassen bleiben. Es dürfte ganz intensiv menscheln. Mit Tränen und Kränkungen, mit leicht versalzener Suppe und Geschenken, die nicht ganz alle Bedürfnisse erfüllen. Die menschliche Zuwendung untereinander dürfte ein paar Macken und Einschränkungen bekommen und es wäre nicht schlimm und würde zu keinen Beziehungsabbrüchen führen.

Du wärest erfüllt von dem inneren Wissen, dass du der Teil eines großen Kreislaufes wärest von Empfangen und Schenken. Von Geben und Nehmen. Von Liebe und Ablehnung. Von Weiterentwicklung und Stagnation.

Außerdem wäre es hilfreich, auch den Gedankenmüll loszuwerden. Mit welchen Gedanken und Gefühlen möchtest du zur Krippe gehen? Wovon möchtest du dich befreien? Was belastet dein System? Was ist überflüssig und tot und dient nur noch als Dünger, wenn es mal aus dir herauskommt?

Der Caganer unterstützt auf seine Weise die Weihnachtsbotschaft. Tu, was nötig ist. Schieb nichts auf die lange Bank. Nimm an, was ist! Räum auf und mach einen inneren und äußeren Hausputz. Lebe ganzheitlich und erneuere Körper, Geist und Seele!

Und das Kind in der Krippe wird dir sagen: „Es ist wie es ist. Gib einfach dein Einverständnis!“

41 An der Schwelle des neuen Jahres

Bei einer „Schwelle“ handelt es sich um einen Querbalken im Boden, der die Grenze darstellt zwischen zwei Räumen. Schwellen tragen die Schienen der Bahngleise. Es gibt die sogenannten Schwellenländer, die hoffentlich irgendwann die Grenze in Richtung Reichtum überschreiten und dann als „entwickelt“ bezeichnet werden. Im übertragenen Sinne trittst du am 1. Januar über die Schwelle des alten Jahres in das neue. Glücklich soll ein Ehepaar werden, wenn der Mann seine Braut über die Schwelle trägt. Im alten Rom sollten die Menschen Unglück verhindern indem sie mit dem rechten Fuß zuerst die Schwelle des Haus übertraten. Und wenn es zu laut wird oder das Kind sich zu vielen Eindrücken aussetzen muss sprechen wir von einer Reizschwelle.

Es lohnt sich, der Schwelle ein wenig Aufmerksamkeit zu schenken am Ende des alten und zu Beginn eines neuen Jahres. Die Schwelle zeigt einen Übergangsraum an. Es ist kein Raum, in dem wir verweilen möchten. Wir nutzen ihn zum Übergang in ein Haus oder einen anderen Bewusstseinszustand.

Du kannst an, vor oder auf der Schwelle stehen? Wenn du „an“ der Schwelle stehst dann befindest du dich noch in einer neutralen Position. Du kannst abseits stehen, dich ein wenig entfernen, beobachten, zuschauen oder abwägen. Du kannst es dir auch anders überlegen und wieder weggehen. Zum Überschreiten ist es vielleicht noch nicht die richtige Zeit oder dir fehlt die Kraft oder die Entscheidungsfreude.

Stehst du „vor“ der Schwelle dann hast du zumindest eine vorläufige Entscheidung getroffen. Du begibst dich in die Ausgangsposition. Du wirst gleich den ersten Schritt machen und die Schwelle in Angriff nehmen.

Wenn du „auf“ der Schwelle stehst hast du den Übergang fast geschafft. Den Entschluss und den ersten Schritt hast du hinter dir. Zugleich weißt du: Hier kann ich nicht bleiben. Hier versperre ich den Weg. Ich muss mich entscheiden auch den letzten Schritt zu tun.

Egal ob „an“ „vor“ oder „auf“: Die Schwelle zeigt eine Grenze an und trennt zwei Bereiche voneinander. Diese Grenze möchtest du überschreiten. Da verlockt dich etwas, was dahinter liegt. Du bist gerufen worden. Du musst eine Aufgabe erfüllen. Es kann angenehm oder unangenehm sein. Aber die Schwelle lockt dich! Zugleich kann sie wie ein Hindernis wirken. Sie kann zu einer unsichtbaren Schranke oder undurchdringlichen Wand werden. Sie kann sich entpuppen zu einer total verschlossenen Tür wo der Schlüssel nicht mehr auffindbar ist.

Ist dir eine folgende oder ähnliche Situation vertraut? Du sollst zu deinem Chef kommen. Er möchte etwas mit dir besprechen. Unter vier Augen. Dringend! Du nimmst wahr, wie dein Herz pocht. Bedeutet es Gutes oder ist es eher schlecht für dich. Hast du einen Fehler gemacht? Wenn ja, welchen. Kannst du das Schicksal noch abwenden? Nein, du kannst es nicht. Du musst da jetzt durch. Du brichst auf. Du näherst dich seiner Tür und hältst in gebührendem Abstand für einen Moment inne. Was fühlst du und was geht dir durch den Kopf beim Weitergehen? Kurz vor der Tür des Chefs breitet sich das Gefühls- und Gedankenchaos mehr und mehr aus. Im Bruchteil einer Sekunde gehen dir wieder und wieder die gleichen Fragen und Sorgen durch den Sinn. „Was habe ich falsch gemacht?“ – Alle „Missetaten“ deines gesamten Berufslebens fallen dir ein! „Was will er nur von mir?“ – Du gehst einen Höllenweg.

Die Schwelle zum Büro des Chefs ist materiell gesehen angenehm auf Bodenniveau eingepasst. Du gehst glatt durch. Aber emotional gesehen hast du das Gefühl, dass du da nur stolpern kannst.

Ich möchte diese Phänomene mit „Schwellenerfahrungen“ bezeichnen. Wir verlassen das Gewohnte, das Bekannte, das Vertraute und müssen unsere Komfortzone verlassen. Auch an der Schwelle zu einem neuen Jahr weißt du nicht, was es dir bringen wird! Werden die Menschen nett zu dir sein? Wirst du deine

Arbeit behalten? Wirst du die Anforderungen erfüllen können, die an dich herangetragen werden? Wird die Liebe bleiben? Wirst du gesund bleiben oder Wege aus deiner Krankheit finden? Du siehst, es zeigen sich viele Möglichkeiten und Themen im Schwellenraum, die dir Angst machen oder dich lähmen könnten.

Der Kölner würde an der Schwelle stehen mit seiner Humorphilosophie vom „es ist noch immer gut gegangen". Dann würde er sich „ein Herz nehmen oder fassen" und mutig ausschreiten. „Sich ein Herz nehmen" finde ich einen sehr passenden Ausdruck. Wenn dein eigenes Herz im Augenblick zu ängstlich oder sorgenvoll erscheint, könntest du dir ja für einen Augenblick virtuell ein fremdes Herz ausleihen, oder? Das Herz welches mutigen Menschen hättest du gerne mal?

Stell dir noch einmal die Situation vor, dass du zum Chef gerufen wirst. Im Raum der Schwelle zieht sich dein Herz zusammen und möchte am liebsten den Dienst verweigern. „Wenn du dir ein Herz nimmst": Welches wäre jetzt geeignet?

Wenn du das Herz von Tarzan nimmst, dann könntest du sagen: „Ich bin stärker als mein Chef! Der kann mich mal!"

Wenn du das Herz von Gandhi nimmst, dann könntest du sagen: „Ich bin ganz im Frieden mit dir und mir und werde es auch bleiben."

Wenn du das Herz von Helmut Schmidt nimmst, dann würdest du vielleicht sagen: „Wenn du die Sache klug und nüchtern anfängst, dann kannst du sehr alt damit werden."

Wenn du das Herz von Jesus nimmst, dann könntest du sagen: „Wir sind alle Menschen mit Fehlern und Schwächen. Geh in die Liebe, dann wird es schon gut."

Was ist, wenn du dein eigenes Herz in die Hand nimmst? Eine spannende Vorstellung? Wenn du dein eigenes Herz in die Hand nimmst, dann gehst du davon aus, dass da jemand ist, der das Herz in die Hand nimmt. Dann bestimmt nicht das Herz sondern jemand, der mächtiger ist als das Herz. In dir gibt es also eine Instanz, die das eigene Herz in die Hand oder vielleicht günstiger „an die Hand“ nehmen könnte. Mit dieser „Instanz“ bräuchtest du weder das Herz von Gandhi noch von Tarzan.

Verändere dein inneres Bild. Du stehst an oder vor einer Schwelle und dein Herz ängstigt sich und deine Gedanken sind sorgenvoll. Geh in Verbindung mit dieser starken inneren Instanz. Sie wird dich kraftvoll führen. Wovon spreche ich? Du hast etwas von Gott geschenkt bekommen, was manche mit Seele bezeichnen. Andere sprechen vom „Hohen Selbst“ oder dem Göttlichen in dir.

Jeder Schwellenübergang mag eine belastende Herausforderung sein. Zugleich kann es aber auch zu einer Möglichkeit werden, intensiv mit dem Göttlichen in Kontakt zu kommen.

An der Schwelle spürst zugleich deine Grenze und neuen Möglichkeiten. Mögest du gut verbunden sein mit allem was zu dir gehört. Und mögest du jederzeit mit der Quelle in Kontakt sein, die dich mühelos über jede Schwelle begleitet oder auch mal trägt.

42 Ein irischer Segen zum neuen Jahr

An der Schwelle eines jeden neuen Jahres wird dir die zeitliche Begrenzung deines Lebens bewusst. Du bist ein Jahr weiter. Du näherst dich mit jedem Jahr unaufhaltsam dem eigenen Ende. Du wirst aber auch immer reicher an Erfahrungen. Du nimmst Eindrücke und Erlebnisse aus dem alten Jahr mit in das neue hinein. Zugleich siehst du die weißen und unbeschriebenen Kalenderblätter falls du noch mit Papier arbeitest. Du bekommst viele neue Chancen. Nimmst du eher das Vergangene wahr oder freust du dich mehr auf die zukünftigen Möglichkeiten? Oder bist du schon lange ein Sklave deines Terminkalenders?

Von Angelus Silesius kommt das Wort: „Alles Zeitliche ist ein Rauch: lässt du es in dein Haus, so beißt es dir fürwahr des Geistes Augen aus."

Wenn du dir das zeitlich begrenzte Jahr vor Augen hältst kann es dir gleich die Augen ausbrennen. Bevor es losgeht bist du schon der Sklave deiner vielen Aufgaben und Verantwortungen. Es wäre doch schön, wenn du einen klaren Blick bewahren könntest. Wenigstens noch für ein paar Tage! Was hilft dir dabei, dich nicht sofort einzudecken mit rauchigem Zeug, das den Geist eintrübt?

Viele irischen Segen sind voller Weisheit und Poesie zugleich. Sie vermitteln dir das Gefühl von Gelassenheit und Zuversicht. Sie helfen dir, einen klaren Blick zu bewahren.

Da gibt es die ständigen Herausforderungen, Pläne und Absichten. Du möchtest umsetzen und dich einbringen. Da kommst du schnell in einen Leistungsdruck und befindest dich in einer Spirale, aus der du nicht mehr aussteigen kannst. Alles unterliegt einem Zweck. Du ruhst dich aus um wieder fit zu sein! Du bewältigst deine Angst, um deine Ziele zu erreichen. Es geht immer um das „um zu“. Nichts darf zweckfrei und einfach so da sein.

Dabei ist doch das Leben so einfach. Du kommst auf die Welt und lebst. Du atmest. Du isst und trinkst. Du schläfst. Du freust dich und du bist unglücklich. Du lebst nicht allein sondern in einer Gruppe. Das Leben gleicht einem Dasein eines Kindes im Sandkasten nach dem Motto: „Darf ich mit dir spielen?“ - „Ja, gerne!“ So einfach! Und dann kommt was dazu. Und noch etwas kommt dazu und irgendwann wird es verworren, komplex und kompliziert. Der Sandkasten verwandelt sich in eine Arbeitswüste und die Spielkameraden in eine Horde von unberechenbaren Erwachsenen.

Dann erinnerst du dich, wie einfach die Welt deiner Kindheit gestrickt war. Eins und eins ergab zwei und nicht ein Stirnrunzeln mit der Frage: „Welchen Hintergedanke hat dieser Mensch jetzt wohl im Sinn!“ Viele irische Segenssprüche vereinfachen wieder. Sie reduzieren. Sie führen zurück auf das Wesentliche. Sie bringen die göttlichen und verborgenen Dinge wieder ans Licht. So fand ich folgenden Segen:

Möge Gott dir im neuen Jahr mehr Zeit schenken
zu danken als zu klagen.

Mögen deine Freunde nach Tagen,
aber dein Kummer nach Stunden zählen.

Mögen die Zeiten selten sein,
an denen du deine Freunde entbehrst,
und kurz die Augenblicke
in der Gesellschaft von Dummköpfen.

Mögen alle Tränen des kommenden Jahres
Tränen der Freude sein.

Daraus möchte ich vier Wünsche ableiten.

Erster Wunsch: Mehr Zeit zu danken als zu klagen

Du siehst sofort überall den Mangel? Du nörgelst oft und bist unzufrieden? Du nimmst wahr, was dir fehlt? Mit diesem Empfinden stehst du nicht allein da. Leider brennen sich Misslingen und Fehler viel schneller in unser Herz ein als das Gelingen. Du stehst vor dem Spiegel und siehst eher deine Fehler und Unvollkommenheiten als deine Schönheit.

Da braucht es eine Weisheit für einen Wandel in der Wahrnehmung. Wofür magst du dich dankbar fühlen? Nicht vom Kopf her gesehen. Das klingt mir zu moralisch. „Sag doch mal danke!“ Wie kannst du "Seins-dankbar" werden? Was übersiehst du vielleicht an deinen Sonnenseiten, weil deine Aufmerksamkeit nicht darauf gerichtet ist?

Mehr Zeit zu danken heißt: Lass die Zeit nicht unbewusst verstreichen. Stolper nicht in deine Tage hinein. Halte inne! Was tust du dir jetzt gerade selber an, wenn du in diese Klagen hineingehst? Stell dich vor den Spiegel und staune: "Das bin ich! Ein unglaublich wertvoller Mensch!"

Zweiter Wunsch: Mehr Freunde und weniger Kummer

Ich habe manchmal Kummer. Du auch? Herzeleid! Das geschieht einfach. Ich habe niemandem etwas angetan. Da gibt es keine Schuld. Ich habe einfach Kummer. Liebeskummer, Fernwehkummer, Heimwehkummer. Der Kummer ist mit Leid und Tränen verbunden.

Da freue ich mich, wenn mich jemand einfach nur hält. Für mich da ist. Eine Freundin. Ein Freund. Ein aufmerksames Mitglied meiner Familie. Je mehr Menschen ich habe, in desto mehr Armen kann ich mich mit meinem Kummer ausruhen. So wünsche ich dir viele Arme, die dich im richtigen Augenblick halten. Jemand, der sich gut in dein Gemüt einfühlen kann. Jemanden, dem du dich öffnen magst und der dich auch ohne viele Worte versteht. Jemand, der nicht gleich wertet oder verurteilt. Zugleich wünsche ich dir auch einen Kümmerer, der sich im richtigen Augenblick wieder zurückziehen kann, weil er seinen Job gemacht hat.

Dritter Wunsch: Viel Zeit mit Menschen, die dir gut tun

Du kannst nicht immer mit Menschen zusammen sein, die dir gut tun. Die Welt ist so groß! Da gibt es immer wieder solche Exemplare dazwischen, die so unerfreulich für dich sind. Sie gehen dir auf die Nerven, sie ärgern dich. Sie beachten dich nicht oder zu viel. Sie lassen sich nicht abschütteln und sind aufdringlich. Sie sind zu laut oder zu leise. Sie rauben dir manchmal Energie ohne dass du es merkst. Sie erscheinen dir wie von einem anderen Stern. Du verstehst sie einfach nicht und sie dich auch nicht. Mit all diesen Menschen verbringst du Zeit. Oft nicht freiwillig! Aber sie leben in dieser Welt genauso wie du.

Daneben gibt es Menschen, da kannst du dich einfach ausruhen und da sein. Es fühlt sich an wie Ankommen und wie Heimat. Und du vermisst sie, wenn sie weg sind. Sie sind ein kostbares Geschenk. Schließe deine Augen und besuche mit Hilfe deiner Vorstellungskraft diese guten Freundinnen und Freunde. Nicken ihnen freundlich zu und verbinde dich mit ihnen. Verbringe einfach ein wenig Zeit mit ihnen und stärke so die Freundschaft.

Vierter Wunsch: Habe Tränen der Freude

Die Tränen der Freude bringen dich in den Zustand der Verbundenheit. Das ist ein großes Glück, das wir Menschen erfahren dürfen. Tränen der Freude sind ein tiefer Ausdruck der Liebe. Manchmal gibt es leider auch den Zustand der Trennung. Dann sind wir uns fremd. Die Welt ist uns fremd. Die Freunde sind uns fremd.

Die Tränen der Freude kommen zu dir wie ein Geschenk. Sie sind einfach da, wenn du dein Herz öffnest. Zugleich kannst du den Herzensboden dafür vorbereiten. Wenn du dich immer verschließt, dann kann nichts fließen. Dann spürst du nur den Kloß im Hals. Ich wünsche dir, dass alle diese Klöße sich schnell auflösen, damit du nichts festhalten musst, was fließen möchte.

Die meisten irischen Segenssätze beginnen mit dem Wort „Möge“. Das klingt nach „mögen“ im Sinne von lieben. Ich mag das! Ich liebe das! Das gefällt mir! Es ist wohlwollend und warmherzig. Es wird dir nichts aufgezwungen. Da steht keiner mit erhobenem Zeigefinger oder dringendem Ratschlag. Ein Wunsch in aller Freiheit. Alles darf und nichts muss wirklich. Erlaubnis und Freiraum! Möge es viel „Mögen“ geben für dich in jeder Phase deines Lebens!

43 Glückseliges neues Jahr!

Wenn wir uns in einem neuen Jahr zum ersten Mal begegnen wünschen uns in der Regel etwas Segensreiches. „Ein frohes neues Jahr!" „Alles Gute!" „Ein schönes oder gutes neues Jahr!" Jeder pflegt da seine eigene Lieblingsvariation.

Ich wünsche dir ein glückseliges neues Jahr. Beim ersten Hören klingt es möglicherweise ein wenig antiquiert. In meinem Heimatort war das jedoch der Standardgruß am Neujahrstag. In der Regel sogar in Plattdeutsch, was ich hier schriftlich gar nicht wiedergeben kann. Das läuft dann folgendermaßen. Du sagst jedem, dem du begegnest: „Glückseliges neues Jahr!" Der Angesprochene antwortet dann: „Das gebe Gott und werde wahr!"

Bei dem Gruß ist also noch ein deutlicher religiöser Bezug vorhanden. Das Glück im Leben erweist sich als Geschenk mit einem göttlichen Ursprung. Du kannst es nicht machen und du verdienst es dir nicht. Zugleich bedeutet das Glück nicht nur ein Gefühl, sondern es soll „wahr" werden, d.h. es möge sich wirksam und real im Leben umsetzen und entfalten.

An welchen Zeichen würdest du merken, dass dein Jahr einen glücklichen Verlauf nimmt? Und woran werden die Menschen in deinem Umfeld an deinem Verhalten merken, dass du im Glückszustand bist? Wird es einen Unterschied geben zwischen dem alten und dem neuen Jahr?

Jetzt wird es ein wenig philosophisch. Zahlreiche Wissenschaftler beschäftigen sich mit dem Thema Glück, angefangen von der Hirnforschung in der Medizin und der Psychologie bis hin zur Theologie. Es gibt inzwischen eine regelrechte „Glücksforschung" mit der Suche nach „Glücksformeln". Dabei geht es zum Beispiel um die Ausschüttung von Hormonen, die Flüchtigkeit von Gefühlsempfindungen und anderen Phänomenen mehr.

Angesichts des „glückseligen Jahres" drehen sich meine Gedanken heute um die Kombination der Wörter „Glück" und „Seligkeit". In einem Blog im Internet fand ich den interessanten Hinweis, dass „selig" nichts mit „Seele" zu tun hat. Die Seele hat einen Bezug zu unserem Innenleben. Der Ursprung von „selig" liegt im untergegangenen Wort „sal". Erhalten ist es noch in den Worten Mühsal und Schicksal. „Sal" bedeutet: Gabe, Hingabe, Preisgabe oder auch Wohl. Wirtschafswaren im Ausverkauf mit der Überschrift „Sale" werden also hingegeben, weggegeben und losgelassen.

„Glückselig" hieße dann: „Sich dem Glück hingeben." So bekommt der Neujahrsgruß eine interessante Färbung. „Ich wünsche dir, dass du dich in diesem neuen Jahr dem Glück hingeben mögest." Oder auch: „Ich wünsche dir, dass das neue Jahr mit dem Glück dir zum Wohle gereicht."

Du mögest dich also dem Glück hingeben. Um das Glück in vollen Zügen erleben zu können, braucht es allerdings eine Grundeinstellung. Wenn du vom Leben Schlechtes erwartest und innerlich darauf ausgerichtet bist, kann dein Jahr nicht glücklich werden. Es ist vergleichbar wie mit einem fruchtbaren Ackerboden. Wenn der Boden nährstoffreich ist, kann dort vieles leicht und wie von selbst wachsen. Aber wenn der Boden vergiftet ist, haben Saatkörner keine Chance. Übertragen auf die Hingabe an das Glück heißt es also, dass du deinen inneren Ackerboden zubereitest wie der Bauer sein Feld im Frühjahr.

Welche Grundhaltung jedoch braucht es, damit das Glück gerne bei dir verweilen möchte? Ist es die Zuversicht? Hilft positives Denken? Hoffnung und Vertrauen oder das Urvertrauen schlechthin? Der Glaube an das Gute? Vielleicht besteht der fruchtbare innere Ackerboden der Hingabe in einer guten Mischung von allem. Für mich gehört zu den Zutaten der Hingabe die Aufmerksamkeit für den Augenblick, sich zu fokussieren und sich nicht gedanklich ablenken zu lassen. Dabei musst du nicht aktiv irgendetwas tun. Die Hingabe an das Glück besteht in der passivsten Form von Aktivität oder der aktivsten Form von Passivität. Mit allen Fasern präsent sein.

Gehen wir jetzt einmal in die praktische Anwendung der „Hingabe an das Glück". Du wachst am Morgen auf und es kommt dein erster Gedanke. Was denkst du in der Regel? „Hilfe, was muss ich heute alles tun? Schaffe ich das?" „Werde ich diesen Tag überstehen?" „Hoffentlich geht es meiner Familie gut!" Kommen dir eher solche oder ähnliche sorgenvollen Gedanken, die dich plagen? Oder wachst du auf und empfindest ein Gefühl von tiefer Dankbarkeit. „Wie schön! Gleich gibt es eine heiße Dusche und ein wunderbares Frühstück! Gut, dass ich nicht allein auf der Welt bin und dass so viele Menschen mit mir verbunden sind!" Kannst du dich dann einfach in dieses Wohlbefinden fallenlassen? Und wenn du dein Tagewerk beginnst tust du es ohne Anstrengung und Mühe? Wenn du das so erlebst bist du vielleicht angekommen im „glückseligen neuen Jahr". Ich wünsche es dir auf jeden Fall von Herzen.

44 Nicht das Erlebte prägt uns, sondern die Deutung der Erlebnisse

Ob ein Ereignis etwas in uns bewirkt oder nicht hängt von der Bedeutung ab, dem wir dem beimessen. Indem wir ein Ereignis „deuten“ geben wir ihm „Bedeutung“. Das lernen wir schon als kleine Kinder. Stell dir vor, du bist ein kleines Kind und du fällst auf deine Knie. Verschreckt und mit Schmerzen und Schrammen schaust du deine Mutter an. Je nachdem, wie sie reagiert, reagierst auch du. Wenn deine Mutter dir freundlich zunickt und sagt: „Ah, alles ist gut. Es ist nichts passiert“, dann könnte eine mögliche Reaktion sein: „Ach ja, ist nicht so schlimm. Es tut ein bisschen weh, aber gleich ist es schon wieder besser.“ Einmal drüber pusten und die heile Welt ist noch heiler als zuvor. Das Fallen ist belanglos und gerät schnell in Vergessenheit. Du wirst erwachsen und trägst die Botschaft in dir: Wer laufen lernen will, muss die nötigen Erfahrungen dafür sammeln. Fallen und Schmerzen gehören dazu. Das ist der Preis für das tolle Erlebnis eines erwachsenen Freiläufers.

Jetzt stell dir die Alternative vor: Du fällst auf deine Knie. Mit Schreck, Schmerzen und Schrammen schaust du deine Mutter an. Deine Mutter erschrickt und starrt dich entgeistert an: „O Gott, Kind! Was ist passiert! Tut es sehr weh? Nein! Komm her! Komm zu Mama! Lass dich trösten!“ Du gehst zu Mama und heulst Rotz und Wasser. Mama tröstet dich und gemeinsam erlebt ihr das Laufen lernen als Drama und erleidet die damit verbundenen Begleitschäden. Deine mögliche „Deutung“ als Erwachsener: Das Leben ist ein Drama. Es ist gefährlich. Es ist mit Schmerz und Tränen verbunden und jede Erfahrung musst du teuer bezahlen.

Zwei Kinder fallen, zwei Kinder stehen auf und zwei Kinder entwickeln eine völlig verschiedene Sichtweise vom Leben. Also: Nicht das Erlebte prägt uns, sondern die Bewertung und Deutung der Erlebnisse!

Ich stand in Heidelberg an der Straßenbahnhaltestelle gemeinsam mit einem Ehepaar. Der Ehemann versuchte, den Fahrscheinautomaten zu verstehen. Je länger er es versuchte, desto größer wurde sein Ärger. „In Berlin geht das alles viel einfacher! Das hier versteht doch niemand! Das ist bürgerfeindlich! So wird man ja zum Schwarzfahrer! Das versteht doch kein normaler Mensch!“ So schimpfte er laut vor sich hin. Ein Heidelberger Einwohner schließlich half ihm. Ein paar Knöpfe drücken und schon hatte er für sich und seine Frau eine Fahrkarte. Ich zog mir auch eine Fahrkarte und wir stiegen gemeinsam in die Straßenbahn ein. In der Straßenbahn konnte der Mann sich immer noch nicht beruhigen. Seiner Frau war das Benehmen ihres Mannes so peinlich, dass sie sich auf die andere Seite setzte, möglichst weit weg von ihrem Mann. Als „Helferseele“ versuchte ich, ihn zu beruhigen. Er hätte doch jetzt eine Fahrkarte und immerhin hätte ein Heidelberger ihm geholfen und jetzt komme er doch noch zügig an sein Ziel. Während unseres Gespräches stellte ich fest, dass ich für die gleiche Strecke doppelt so viel bezahlt hatte. „Ah“, sagte ich zu dem Mann, „schauen Sie mal, wie viel Geld Sie gespart haben. Ich fahre für den doppelten Preis.“ Scheinbar war ich ebenso wenig in der Lage, den Automaten zu verstehen, wie der Ehemann gegenüber. Aber ich hatte keinen Ärger. Der Mann gegenüber konnte sich in seinem Ärger überhaupt nicht beruhigen. Auch die Einsparung versöhnte ihn nicht. Sein Fazit nach der Begegnung mit dem Fahrkartenautomaten: Die Heidelberger Verkehrsbetriebe sind touristenfeindlich. Das Verkehrskonzept ist zu kompliziert. Die Leute werden vergrault und nach Heidelberg würde er nie wieder fahren. Alles wegen einer Fahrkarte!

Mein Fazit mit ähnlicher Begegnung am Fahrkartenautomaten war genau entgegengesetzt: Heidelberg ist eine Reise wert. Ich komme in jeder Stadt von A nach B. Überall gibt es Menschen, die mir weiterhelfen, wenn ich nicht mehr weiter weiß.

Schau doch einmal zurück auf die Ereignisse der vergangenen Wochen, an die du dich noch erinnern kannst. Wie fällt deine Bilanz aus? Hast du dich gefreut? Gab es interessante

Begegnungen? Hattest du eine tiefe Erkenntnis? Bist du irgendwie einen Schritt weitergekommen? Oder bist du enttäuscht, frustriert und erlebst das Vergangene als Mangel?

Sollte deine Bilanz heißen: Reichtum und Freude! Dann meinen herzlichen Glückwunsch. Du hast etwas erreicht. Sei dankbar für das, was ist!

Sollte deine Bilanz heißen: Es war für die Tonne! Dann auch meinen herzlichen Glückwunsch. Hiermit hast du deine Lebensaufgaben für die nächsten Wochen gefunden! Geh mit Aufmerksamkeit in die Ereignisse, die vor dir liegen. Sei im Hier und Jetzt. Empfinde auch für die kleinen Dinge Dankbarkeit. Sei gnädig mit scheinbaren Fehlern und falschen Entscheidungen. Verzichte vielleicht überhaupt auf Wertungen.

In der systemischen Therapie gibt es einen wunderbaren Spruch: Wo Scheiße ist, ist auch ein Kamel. Siehst du nur die Scheiße oder auch das dazugehörige Kamel? Die Scheiße führt dich auf die Fährte des Kamels. Du könntest also reich gesegnet sein mit vielen Kamelen, wo du bislang nur die Scheiße gesehen hast. Du müsstest aber bereit sein, die Blickrichtung zu verändern. Wohin haben sich deine Kamele bewegt? Wo kannst du sie finden?

45 Vertrau deinen Impulsen!

Wie weit fühlt sich für dich die Distanz vom Verstand zum Herzen an? Kannst du sie schnell überwinden? Kommst du sofort an? Oder dauert es lange? Die körperliche Strecke lässt sich leicht messen. Bei mir sind das ca. 35 Zentimeter. Es müsste doch ein Leichtes sein, den Verstand und das Herz miteinander zu verbinden und in Einklang zu bringen. Die Distanz ist doch nur kurz! Leider mache ich die Erfahrung, dass Verstand und Herz nicht immer gut miteinander kooperieren. Als Folge davon fühle ich mich wie verdreht und nicht mehr in Übereinstimmung mit mir selbst. Was will das Herz und was will der Verstand? Manchmal wohnen da zwei Personen in meinem Inneren und kennen sich nicht einmal gegenseitig. Geschweige denn, sie vertrauen einander!

Stell dir doch einmal Folgendes vor: Du gehst in den Supermarkt und stehst vor dem Regal mit den Chips. (Mit Joghurt würde es auch funktionieren.) Diese Chips lachen dich jetzt an. Dein Herz hüpft vor Freude und in dir entsteht ein tolles Bild mit einem wunderbaren Gefühl. Es ist Abend und du hast deine Arbeit erledigt. Im Fernsehen kommt ein Film, den du schon lange sehen wolltest. Im Keller wartet ein guter Rotwein auf dich und du siehst dich entspannt auf der Couch mit der Tüte Chips und einem Glas Rotwein vor dem Fernseher. Dein Herz jauchzt voller Freude: „JA! EINE WUNDERBARE IDEE!“ Soweit das Herz.

Du stehst immer noch vor dem Regal. Du musst jetzt zugreifen! Wenn du jetzt noch eine Sekunde zögerst, dann könntest du auf einmal deinen Plan abrupt beenden. Wohlgemerkt, es reicht eine Sekunde! Es könnte ein gefährlicher Gedanke aufkommen. Blitzschnell! Etwa so: „Die Chips sind bestimmt nicht gut für meine Gesundheit. Was sagt der Rest der Familie, wenn sie mich so sehen, vor dem Fernseher? Füße hoch, hingefläzt mit dem Rotwein!“ - „Hast du nichts Besseres zu tun? Dieser Spielfilm ist doch nichts für dich! Eine Schnulze! Nichts für Anspruchsvolle!" Nachdem du die Stimmen deiner Familie gehört hast, schaust du auf das Preisschild der Tüte und auf die Mengenangabe. „Ah, viel zu teuer und viel zu wenig drin. Es lohnt sich nicht, diese Tüte zu kaufen. Der Rest der Familie würde davon auch etwas haben wollen. Was würde da noch übrig bleiben für mich? Lieber doch zwei Tüten? Das geht überhaupt nicht! Ich höre schon die Kommentare zu Hause: Planst du ein Frustessen? Denk an dein Gewicht! Oder willst du uns auch noch mästen?"

Jetzt stell dir vor, dass du immer noch vor dem Regal stehst. Du weißt: Es sind nur deine eigenen Gedanken, Vorstellungen und Bilder. Die Vorstellung, was deine Familie möglicherweise sagen könnte, würde deine eigenen Handlungen stark beeinflussen.

Dein Verstand hat dir einen üblen Streich gespielt. Er hat dein Herz einfach plattgemacht. Und dein Herz? Es zieht sich bekümmert zurück. Die Stimme wird immer leiser und zaghafter. „Ich wollte doch nur ein wenig Spaß haben. Ein bisschen genießen!" Und ich bin mir relativ sicher, was du nun tun wirst. Die Tüte Chips bleibt im Regal, der Wein im Keller und der Spielfilm ungesehen. Das ist ja auch vernünftig so. Im wortwörtlichen Sinne: Es entspricht der Vernunft. Aber entspricht es auch dem Herzen?

Jetzt stell dir einmal vor, dass du in ähnlichen Situationen so verfährst wie mit den Chips. Du würdest einem bisher unbewussten Prinzip auf die Spur kommen, das ständig dein Leben durchzieht. „Handle vernünftig!" Kindern sagt man es auch: „Sei doch vernünftig! Du bist doch schon groß!"

So wird das Herz kleingemacht, die Gefühle kaltgestellt und in die Bedeutungslosigkeit abgeschoben. Dabei wollte das Herz doch nur ein wenig beachtet werden. Bei der Tüte Chips mag man ja noch schmunzeln. Aber wenn es um wichtigere Lebensthemen geht sieht das schon dramatischer aus.

Stell dir vor, du begegnest der Liebe deines Lebens! Dein Herz ruft: „Ja! Wie wunderbar!" Und wenige Augenblicke später meldet sich dein Verstand. Nur mit einer kleinen Anmerkung. So ganz nebenbei und eigentlich möchte er nicht stören. „Jetzt ist es doch noch zu früh! Du kennst diese Person ja gar nicht. Sei vorsichtig!" „Hast du überhaupt Zeit für solche Geschichten?" - Merkst du, mit welchen Methoden der Verstand arbeitet?

Du bist unglücklich an deiner Arbeitsstelle und wünschst dir eine neue Chance. Irgendwo in der Welt wird es bestimmt eine Stelle geben, die dich glücklicher machen würde. Dann kommt plötzlich ein Angebot. Darauf hast du lange gewartet und intensiv gehofft. Dein Herz sagt wieder „JA!" Und wenige Augenblicke später meldet sich die bekannte Instanz am oberen Ende des Kopfes. „Du kommst vom Regen in die Traufe! Pass ja auf! Es ist nicht alles Gold, was glänzt!"

Wenn du dieses Spiel zwischen Verstand und Herz zu oft spielst, und auf diese Weise spielst, wird sich dein Herz zurückziehen. Es bekommt ja nicht den Raum, den es braucht. Das Praktische siegt. Der Verstand behält die Kontrolle. Doch was tun?

Wenn es dir gut damit geht, brauchst du nichts zu tun! Es ist ja in Ordnung so, wie es ist. Aber wenn es dir nicht damit gut geht und du etwas anders machen möchtest – wegen deines Herzens und der damit verbundenen Herzensenergie, dann begib dich in das folgende Bild: Es ist kurz vor Neujahr. Die Uhr geht auf Mitternacht zu und gleich schlägt sie zwölf Mal. Du gibst deinem Herzen die Erlaubnis, zuerst durch die Tür ins neue Jahr zu gehen. Ein paar Sekunden vor Mitternacht. Den Verstand bittest du, sich für den Moment zurückzuhalten und vielleicht über das vergangene Jahr zu reflektieren. Das macht er gerne für dich. Dem Herzen gibst du dadurch einen kleinen Vorsprung. Es darf einfach mal fühlen und da sein. Staunen über den Anfang des neuen Jahres! Freude wachsen lassen! Für einen Moment innehalten und genießen – wie das Staunen über den Sternenhimmel und darüber die Zeit vergessen. Dieses Erleben von Freiraum, was sich möglicherweise einstellt, dehnst du zeitlich aus, so oft es geht. Schwierig? Merkwürdiger Vorschlag? Es geht mir darum, dem Herzen ein wenig mehr Zeit zur Entfaltung zu geben, damit der Verstand nicht sofort deckelt. Das heißt für mich: Folge deinen Impulsen! Gib der Herzensenergie mehr Raum zur Entfaltung. Gehe in Übereinstimmung von Herz und Verstand. Bitte deinen Verstand, deinem Herzen zu dienen und nicht zu widersprechen, zu kontrollieren oder Vorschriften zu machen. „Den Impulsen zu folgen“ – wofür lohnt sich ein solcher Weg? Es könnte sein, dass du einfach glücklicher und zufriedener bist mit dir. Probiere es mal aus!

Das wünsche ich dir für das neue Jahr: in Balance sein zwischen Himmel und Erde, in Übereinstimmung sich zu befinden von Verstand und Herz und ein großes JA! zum eigenen Leben.

Die Lebensphilosophie, die ich meine, spiegelt sich auch in folgendem irischen Segen wider.

Sei glücklich, denn es gibt keinen Grund, traurig zu sein! Bedenke, das Leben hält immer zwei Möglichkeiten für dich bereit. Nehmen wir an, du erkrankst. Du kannst gesund werden - oder sterben. Wenn du gesund wirst, besteht kein Grund, traurig zu sein. Wenn du stirbst, gibt es immer noch zwei Möglichkeiten: Du kommst in den Himmel oder in die Hölle. Wenn du in den Himmel kommst, besteht kein Grund, traurig zu sein. Kommst du aber in die Hölle, so bist du unentwegt dabei beschäftigt, bekannten Menschen die Hände zu schütteln, dass du darüber nicht traurig wirst.

46 Das Geheimnis des Lebens

Kennst du das Geheimnis des Lebens? Stelle ich jemanden diese Frage erlebe ich es häufig, dass derjenige oder diejenige sich aufrichtet, die Augen weit öffnet und sehnsüchtig das Geheimnis von mir erfahren möchte. Möchtest du das Geheimnis des Lebens kennenlernen oder kennst du es schon? Folgendes habe ich im Sommer erlebt.

Ich war im Milton Erickson Institut in Heidelberg und habe bei dem amerikanischen Psychotherapeuten Fred Gallo die Grundlagen der energetischen Psychotherapie gelernt. Das funktioniert im Prinzip so, dass alle Gefühle und Emotionen sich in unseren Meridianen wiederspiegeln. So wie die Akupunktur z.B. bei Schmerzen wirkt, kann man an bestimmten Stellen den Körper beklopfen, und der emotionale Stress reduziert sich. Das kann besonders heilsam sein bei Angstzuständen und Sorgen. Wer Lust hat, etwas mehr dazu zu erfahren, ist am 8. November herzlich eingeladen. Ich schweife ab und komme jetzt wieder zum Geheimnis des Lebens. Kurz vor Ende der Ausbildung stellte uns Fred diese Frage: Do you know the secret of life? Wir schauten ihn alle mit großen und erwartungsvollen Augen an. Doch er lüftete das Geheimnis nicht, sondern bat zwei TeilnehmerInnen um Mithilfe. Sie sollten ein kleines Rollenspiel machen. Eine ist Therapeutin und die Andere ist die schlimmste Klientin, die man sich vorstellen kann. Wir sollten bei unserer therapeutischen Arbeit unterstützt werden bei Klienten, denen kaum zu helfen ist. Also saßen sich Therapeutin und Klientin im Gespräch gegenüber.

Klientin: Was Sie mir gesagt haben, hat überhaupt nicht geholfen, mir geht es so schlecht wie immer. Eigentlich geht es mir jetzt noch schlechter.

Therapeutin: Ach, das ist aber schade, erzählen Sie doch mal von letzter Woche.

Klientin: Ach, da gibt es nichts zu erzählen, es war einfach nur schlimm. (Klientin hängt im Stuhl und muss fast gestützt werden.)

Fred Gallo macht jetzt bei der Therapeutin den Muskeltest. Dazu streckt die T. den Arm aus und Fred drückt den Arm nach unten. Noch ist die Therapeutin stark und sie kann dagegen halten. Fred drückt den Arm der Klientin nach unten und die Klientin lässt den Arm sinken. Therapeutin und Klientin reden weiter miteinander, sofern man das als Gespräch bezeichnen kann. Nach ungefähr zwei Minuten testet Fred Gallo erneut die Therapeutin und was geschieht? Die Therapeutin hat keine Energie mehr und der Arm sinkt, bei der Klientin auch. Eine depressive Klientin kann einen Therapeuten also völlig aus der Energie bringen.

Jetzt fragt Fred Gallo die Therapeutin und uns nach dem Geheimnis des Lebens. Er verlässt mit ihr den Raum und kommt nach zwei Minuten wieder. Die Therapie setzt sich fort mit einer unveränderten Klientin, die ständig jammert und einer Therapeutin, die sich scheinbar vergeblich abmüht. Fred Gallo testet wieder den Arm der Therapeutin und der Arm reagiert stark, ihr geht es gut. Die Klientin reagiert schwach, ihr geht es schlecht. Wieder einen kurzen Zeitraum später geschieht ein Wunder. Im Gespräch hat sich nichts verändert, aber plötzlich reagiert die Klientin auf den Armtest hin stark. D.h. der Klientin geht es besser. Warum geht es ihr auf einmal besser? Die Lösung ist denkbar einfach: die Therapeuten kennt das Geheimnis des Lebens!

Habe ich dich jetzt neugierig gemacht? Jedes Mal, wenn ich die Frage stelle, überlege ich, ob ich die Antwort verraten soll. Ich werde dich jetzt vielleicht enttäuschen. Jetzt in diesem Augenblick werde ich das Geheimnis nicht lüften. Aber so viel schon jetzt: du musst die Antwort gar nicht wissen. Es reicht aus, die Antwort wissen zu wollen. Nicht mit dem Kopf, sondern mit allen Fasern deiner Existenz. Wenn du aufmerksam wirst und wenn du dich nach innen ausrichtest, wird sich das Geheimnis des Lebens dir wie von selbst offenbaren.

Als Fred die Frage stellte, wusste ich sofort um die Antwort. Seit vielen Jahren bin ich genau auf der Suche nach einer Antwort darauf: Kennst du das Geheimnis deines Lebens?

Es ist jedoch meine Antwort. Wenn du selber eine Antwort hast, deine Antwort, dann erzähle sie mir und ich verrate dir meine Antwort. Wie viele Geheimnisse mag es geben? Ist es nur Eines oder sind es Viele? Öffne Körper, Geist und Seele und es kommt wie von selbst.

Interessanterweise weiß Jesus um das Geheimnis des Lebens. Er drückt es aus mit den Worten vom „Reich Gottes“. Es ist wie ein Senfkorn, zu Beginn unscheinbar. Es wird jedoch groß und kommt unaufhaltsam. Im Samenkorn ist alles enthalten und es wächst im Griechischen: „automatä“ – automatisch.

Inhaltsverzeichnis